国家高端智库
NATIONAL HIGH-END THINK TANK

上海社会科学院重要学术成果丛书·专著

工资议价、工会与企业创新

Wage Bargaining, Union and Firm Innovation

詹宇波／著

上海人民出版社

本书出版受到上海社会科学院重要学术成果出版资助项目的资助

本书为上海市哲学社会科学规划课题"经济转型期劳动者议价能力对制造业企业创新的影响研究"（项目批准号：2016BJB007）的结项成果

编审委员会

主 编　权　衡　王德忠

副主编　王玉梅　朱国宏　王　振　干春晖

委 员　（按姓氏笔画顺序）

王　健　方松华　朱建江　刘　杰　刘　亮
杜文俊　李宏利　李　骏　沈开艳　沈桂龙
周冯琦　赵蓓文　姚建龙　晏可佳　徐清泉
徐锦江　郭长刚　黄凯锋

总　序

当今世界,百年变局和世纪疫情交织叠加,新一轮科技革命和产业变革正以前所未有的速度、强度和深度重塑全球格局,更新人类的思想观念和知识系统。当下,我们正经历着中国历史上最为广泛而深刻的社会变革,也正在进行着人类历史上最为宏大而独特的实践创新。历史表明,社会大变革时代一定是哲学社会科学大发展的时代。

上海社会科学院作为首批国家高端智库建设试点单位,始终坚持以习近平新时代中国特色社会主义思想为指导,围绕服务国家和上海发展、服务构建中国特色哲学社会科学,顺应大势,守正创新,大力推进学科发展与智库建设深度融合。在庆祝中国共产党百年华诞之际,上海社科院实施重要学术成果出版资助计划,推出"上海社会科学院重要学术成果丛书",旨在促进成果转化,提升研究质量,扩大学术影响,更好回馈社会、服务社会。

"上海社会科学院重要学术成果丛书"包括学术专著、译著、研究报告、论文集等多个系列,涉及哲学社会科学的经典学科、新兴学科和"冷门绝学"。著作中既有基础理论的深化探索,也有应用实践的系统探究;既有全球发展的战略研判,也有中国改革开放的经验总结,还有地方创新的深度解析。作者中有成果颇丰的学术带头人,也不乏崭露头角的后起之秀。寄望丛书能从一个侧面反映上海社科院的学术追求,体现中国特色、时代特征、上海特点,坚持人民性、科学性、实践性,致力于出思想、出成果、出人才。2021年首批十二本著作的推出既是新的起点,也是新的探索。

学术无止境，创新不停息。上海社科院要成为哲学社会科学创新的重要基地、具有国内外重要影响力的高端智库，必须深入学习、深刻领会习近平总书记关于哲学社会科学的重要论述，树立正确的政治方向、价值取向和学术导向，聚焦重大问题，不断加强前瞻性、战略性、储备性研究，为全面建设社会主义现代化国家，为把上海建设成为具有世界影响力的社会主义现代化国际大都市，提供更高质量、更大力度的智力支持。建好"理论库"、当好"智囊团"任重道远，惟有持续努力，不懈奋斗。

上海社科院院长、国家高端智库首席专家

目　录

第一章
劳动议价与创新：
基于事实和文献的总论

　　改革开放至今，中国经济获得了巨大的发展，同时这一发展过程也体现出明显的阶段性特征。在改革开放早期，中国的经济发展主要依赖于劳动力的低成本优势，这一优势在中国加入世界贸易组织之后显得更加明显，中国成功融入经济全球化进程。但是，随着中国经济二元结构的逐步转化，劳动力的低成本优势变得不再明显，技术创新和经济效率的提高成为推动经济持续发展的新动力，其对于未来中国经济发展的重要性已经不言而喻。中国经济发展目前正处在承前启后的关键时刻，一方面需要通过加强创新，为未来经济发展提供新动力，另一方面还需要处理好新旧动能转换时包括劳动力在内的要素再配置问题。来自东亚和东南亚地区的转型经验表明，经济转型时期往往也是劳动关系紧张、劳动纠纷多发的时期，劳动力市场上的劳动关系能否适应经济发展模式的转变将在很大程度上决定经济转型进程的快慢乃至成败。从这个意义来看，在中国面向创新型经济转型时，研究劳动关系变化对于我国企业创新行为和整体经济效率的影响就显得非常重要。

第一节　中国劳动力市场、劳动保护制度及劳动关系的演进趋势

一、近年来我国人口与劳动力市场的变化趋势

改革开放以来,在较长的一段时间内,我国劳动力市场一直处于供过于求的状态,丰富的劳动力资源和较低的劳动力成本成为支撑我国经济快速发展的重要因素,出现了较长一段时期的人口红利。但是,随着计划生育政策的实施和人口结构的转变,我国人口红利趋于衰减,这主要体现在以下三个方面。

第一,我国人口自然增长率趋于下降。根据《中国统计年鉴 2017》的统计数据显示,进入 21 世纪之前,我国每年人口自然增长率保持在 10‰—15‰之间,但进入 21 世纪之后,我国人口自然增长率逐年下降,由 2000 年的 7.58‰下降至 2012 年的 4.95‰。"二孩"政策实施之后,2012 年开始,我国人口自然增长率有所回升,但是依然保持在 5‰左右,水平较低。

第二,劳动年龄人口数量和劳动年龄人口占比都出现下降的趋势。据国家统计局统计数据显示,在 1‰人口抽样调查样本数据中,我国劳动年龄的人口(15—59 岁)由 2003 年的 850 885 人下降至 2016 年的 771 984 人,劳动年龄人口占比也由 2003 年的 67.5%下降至 2016 年的 66.66%。从劳动年龄人口结构上来看,我国劳动人口结构也趋于老龄化,45 岁以上的劳动人口占比由 2003 年的 27.44%逐步上升至 2016 年的 33.92%。

第三,近年来,之前工资水平低下的农民工供给的结构和流向也发生了显著的变化。2016 年农民工监测调查报告显示,虽然农民工的总量仍在不断增长,但其增速却呈现不断下滑态势,2016 年农民工总量增速仅为1.5%。

同时,从农民工输入地的角度看,经济比较发达的东部地区对农民工的吸引力下降,2008 年流入东部地区的农民工占全国总量的 71％,而 2016 年该指标下降至 56.7％,这主要是由于劳动力回流造成的。

上述人口和劳动力的变化相应地带来了劳动力供求结构和劳动制度环境的变化,这主要体现在两方面。

第一,中国劳动力市场开始向有限供给结构转变。有研究显示,在 1998—2007 年间,中国工人实际工资水平的年均增长率为 11.3％,表明劳动力市场供不应求的关系正在逐年发生变化(赵西亮和李建强,2016)。而且,根据国家统计局公布的数据,中国劳动年龄人口数量在 2012 年首次出现了下降,同时由于人口结构变化具有一定的稳定性和长期性,这将意味着中国劳动年龄人口在比较长的一段时间内会一直保持下降的趋势。

第二,劳动保护制度正在向着有利于提高劳动议价能力的方向演进。为了构建和谐的劳资关系,进入 21 世纪后,中国劳动管理部门相继出台或修订了多部法律和法规,以加强对劳动者权益的保护。中国劳动管理部门先后于 2001 年颁布和实施了《工资集体协商试行办法》、《最低工资规定》(2004)、《劳动合同法》(2018)、《工会法》(2016)等一系列法律法规。这些法律的颁布和实施,在很大程度上提高了对劳动力合法权益的保护,使得劳动者在遇到劳动纠纷时能够找到调解的途径或者直接诉诸法律,宏观的劳资议价环境得到了改善。劳动力市场供求力量的变化以及劳资议价制度的完善从企业内部和外部两个层面提高了劳动者的议价能力,因而在很大程度上改变了以往企业在劳动纠纷中占据绝对优势的局面。

二、我国主要劳动保护法规的形成和演变

本书后面的研究将在很大程度上与中国劳动保护制度有关。因此,在这里,我们先对中国目前实施的一些主要劳动保护制度的形成和演进过程做一些介绍。

（一）劳动合同法的演变

伴随着经济体制的改革，我国劳动力资源的配置方式由计划经济体制下的统包统配的就业制度转为市场化的配置方式，劳动关系也发生了深刻的变化。为了规范新时期的劳动关系，1994 年 7 月 5 日，我国颁布了《中华人民共和国劳动法》（以下简称《劳动法》），该法于 1995 年 1 月 1 日起正式实施，这是新中国成立以来第一部保护劳动权益的法律，标志我国劳动法制进入一个新的历史阶段。《劳动法》不仅对劳动合同的订立、变更以及解除做出规定，同时还系统地对劳动者取得劳动报酬、休息休假、获得劳动安全卫生保护、接受职业技能培训、享受社会保险和福利、劳动争议处理等权利进行了详细的规定。

1994 年《劳动法》颁布以后，经过十余年快速的经济发展，中国劳动关系领域的新问题不断显现，如不签订书面劳动合同、劳动合同的短期化、劳务派遣用工不规范等现象普遍存在，《劳动法》从涉及范围到可操作性上都已经不能适应新时期的劳动关系（郑桥，2008）。2007 年 6 月 29 日，我国对原《劳动法》进行了修订，新《中华人民共和国劳动合同法》（以下简称《劳动合同法》）于 2008 年 1 月 1 日起施行。相比于旧《劳动法》，《劳动合同法》主要在以下几个方面做出修改。第一，在劳动合同的订立方面，进一步约束事实劳动关系。《劳动合同法》规定，用人应当自用工之日起一个月内订立书面劳动合同，如果不订立，用人单位向劳动者每月支付两倍的工资。第二，规范合同期限，制约劳动合同短期化。《劳动合同法》第 14 条规定除劳动者要求签订无固定期的情形，在劳动者连续工作满 10 年或者连续订立二次固定期限劳动合同时，应订立无固定期限劳动合同。第三，规范劳务派遣行为。《劳动合同法》提高了对劳务派遣公司注册资本和资质的要求，同时对劳务派遣的合同订立以及薪酬支付等方面做出了详细的规定。第四，规范企业薪酬支付行为。新《劳动合同法》规定用人单位若逾期支付工资薪酬或不支付加班费，将责令用人单位限期支付劳动报酬、加班费，若逾期不支付，用人单位应向劳动者支付应付金额50％以上、100％以下的赔偿金。

《劳动合同法》倾向于保护劳动者的合法权益，这体现了构建和发展和谐稳定的劳动关系的立法主旨。相关研究指出，《劳动合同法》的出台不仅增加了企业的人工成本，还对企业管理等多方面提出了挑战（郑桥，2008）。

（二）最低工资制度的演变

最低工资制度最早于19世纪在新西兰和澳大利亚实施，目前世界上绝大多数发达国家和发展中国家均已实行最低工资制度，这一制度已成为各国政府干预劳动力市场的重要手段。

早在1984年，我国政府就宣布承认国际劳工组织1928年制定的《确定最低工资办法公约》。1989年，广东省珠海市成为我国第一个提出并实施最低工资标准的城市，但由于经济发展阶段和社会经济发展环境等种种问题，最低工资制度并没有在其他城市全面推行。20世纪90年代市场经济体制改革开始后，多种非公有制经济迅速发展，为了适应政府提出"市场机制决定、企业自主分配、职工民主参与，政府监控指导"的企业工资制度改革总目标，1993年，我国公布了《企业最低工资规定》。该法则规定最低工资率应参考当地就业者及其赡养人口的最低生活费用、职工的平均工资、劳动生产率、城镇就业状况和经济发展水平等因素，由省政府相关部门、同级工会以及企业家协会协商确定。1994年通过的《中华人民共和国劳动法》再次以法律的形式明确我国实行最低工资保障制度，并要求在《劳动法》实施之前，各地要拟出最低工资标准。

虽然1995年后我国各省份开始实施最低工资制度，但各省份存在执行力度参差不齐、调整的频率和幅度均不大等问题。为了维护劳动者取得劳动报酬的合法权益，保障劳动者个人及其家庭成员的基本生活，我国于2003年12月30日通过《最低工资规定》，自2004年3月1日起施行。2004年实施的《最低工资规定》将工资调整频率规定由原来的"适时调整，但每年最多调整一次"变成"最低工资标准应当每两年至少调整一次"。

2004 年 11 月西藏颁布本自治区的最低工资标准,标志着我国所有 31 个省、自治区和直辖市均已建立最低工资保障制度并正式公布最低工资标准。

(三) 工资集体协商制度的演变

工资集体协商,是指用人单位与本单位职工以集体协商的方式,就劳动报酬、工作时间、休息休假、劳动安全卫生、职业培训、保险福利等事项,签订集体的书面协议。早在 1992 年颁布的《中华人民共和国工会法》中就规定了"工会可以代表职工与企业、事业单位行政方面签订集体合同"。1995 年施行的《劳动法》规定企业职工一方与企业可以就劳动报酬、工作时间、休息休假、劳动安全卫生、保险福利等事项,签订集体合同。1996 年、1997 年,我国先后出台了《关于逐步实行集体协商和集体合同制度的通知》和《外商投资企业工资集体协商的几点意见》,督促非国有制企业和外商投资企业加快推进集体协商试点工作。2000 年 11 月,劳动和社会保障部发布《工资集体协商试行办法》,并要求在全国逐步推行工资集体协商制度。2008 年,《劳动合同法》除了明确企业职工一方与用人单位可以通过平等协商的方式订立集体合同,还进一步对专项集体合同、行业性集体合同、区域性集体合同的订立以及用人单位违反集体合同等情况做出规定。

2008 年全球金融危机爆发之后,因劳资利益分配不公所引起的集体劳资冲突事件与劳动者个人与资本冲突事件层出不穷,我国劳动关系一度比较紧张。由于资本稀缺性,劳动者一直处于从属地位,劳资力量的平衡还是需要靠工人形成集体的力量和雇主进行抗衡。[①]为了缓和劳资关系,我国各级政府大力推进工资集体协商制度。如 2010 人社部颁布了《关于深入推进集体合同制度实施彩虹计划的通知》,提出了"从 2010 年到 2012 年,力争用三年时间基本在各类已建工会的企业实行集体合同制度。其中,2010 年集体合同制度覆盖率达到 60% 以上;2011 年集体合同制度覆盖率达到 80% 以

---

① http://news.sina.com.cn/pl/2010-10-20/120921314870.shtml.

上。对未建工会的小企业,通过签订区域性、行业性集体合同努力提高覆盖
比例。集体协商机制逐步完善,集体合同的实效性明显增强"的目标。
2011 年,全国总工会制定了《中华全国总工会 2011—2013 年深入推进工资
集体协商工作规划》。为了进一步推动集体协商工作深化发展,切实维护职
工合法权益,促进劳动关系和谐稳定,2014 年,中华全国总工会印发了《中
华全国总工会深化集体协商工作规划(2014—2018 年)》。由此可见,我国
工资集体协商制度已进入快速推进的阶段。

三、近年来我国劳动关系的变化趋势

从狭义来看,劳资关系是指建立在微观企业产权制度基础上的雇员和
雇工之间的经济利益关系(焦晓钰,2014)。随着经济体制的改革,我国劳动
力资源配置方式发生了重大的变化。20 世纪 80 年代以前,计划经济体制
下统包统配的就业制度带有强烈的计划和行政色彩,因而也不存在真正意
义上的劳资关系。90 年代以来,经济体制改革解除了劳动力市场的种种制
度约束,城镇化、工业化和全球化进程创造了大量就业岗位,劳动力需求急
剧增加,劳动力开始在城乡、部门以及不同所有制企业之间迁徙和流动,新
的就业体制逐步形成,在这个阶段,真正意义上的劳资关系才得以形成。市
场化的资源配置方式虽然使得我国劳动资源配置效率不断提高,但相关文
献指出,我国劳动者的就业质量并没有因此得到显著的改善(焦晓钰,
2014),其主要体现在以下几个方面:一是从 20 世纪 90 年代后期开始,初次
收入分配结构逐渐向企业倾斜,劳动收入份额持续下降;二是劳动者就业稳
定性差,工作流动性高,就业短期化现象突出;三是劳动者就业分布不均,大
多位于非公有制经济和中小企业,而这部分企业往往相关制度建设都不健
全,劳动者福利待遇相对比较低;四是受金融危机等因素影响,近年来我国
结构性失业日益凸显,非技术劳动力就业愈加困难,从而在正规就业之外衍
生出了大量劳务派遣用工、临时性用工等非正规就业。

虽然宏观议价制度和劳动市场结构变化都在朝着有利于提高劳动议价能力的方向演进,但是我国劳动关系依然比较紧张,这一事实可以从以下两个方面体现出来。其一,自 1996 年以来,我国劳动争议受理案件数和每单位就业人数的劳动争议受理案件数都呈现持续增长的趋势,每单位就业人数的劳动争议受理案件数从 1996 年的 0.70 件上升至 2015 年的 10.508 件。特别是在 2008 年《劳动法合同法》和《劳动争议调解仲裁法》实施之后,我国劳动争议案件受理数和每单位就业人数的劳动争议受理案件数都呈现出跳跃式增长,其中 2008 年的劳动争议受理案件数急剧上升至 69.3 万件,2007 年仅为 35 万件,近乎翻了一番;2008 年,每单位就业人数的劳动争议受理案件数由上一年的 4.65 件快速增长至 9.18 件。从争议的原因来看,一直以来,劳动报酬问题是引起劳资纠纷最重要的原因,大约占全部劳动争议事件的 30%;其次是社会保险和劳动合同和变更,各占全部劳动争议事件的 20% 左右。但值得注意的是,劳动争议案件数量的快速增长一方面可以

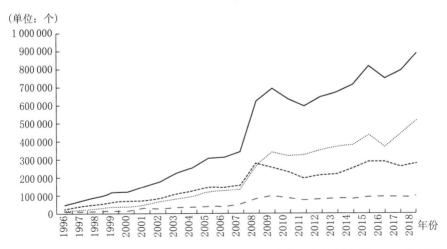

资料来源:作者根据《中国劳动统计年鉴》1997—2019 年相关数据绘制。

图 1.1　1996—2018 年中国劳动争议案件及其构成变化情况

解读为劳资双方矛盾激化,使得劳动者诉诸于法律维护自己的合法权益,另一方面,劳动争议案件数量的增加又可以解读为劳动议价能力的提高,原因是劳动者得以通过各种渠道"发声",反映自己的诉求,是宏观议价制度改善和劳动议价能力提高的表现。

1996年,我国劳动争议案件受理数为4.8万件,到2018年已升至89.41万件,是1996年的18倍左右,复合年增长率达13.24%。我们认为,这主要是因为中国在2001年加入世贸组织,同时叠加大规模国企改革引发数量众多的劳动争议。我们还发现,我国劳动争议案件受理数呈现明显的阶段性变化:2001年之前劳动争议案件数的增长相对缓慢,但是在2001年之后呈现加速上升趋势;随着《中华人民共和国劳动合同法》和《中华人民共和国劳动争议调解仲裁法》的正式实施,劳动争议案件受理数和劳动者当事人数在2008年出现了爆发式增长,劳动争议受理案件数从上一年的35万件急剧上升至69.3万件,近乎翻了一番;涉及劳动争议的劳动者当事人数由上一年的65万人快速增长至121万人,同比增长达85.83%。此后,这种爆发式的增长并未得到延续。2009年之后,劳动争议案件受理数和劳动者当事人数逐年回落,其中劳动争议受理案件数从2008年的69.3万件回落至2011年的58.9万件,年复合增长率为-5.3%,劳动争议的劳动者当事人数由2008的121万人下降至78万人,年复合增长率为-13.7%。但2011年后,劳动争议当期案件数呈高位微升趋势,从2011年的58.9万件上升至2018年的89.41万件,年复合增长率达到7.20%;劳动争议劳动者当事人数从78.00万人波动上升至111.02万人。

图1.2展示了1996年到2018年劳动争议案件中的用人单位胜诉案件、劳动者胜诉案件和双方部分胜诉案件各自占比的变化情况。可以看到,用人单位胜诉案件占比长期以来都比较稳定,在很多年份略高于10%,仅在1996年和2001年达到了20%。劳动者胜诉案件占比总体上呈下降趋势,但是所占比例一直远高于用人单位胜诉案件占比,最高在2000年一度达到

了 58.06％。从具体案件数来看,2000 年劳动者胜诉案件达 70 544 件,用人单位胜诉案件数仅为 13 699 件,前者是后者的 6 倍。因此,总体来看,我国在裁定劳动争议案件时在很大程度上偏向于劳动者而非企业。此外,从双方部分胜诉案件数占比的情况来看,尽管其余二者在考察期内都出现不同程度的下降,但这一指标却一直呈现稳步上升的趋势,从 1996 年的 28.28％增至 2019 年的 58.10％。从具体案件数来看,双方部分胜诉案件数在 1996 年为 13 395 件,到 2018 年增加到 513 758 件,是之前的 38.35 倍。这充分说明,我国对于劳动争议案件的处理越来越多地考虑到企业和劳动者双方的利益,并且能够做出符合双方利益原则的裁定结果。

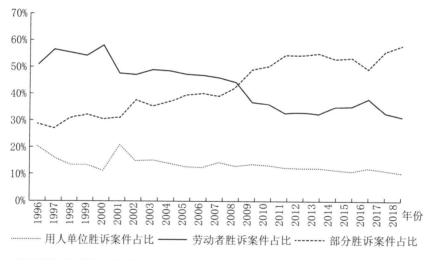

资料来源:作者根据《中国劳动统计年鉴》1997—2019 年相关数据计算绘制。

图 1.2　1996—2018 年中国劳动争议案件构成比例变化趋势

　　表 1.1 显示了 2001 年至 2018 年中国劳动争议主要发生原因占比的变化情况。从原因分布来看,劳动报酬一直都是导致中国劳动争议的最重要原因,2001 年占比为 29.2％,到 2018 年上升至 42.6％,17 年间上升了13.4％。这表明,我国劳动者和企业之间的主要矛盾来源还在于劳动报酬的支付与

否、数量和支付方式,多年来一直存在的农民工和劳动派遣者的薪酬拖欠即是明例。仅次于劳动报酬导致劳动争议的原因在最近 10 年间发生了变化。2001 年至 2014 年,社会保险一直都是导致劳动争议的第二大原因,在 2004 年甚至一度超过劳动报酬,成为引发劳动争议的最主要原因,占比高达 33.7%。但此后一路下降,到 2018 年降至 16.2%,这说明我国劳动者参与社会保险的情况有了很大改善。由于劳动合同的解除或终止而引发的劳动争议案件数占比逐步成为导致劳动争议的第二大因素,从 2001 年的 18.8% 上升至 2018 年的 21.8%。

表 1.1 劳动争议案件的原因

年份	争议原因占比			
	劳动报酬	社会保险	变更劳动合同	解除或终止合同
2001	29.2%	20.2%	2.8%	18.8%
2002	32.1%	30.7%	2.0%	16.8%
2003	33.9%	33.7%	2.4%	17.7%
2004	32.7%	33.8%	1.7%	26.4%
2005	32.9%	31.1%	2.4%	21.9%
2007	32.8%	31.6%	1.1%	21.4%
2008	31.1%	27.9%	1.3%	20.1%
2009	32.5%			6.4%
2010	36.1%			5.3%
2011	34.9%			27.1%
2012	34.0%	24.9%		20.1%
2013	33.5%	24.9%		22.2%
2014	36.2%	22.5%		21.8%
2015	39.5%	19.4%		22.4%
2016	41.7%	17.6%		22.8%
2017	42.2%	17.2%		21.6%
2018	42.6%	16.2%		21.8%

资料来源:作者根据《中国劳动统计年鉴》1997—2019 年相关数据计算编制。

在我国,发生劳动争议的劳动者一方在 10 人以上并有共同请求的,可以推举代表参加调解、仲裁或者诉讼活动。此类劳动争议属于集体劳动争议的范畴,在统计数据上也有专门的指标加以度量。由于集体劳动争议可能涉及较多人数,其议价能力和社会影响面相对个体劳动者的劳动争议更大,而且集体劳动争议如果无法及时得到妥善解决,有可能会导致群体性事件等重大社会问题。图 1.3 呈现了 1996 年至 2018 年间集体争议案件数及其占整体劳动争议案件数比重的变化情况。我们看到,集体争议案件数经历了一个先大幅上升、后快速下降的过程。1996 年,我国的集体争议案件数仅为 3 150 件,这显然与当时国有经济在我国仍占据主导地位有关。此后随着国企改革的全面展开、私营经济的壮大和对外开放的逐步深入,集体争议案件数量在随后的几年中迅速增加,到 2008 年达到最高值,为 21 880 件,是 1996 年的近 7 倍。随后,集体争议案件数出现快速大幅下滑,仅 3 年后已降至 6 592 件。近年来,集体争议案件数又恢复上升势头,但增幅相对缓慢,到 2018 年为 8 699 件。

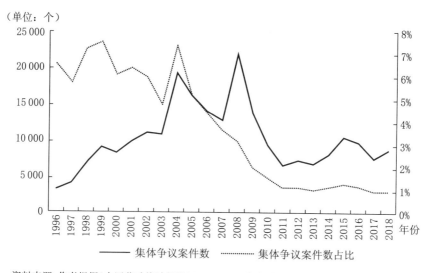

（单位：个）

资料来源:作者根据《中国劳动统计年鉴》1997—2019 年相关数据计算绘制。

图 1.3 1996—2018 年中国集体争议案件数及其占比的变化趋势

除了宏观数据展现的情况外，我国劳动争议的另一个特征是极端的劳动个体争议案件和集体劳动争议事件频发，其中以富士康"员工跳楼"事件为代表，这一事件引发了全社会对劳工福利的广泛关注。自 2010 年 1 月 23 日至 2010 年 11 月 5 日，富士康发生 14 起跳楼事件，引起社会各界乃至全球的关注。随后几年，多地的富士康厂区都发生了员工跳楼事件，包括成都、郑州、重庆等。2018 年 1 月 6 日，郑州富士康一员工因索要工资未果跳楼身亡。极端事件的背后，反映出的是经济转型过程中我国劳资关系所发生的剧烈变化与劳动力对自身福利的诉求。2010 年前后也是我国集体劳动争议事件频发的时期，典型的集体劳动争议事件包括 2008 年东方航空云南分公司的"集体返航事件"、2009 年发生的"通钢事件"和"林钢事件"、2010 年南海本田汽车工人集体罢工事件。2008 年 3 月 31 日，东方航空云南分公司发生 18 个航班"集体返航事件"，待遇偏低、对管理制度不满以及多次申诉无效是引起这次事件的主要原因。2010 年南海本田汽车工人集体罢工事件，其起因是工人对工资待遇水平、决策机制和"同工不同酬"不平等现象的不满，此次事件最终以第三方介入促进劳资双方谈判和平解决。在互联网等信息分享与传播平台的助推下，2010 年 5 月初开始，各地相继出现了一系列的集体劳动争议事件和集体罢工事件。值得反思的是，从劳动保护制度建设来看，2010 年前，我国已经陆续颁布和实施了《工资集体协商试行办法》《最低工资规定》《劳动合同法》以及《中华人民共和国劳动争议调解仲裁法》等一系列保护劳动权益的法律法规。集体争议事件的发生在一定程度上可能反映出我国法律执行力度不够以及工会在维护职工权力存在不作为等问题，在南海本田罢工事件中本该代表代表职工、维护职工权益的工会站在了劳动者的对立面。但从以上的个体劳动争议案件和集体劳动争议事件不难看出，我国现阶段的劳资争议仍停留在经济问题范畴内。

第二节 创新及经济效率在中国
经济转型中的地位

在经历了非常态的高度增长之后,我国经济进入了新常态,开始从过去强调要素驱动、投资驱动的粗放式发展模式转向依靠创新驱动的质量型发展模式。围绕着创新驱动的发展策略,为了推动产业结构的转型和升级,2015 年 5 月 8 日,国务院发布了《中国制造 2025》,提出中国制造业由大变强的"三步走"战略目标,明确建设制造强国的战略任务和重点,是中国实施制造强国战略的第一个十年行动纲领。企业作为国家创新的主体之一,企业技术创新与技术进步在实现制造强国目标的过程中具有极为重要的意义。

图 1.4 显示了我国年度 R&D 支出和 R&D 经费支出占国内生产总值(GDP)的比重。可以看出,R&D 支出和 R&D 经费支出占 GDP 的比重在1995 年至 2018 年间,均保持较快增长态势。其中,R&D 支出从 1995 年的349 亿元上升至 2018 年的 19 677.9 亿元,增长了 56.38 倍,年均增长率为18.29%。R&D 经费支出占 GDP 的比重反映了统计年度内全社会实际用于基础研究、应用研究和试验发展的经费支出占 GDP 的比重,又被称为投入强度,通常被视为衡量一个国家科技投入水平的最重要的指标。R&D 投入强度增加即表示一国科技实力不断增强。在考察期内,我国 R&D 经费支出占 GDP 的比重从 1995 年的 0.60% 上升至 2018 年的 2.19%,2018 年是 1995 年的 3.65 倍,年均增长率达到 5.54%。R&D 投入强度的快速增长表明我国 R&D 支出在经济活动中的地位不断提升,也反映了我国科技实力不断增强。

（单位：亿元）

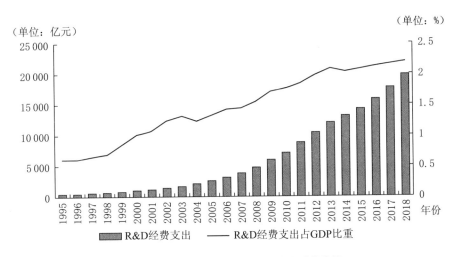

资料来源：作者根据《中国统计年鉴》1996—2019 年相关数据计算绘制。

图 1.4　1995—2018 年中国 R&D 经费支出及其占 GDP 比重变化情况

　　图 1.5 表示了 1999—2018 年我国年度专利申请数和专利申请中的发明专利数。可以看出，1999 年至 2018 年间，我国专利申请数和专利申请中的发明专利数均保持上升态势，其中专利申请数增长速度更高。专利申请

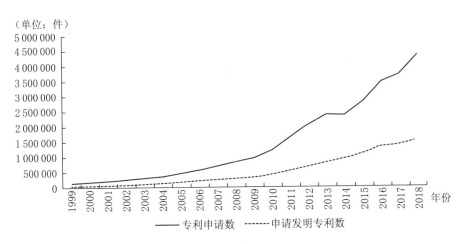

资料来源：作者根据《中国统计年鉴》2000—2019 年相关数据绘制。

图 1.5　1999—2018 年中国专利申请数和专利申请中的发明专利数的变化趋势

数从 1999 年的 13.42 万件上升至 2018 年的 43.23 万件,增长了 3.22 倍,年度复合增长率达到 7.59%。专利申请中的发明专利数是衡量专利申请创新性的重要方面,也是反映国家科技实力的重要指标。我国专利申请中的发明专利数从 1999 年的 3.67 万件,上升至 2018 年的 15.42 万件,增长了4.20 倍,年度复合增长率达到了 9.39%。但可以注意到,2010 年后,专利申请数的增长率明显快于申请发明专利数的增长率,这表明实用型专利的申请大幅增长,代表科技实力的发明专利并没有同比例增长,表明我国科技实力仍有待加强。

图 1.6 表示了 1999—2018 年我国年度专利授权数和专利授权中的发明专利数。可以看出,1999 年至 2018 年间,我国专利申请数和专利授权中的发明专利数均保持上升态势,其中专利申请数增长速度明显高于授权的发明专利数;从 1999 年至 2007 年,专利授权数和专利授权中的发明专利数基本保持同步增长,但 2008 年至 2018 年间,专利授权数明显增长速度显著高于授权发明专利数。专利授权数从 1999 年的 10.15 万件上升至 2007 年的 35.18 万件,增长了 3.47 倍,年度复合增长率达到 16.81%。2007 年至

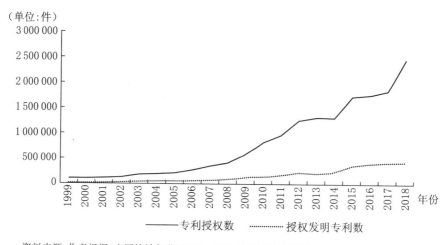

资料来源:作者根据《中国统计年鉴》2000—2019 年相关数据绘制。

图 1.6　1999—2018 年中国年度专利授权数和专利授权中的发明专利数

2018 年，专利授权数从 35.18 万件上升至 244.75 万件，增长了 6.96 倍，年度复合增长率达到了 17.54％。专利授权中的发明专利数同样是衡量专利创新性的重要方面。我国专利授权中的发明专利数从 1999 年的 0.76 万件上升至 2007 年的 6.79 万件，增长了 8.93 倍，年度复合增长率达到了 31.49％。但同样可以注意到，2010 年后，专利授权数的增长率明显快于授权发明专利数的增长率，表明实用型专利的授权大幅增长，代表科技实力的发明专利并没有同比例增长。

图 1.7 显示了 2004—2018 年我国高技术产品出口额和高技术产品出口占比，其中，高技术产品出口额呈现持续上升态势，高技术产品出口占比则呈现先上升后下降的趋势，但波幅较小。高技术产品出口额从 2004 年的 1 654 亿美元上升至 2018 年的 7 430 亿美元，增长了 4.49 倍，年度复合增长率达到了 10.53％。高技术产品出口占比反映了国内高技术产品在国际上的竞争力与认可度，我国高技术产品出口占比从 2004 年的 50.62％上升至 2009 年的 54.88％，增长了 4.26 个百分点。但从 2009 年开始，我国高技术产品出口占比呈现小幅下降趋势，从高峰时期 2009 年的 54.88％下降至 2018 年的 52.75％，降幅达到 2.13 个百分点。

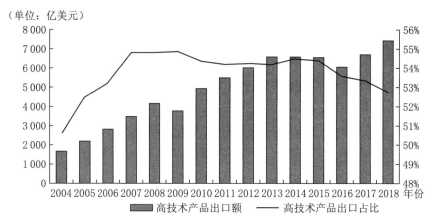

（单位：亿美元）

资料来源：作者根据《中国统计年鉴》2000—2019 年相关数据绘制。

图 1.7　2004—2018 年中国高技术产品出口额和高技术产品出口占比

创新作为一项长期性的、资源消耗性的和风险极大的活动,企业是否投入创新以及投入多少都需要有足够的资源支持。从理论上来看,一切可能影响到企业内部资源配置的因素都有可能对企业创新活动产生影响。从劳动者与企业之间收益分配的角度来看,首先,企业可用于创新的内部融资受到企业内部劳资租金分享的影响,劳动者所得越多,可能使企业的留存收益变少,从而有可能影响到企业内部融资的来源,进而抑制企业的创新行为;其次,劳动保护制度的改善也会影响到企业雇佣关系的结构和稳定性,进而对企业人力资本的配置产生影响,人力资本作为企业创新投入的重要要素,也会对企业的创新决策产生影响。

在劳动市场结构发生改变和劳动保护制度不断完善的进程中,需要回答的问题包括:我国劳动者受到的劳动保护强度如何? 劳动保护强度的变化对企业创新和整体经济效率的影响如何? 很长一段时间里,由于中国劳动力市场长期处于供过于求的状态,这些问题没有得到研究者的足够关注。在劳动议价中,劳动力往往处于不利的位置。企业与劳动者之间的议价格局已经今非昔比,劳动保护强度的变化会如何影响转型期的企业创新和经济效率值得我们重新审视。通过对这个问题的研究,我们将更加深入地理解在转型期,企业在创新过程中所面临的挑战,以及政府应该采取什么样的措施支持企业创新,从而使中国的创新驱动发展战略发挥作用,使中国从制造业大国向制造业强国转变。

第三节　劳动议价与创新:基于文献的视角

一、已有文献对于劳动议价及劳动保护强度的测度

相关研究的一个分支是在宏观层面对劳动议价能力进行度量,这主要

体现在宏观劳动保护政策强弱程度的度量上。在这方面，经济合作与发展组织（OECD）较早做了尝试。经济合作与发展组织（OECD，2004）将劳动保护强度归结于雇主承担的解雇成本，具体包括正规合同管制、临时合同管制、集体解雇管制等三个维度共 21 个变量，并按权重算出 EPL 指数。此后博特罗等（Botero et al.，2004）拓宽了度量范围，将劳动保护法、雇员代表和工业行为法以及社会保障法等三个领域的劳动保护政策涵盖在内，试图从经济效率、政治权力和法治传统等角度来解释劳动保护政策的演进。迪金等（Deakin et al.，2007）不仅考虑了正式的法律，还加入了事实上具有与法律类似作用的自我监管制度，如集体协议制度等，对博特罗等（Botero et al.，2004）的度量方法继续做出了改进。下一章我们将结合中国劳动保护政策的实际内容对中国宏观层面的劳动保护强度进行度量，上述度量办法将在后面得到更加细致的讨论。

在微观层面，研究者习惯将劳动者议价能力等同于议价制度，大多使用工会哑变量、工会密度、集体协议覆盖率等议价制度指标对劳动者议价能力进行度量，先验地认为存在工会、工会会员占比更高、集体协议覆盖更广就表明劳动者议价能力更强。这种度量在议价制度能够真正发挥作用的经济体中是有效的，但是在相关制度并不健全，如中国“自上而下”推行的议价制度环境中，仅使用这种度量办法很难反映真实的劳动者议价能力。在我国，工会制度广为诟病的特征之一就是被企业管理者"俘获"，成为企业管理者的管理工具，并不能很好地起到独立代表劳动者利益、与管理者进行沟通协调和平等协商的作用。此外，仅使用工会等议价制度指标度量劳动者议价能力也妨碍了相关研究工作的展开，因为现有大多数微观层面的数据库中并不包括这样的指标，因此亟须发展出不依赖于议价制度指标而对劳动者议价能力做出度量的办法。

据克雷蓬等（Crépon et al.，2010）的定义，劳动议价能力指的是劳动者在企业最终利润中的分配比例，该比例越高，代表企业劳动者的工资议价能力越高。目前对劳动者工资议价能力的测度有两种可行的方法,其一是基于有效讨价还价模型(Mcdonald and Solow,1981)或管理权模型(Nickell and Andrews,1983),推导出一个劳动者与企业间的租金分享比例,进而得到劳动者工资议价能力的度量指标;其二是基于霍尔(Hall,1988)市场势力测算方法,同时将劳动力市场的不完全竞争性纳入模型中,对劳动工资议价能力直接进行测算。

麦克唐纳和索洛(Mcdonald and Solow,1981)、尼克尔和安德鲁斯(Nickell and Andrews,1983)分别提出的有效议价模型和管理权模型刻画了工会和企业间的谈判行为。虽然两个模型有些许不同,前者假设企业和工会同时就雇佣量和工人工资进行谈判,后者假设企业和工会只就工资进行谈判,企业在谈判工资的基础上决定就业量,但两个模型达到纳什均衡的谈判工资都显示工人的工资等于工人保留工资加上一个企业人均准租金的加成,即当工人具有工资议价能力时,企业和工人之间存在租金共享,企业与工人租金分享的比例可作为劳动议价能力的度量指标。但实际上,由于工人的保留工资是不可直接观测的,随后大部分文献对劳动工资议价能力的度量避而不谈,转而研究企业与工人间的租金分享行为。

丹尼和梅钦(Denny and Machin,1991)基于1976—1986年英国制造业企业数据,以行业平均工资作为工人保留工资的度量指标,发现企业工人工资的利润弹性大概为0.04。阿博德和勒米厄(Abowd and Lemieux,1993)基于加拿大1965—1983年20个制造业企业的数据,以进出口商品价格为工具变量,研究了企业产出附加值和劳动者工资的关系,估计结果显示工人和企业的租金分享系数大概为0.25,远远大于其运用OLS直接估计的租金分享系数2.5%。布兰奇弗劳尔(Blanchflower et al.,1996)基于美国1964—1985年制造业工人的数据,以行业的平均利润作为租金的度量指标,通过构建工资方程(假设保留工资取决于行业失业率、其他部门工资和工人失业所获得的收入)研究了企业利润与工人工资的关系,他们发现,在企业和工人进行议价的框架下劳动者工资与利润具有正向的关系,劳动者工资的利润弹性大概为 0.02。希尔德雷斯和奥斯瓦尔德(Hildreth and Oswald,1997)基于 1981—1990 年英国制造业和非制造业企业的数据,采用了 GMM 估计方法对企业利润的内生性问题进行处理,他们的估计结果显示劳动者工资的利润弹性在 0.02—0.04 之间。蒙蒂罗等(Monteiro et al.,2011)基于葡萄牙 1986—2007 年企业与员工匹配数据,以企业、行业、地区层面的最低工资作为工人的保留工资,考察了企业所有权对工人租金分享的作用,研究结果显示劳动者工资的租金弹性大概为 0.024—0.03。上述文献的共同特点在于都使用了不同的度量指标度量企业租金或工人保留工资,因此其估计结果的准确性和有效性高度依赖于工具变量和度量指标的有效性,这可以在一定程度上解释为什么不同学者对同一个国家的劳动力议价能力的分析存在较大差距。

由于无法直接获得保留工资数据,学者们所定义的保留工资和准租金不同以及所采取计量方法不同,导致对劳动力议价能力的计算差距比较大。于是,克雷蓬等(Crépon et al.,2010)在霍尔(Hall,1988)的不完全竞争产品市场的市场势力测度方法的基础上,放松了劳动力市场完全竞争的假设,进一步引入了有效讨价还价模型,同时对市场势力和劳动力工资议价能力同时进行测度。该方法的优势在于不再需要对保留工资进行估计。随后,克雷蓬等(Crépon et al.,2010)利用 1986—1992 年法国制造业行业 1 026 家企业的微观数据,对行业层面的劳动力工资议价能力和市场势力进行测度,研究结果发现,法国制造业行业劳动者的议价能力大约为 0.6。目前与劳动讨价还价能力测度相关的研究大多是在克雷蓬等(Crépon et al.,2010)研究的基础上进行拓展。埃斯特拉达(Estrada,2009)基于行业层面的数据,对西班牙、美国、日本、德国、法国、英国等国家的劳动力议价能力进行考察和比较,结果显示,这六个国家的劳动力议价能力分别为 7.2%、2.3%、8.9%、20.2%、14.2%、0.6%。阿马多尔和索阿雷斯(Amador and Soares,

2014)基于 2006—2009 年葡萄牙企业层面上的非平衡面板数据,考察了葡萄牙各行业的劳动力工资议价能力,他们的研究结果指出,葡萄牙 75% 以上的行业的劳动者具有工资议价能力,劳动者工资议价能力均值为 0.14,分行业的估计结果显示,葡萄牙各行业间的劳动议价能力存在较大的差异,行业劳动者平均议价能力大小在 0.042—0.341 之间。

目前,对我国劳动力议价能力进行测量的研究较少。盛丹和陆毅(2016)基于 1998—2007 年中国全部规模以上工业企业数据库,对我国劳动者的集体议价能力进行测度。其测度结果显示,我国仪器仪表及文化、办公用机械制造业具有最高的劳动力集体议价能力,数值在 0.396—0.504 之间;农副食品加工业的劳动者工资集体议价能力较低,数值在 0.180—0.188 之间。相比于第一种劳动者议价能力测度的方法,克雷蓬等(Crépon et al., 2010)的方法虽然具有不需要对劳动者保留工资进行测度的优势,但是限于实证研究方法的可行性和长面板数据的可获得性,目前只能在行业层面上对劳动力议价能力进行测度。

二、劳动议价与创新行为的相关文献

研究者通过对使用行业和企业层面的数据进行实证后发现,由于影响机制方面的差异,工会或劳动保护制度对企业创新可能存在正负两方面的影响。其中一组文献认为,由于工会在劳动力市场上的垄断地位,其议价行为会提高劳动力成本,从而显著抑制企业创新。

早期的企业层面研究中,康诺利等(Connolly et al., 1986)基于 1977 年美国 367 家企业截面数据,以加入工会的员工占比度量工会的议价能力,检验工会对企业创新行为的影响及其机制,发现工会的租金分享行为会侵蚀企业利润,进而减少企业的研发投入。作者进一步发现,即使在加入工会的员工占比比较小的企业里,工会的存在也会对企业的研发投入产生影响。最近,布拉德利等(Bradley et al., 2017)基于 1980—2002 年美国企业面板数据，以工会的选举票数作断点回归，发现工会选举成功会对企业申请的专利数产生负向影响，这一影响是由于工会的存在减少了企业研发投入所致。

在行业层面上，贝茨等（Betts et al.，2001）基于 1968—1986 年加拿大 13 个行业面板数据，同样发现行业工会密度也会对行业层面的研发投入产生负向影响。结合相关文献，工会的议价之所以会对企业创新行为产生负面影响，可能有以下三方面原因。

第一，工会直接推高了劳动力成本，进而压缩了企业利润，从而使得创新投入减少，即"租金分享"机制。作为劳动力供给方的垄断力量，工会的首要目标是为劳动者争取更多利益，因此必然会对企业利润产生影响，在这方面已有大量证据。沃斯和米歇尔（Voos and Mishel，1986）基于 1967—1975 年美国行业数据，对影响利润转移份额的因素进行了估计，结果显示，工会的存在大约使得工人行业平均工资提高 21%，因而抑制了企业利润。赫希（Hirsch，1991）基于 1972—1980 年英国 705 家上市企业的研究也发现，在工会覆盖率越高的企业，利润水平越低，并且该影响在边际上随工会覆盖率的增加而增加。近期的研究中，伯德和克诺夫（Bird and Knopf，2005）基于 1977—1999 年美国商业银行数据发现，美国《反不当解雇法》的实施提高了劳动力成本，给企业的利润率带来了负面影响。

第二，工会的存在可能还会减少企业经营管理的灵活性，对企业的投资决策产生影响。格拉姆和施内尔（Gramm and Schnell，2001）指出，工会倾向于将企业灵活雇工安排看作是一种对其会员利益的潜在威胁，工会的存在降低了企业使用灵活雇工安排的可能性，这导致企业调整员工数量和技能结构的灵活性下降。劳动保护的增强降低了企业雇员调整的灵活性，使得企业经营弹性降低（廖冠民和陈燕，2014），导致企业违约风险上升、外部融资能力下降（陈德球等，2014）。在此基础上，卢闯等（2015）发现，由于新《劳动合同法》的实施带来的外生冲击，日益增强的劳动保护降低了中国企业用工的灵活性，企业劳动力负担加重，最终导致了企业投资不足。

第三,"套牢"(hold-up)机制的影响。事实上,"套牢"问题不仅存在于工资议价对创新投入的影响,而且可能影响其他所有企业的投资行为。企业进行大规模投资,形成沉没成本,如果工会有较强的议价能力并要求提高工资,那么考虑到之前的沉没成本,企业可能不得不答应工会的议价要求。考虑到创新行为周期长、投入大,且存在较大的失败可能,由创新投资产生的"套牢"效应可能大于普通投资。因此在工会拥有较强议价能力时,企业可能为了规避这一"套牢"效应而不愿意投入创新。

与上述强调工会对企业创新的负向影响不同,近期研究更多地发现了工会和劳动保护制度对于企业创新的正向影响证据。方和葛(Fang and Ge,2012)使用2004—2005年中国工业企业数据,发现工会的存在有利于企业投入创新。他们认为,这是由于中国企业的工会更多起到了协助生产的作用。阿查亚等(Acharya et al.,2014)基于不完全契约的视角,认为劳动保护可以有效解决雇主在雇佣员工后的"敲竹杠"问题,激励雇员在执行创新项目时付出更多努力,从而能够促进企业创新。倪晓然和朱玉杰(2016)将2008年《劳动合同法》的实施作为冲击,基于双重差分模型研究其对不同劳动密集度企业的差异化影响,发现劳动保护的增强对企业创新产生显著的正向影响。基于现有研究,工会和劳动保护制度对企业创新的正向影响也可能由两种机制引发。

第一,工会和劳动保护所导致的高劳动力成本促进企业加快要素替代进程,进而促进企业创新。阿斯莫格鲁(Acemoglu,2010)的研究为此提供了理论支撑,认为当劳动与技术存在替代关系时,劳动力资源的稀缺会倒逼企业从事节约劳动的技术创新,从而引致技术进步;但是当资本与技术存在互补关系时,劳动资源的稀缺将不利于企业的创新。

第二,工会或者劳动保护有利于形成和谐的、稳定的劳资关系,有利于促进员工人力资本积累和企业进行人力资本投资。弗里曼和梅多夫(Freeman and Medoff,1984)、格林等(Green et al.,1999)指出,作为一种声张机制,工会的存在可以为员工争取更多的技能培训,提高员工人力资本积累。此外博海姆和布思(Boheim and Booth,2004)、魏下海等(2015)也认为,工会组织有利于雇主与雇员达成长期合同,提高企业雇佣结构的稳定性。这些有利于企业在人力资本方面的积累,从而有利于企业从事创新活动。

通过上述的文献梳理,我们发现在劳动议价能力估算方面,无论是基于有效讨价还价的模型(Mcdonald and Solow,1981)还是霍尔(Hall,1988)的方法,都不能将劳动议价能力测度到微观企业层面上,并且由于估计方法的差异,不同的研究测量结果差异很大。由于以上原因,在实际研究中,学者常常采用是否有工会或者一些劳动保护制度的实施作为劳动议价能力的代理变量。如我们先前所提到的,采取工会或者一些劳动保护制度作为劳动议价能力的代理变量或多或少存在一些问题,至少它的有效性需要满足一定的条件。

在对劳动议价能力与企业创新关系的研究中,已有的文献非常之多,但是这些研究多基于发达国家展开,对发展中国家的研究甚少。研究结论同时包括劳动议价促进企业技术创新、劳动议价阻碍技术创新以及劳动议价与企业技术创新没有关联等三种情况。由于国家之间存在经济制度、要素禀赋以及发展阶段的差异,我们认为,不能把基于其他国家特别是发达国家进行的理论和经验研究结论直接外推至我国,更不能简单地用这些结论为我国劳动议价格局对企业创新行为的影响提供解释和指导。

第四节 本 书 结 构

本书共分为八章,分别从宏观经济效率、微观企业创新行为和经济全球化等角度对劳动保护制度和劳动议价的影响或其所起的作用进行了分析。第一章为绪论,阐述了本书的写作动机,梳理了相关文献,并介绍本书的结构体系。

第二章结合中国劳动保护政策的实际情况对迪金等（Deakin etc.，2007）的度量办法进行了修正，对 1994—2016 年我国省级层面劳动保护相关的地方法律法规、政策性文件、行业自律机制、集体协议规定等政策措施中所包含的条款进行分类整理，从劳动合同标准化、工作时间与休息制度、劳动合同的执行与解除、集体议价制度、劳动争议处置等 5 个维度进行了赋值。随后，本章分析了在考察期内中国省际劳动保护政策的强度变化情况和地区间的差异情况。根据检索，我们发现，之前尚无文献从省际层面量化劳动力市场政策来度量我国劳动保护政策强度。

第三章使用第二章度量的劳动保护强度，并以 1994—2017 年中国 A 股沪深两市上市公司为样本，选取每股净利润、调整后的每股净利润和经营利润作为被解释变量，并控制公司治理层面与公司财务指标，如大股东性质、前几大股东持股比例、公司总资产、经营性现金流等，检验劳动保护程度的变化是否以及如何影响企业绩效。我们发现，劳动保护政策中的工作时间规定、解雇保护规定和劳动争议规定对企业绩效有负向影响，替代性就业合同规定和集体协议规定对企业绩效有正向影响。

第四章同样利用第二章的劳动保护强度度量结果并将其作为主要解释变量，就劳动保护政策变迁对以省际全要素生产率度量的宏观经济效率的影响进行了检验，发现劳动合同标准化、集体议价制度、劳动争议处置等三个维度对地区全要素生产率有显著的提升作用，工作时间与休息制度、劳动合同执行与解除这两个维度则抑制了全要素生产率的提高。在机制检验中，我们发现，劳动保护政策的实施并不能通过资本积累的增加来提高经济效率，而通过人力资本途径和构建良好的劳动纠纷解决机制则能对经济效率起到改善作用。此外我们还发现，劳动保护政策对经济效率的影响在不同市场化水平地区间有所差异，在市场化水平较高的地区能发挥显著作用，在市场化水平较低的地区则作用不明显。

　　第五章尝试从微观层面着手,使用世界银行对中国制造业企业实施的投资环境调查数据,引入劳动力市场准租金概念,对工人与企业之间的租金分享是否会对企业的创新投资决策产生影响进行研究。我们发现:第一,准租金越高的企业更加倾向于从事创新活动,这表明企业获取的超额利润越多,就越趋向于进行技术研发等创新投入;第二,员工收入越高的企业也更加倾向于创新,这是因为员工收入的提高增加了企业的成本支出,因而倒逼企业投入创新;第三,准租金越高的企业通过雇佣更多的技术型工人,也能够促进企业从事创新。此外我们还发现,规模越大的企业越倾向于创新。从地域上看,租金分享对企业的创新投入的影响依次递减,东部地区影响最大,中西部地区影响较小。

　　第六章将讨论范围进一步扩展到全球化中的对外贸易。本章使用1998—2012年中国省际面板数据,就对外贸易对我国劳动关系的影响进行了研究。我们发现,贸易依存度显著提高了劳动争议发生率。考虑到我国主要以加工贸易的方式参与国际贸易分工,并且我国加工贸易主要集中在东部沿海地区,我们使用"加工贸易占 GDP 的比重"作为控制变量,分别使用各省的全样本和东部沿海地区省份的子样本两个角度考察我国以加工贸易为主的特殊贸易结构对劳企争议的影响效应。研究结果表明,加工贸易对劳动争议仍旧呈显著的正效应,并且相较于贸易依存度而言对劳动争议的影响程度更大。

　　第七章着眼于全球化中的外商直接投资,使用微观数据,就外资企业中的中国工人议价地位进行了考察。我们用"是否签订集体协议"和"是否允许集体谈判"这两个指标度量企业层面的工人集体议价地位,发现外资企业的工人集体议价地位显著低于整体内资企业,也显著低于内资私营企业。之后,结合中国集体议价制度的"三方谈判"框架,本章考察了作为议价微观基础的工会和地方劳动行政部门监管在影响外资企业工人议价地位时发挥的作用,发现在有工会的外资企业中,工人集体议价地位并没有显著好于内资私营企业和无工会的外资企业。此外,在考虑了中国工人议价制度"自上而下"的推进特征后,我们引进地方政府劳动检查次数来度量劳动监管强度,发现地方政府的劳动监管也没有赋予工人更高的集体议价地位。当前,中国经济正在经历结构调整和产业升级,具体体现在企业通过关停、重组以及迁徙等方式实现调整。在这一过程中,劳动争议大量出现,沿海地区受出口需求影响较大的外资企业是争议发生的主要领域。因此,本章的研究对于理解当前中国经济转型过程中工人议价地位在不同所有制企业里受到的影响及其机制也将有所助益。

第二章
中国省际层面劳动保护强度的
测度与分析

第一节 导 言

在中国经济高速增长阶段,大量的低成本劳动力有利于发挥我国比较优势,促进劳动力密集型产业迅速发展。当前,中国经济正在步入高质量发展阶段,之前经历的二元经济结构转换使得劳动力供大于求的局面发生了根本性转变,劳动力成本快速上涨。伴随这一过程的是劳动者权益保护意识的日益提高,劳动争议也逐渐增多。为适应劳动力市场的变化,各级政府出台或修订了大量法律法规以强化对劳动者权益的保护,其中最为重要的政策调整即为 2008 年《劳动合同法》的修订。

自《劳动合同法》调整至今,已有大量文献对这一政策变化带来的经济影响进行了研究。然而,现有文献对于劳动政策保护强度的度量大多将 2008 年《劳动合同法》的修订作为一次性的政策冲击(黄平,2012;廖冠民和陈燕,2014;刘媛媛和刘斌,2014;卢闯等,2015;倪骁然和朱玉杰,2016)。这一度量的问题在于:第一,对劳动保护政策强度的度量较为粗糙,无法识别当年的政策冲击是来自劳动政策变化还是其他重大事件的冲击,因而存在较为严重的替代性解释的问题;第二,这一度量不能解决劳动保护政策在不同地区实施强度差异问题。各地在实施劳动保护政策时，往往会根据当地劳动力市场实际情况进行调整，即便修订后的新《劳动合同法》在全国实施之后，各地在针对性实施过程中也有所差异，然而这一差异并不能通过单一的政策冲击体现出来。除此之外，国内文献对劳动保护政策调整采取的度量办法还包括社保覆盖程度、工会参与率、劳动争议率和最低工资政策等（孙睿君，2010；李祥云和祁毓，2011；唐代盛和李敏，2016；王雷和刘斌，2016）。虽然这些研究均从特定角度反映了中国劳动保护政策的调整与变迁，但我们无法从中得到有关中国劳动保护政策变迁的全面认识。因此，有必要对中国劳动保护政策的调整及其强度变化作一全面的测度。

经济合作与发展组织（OECD，2004）在度量劳动保护强度时主要集中于雇主承担的解雇成本，具体包括正规合同管制、临时合同管制、集体解雇管制等三个维度共 21 个变量。经济合作与发展组织（OECD，2004）对这些变量赋值并按权重算出 EPL 指数，指数值越高则表明劳动保护程度越强。但是，仅针对解雇成本进行度量的做法导致这一度量办法的涵盖面较小。此外，在将该度量方法应用到中国时还出现了另一个问题，即该方法中的一些变量，如临时中介合同等，难以在我国找到对应的政策法规。再者，在赋予指标权重时，经济合作与发展组织（OECD，2004）对正规合同管制、临时合同管制、集体解雇管制等三个维度按照 5∶5∶2 的比例进行分配，这种权重分配方式存在较大争议。

博特罗等（Botero et al.，2004）拓宽了度量范围，将劳动保护法、雇员代表和工业行为法以及社会保障法等三个领域的劳动保护政策涵盖在内，试图从经济效率、政治权力和法治传统等角度来解释劳动保护政策的演进。他们先对不同国家的相关法律法规进行逐条拆解，比较得出不同条款对劳动保护程度的强弱，对其赋值 0 或 1，其中 0 表示不存在劳动保护，1 表示最大程度地保护员工利益。博特罗等（Botero et al.，2004）建立的劳动保护指数包含了 100 多个变量，其中社会保障指数占三分之一以上。与经济合作与发展组织(OECD，2004)相比较,这一方法的优点在于包含了更多的政策信息,但存在以下不足之处:第一,指标赋值只有 0 和 1 两个变量,无法捕捉劳动保护政策变迁过程中劳动保护强度递进变化的层次性信息;第二,该方法未考虑时间维度,而时间维度对于理解劳动保护政策变迁也非常重要;第三,在覆盖范围方面,该方法只包含了正式的法律法规,没有包括那些虽非正式法律法规但具有事实约束力的个人或集体协议、政策规章等。

之后,迪金等(Deakin et al.，2007)对博特罗等(Botero et al.，2004)的度量方法进行了改进,针对美国、英国、法国、德国和印度等 5 个国家与解雇相关的法律法规和劳动自律制度构建了纵向劳动保护政策指数。与博特罗等(Botero et al.，2004)相比较,迪金等(Deakin et al.，2007)不仅考虑了正式的法律,还加入了事实上具有与法律类似作用的自我监管制度,如集体协议制度等。此外,迪金等(Deakin et al.，2007)考虑了长时期内的劳动保护强度变化。他们的指数涵盖了劳动合同形式、工作时间、解雇规定、员工代表和劳工行动等 5 个维度,共包含 40 个变量。他们对每个变量所对应的法律规则或自律机制的条款内容按照政策强弱程度进行赋值,然后将赋值结果归纳到 5 个维度,在每个维度内计算出各自的算术平均值,作为劳动保护强度的度量。

基于迪金等(Deakin etc.，2007)的度量办法,本章结合中国实际情况对之进行了修正。通过搜集和整理 1994—2016 年中国省际层面有关劳动保护的政策和规章制度,本章对劳动保护相关的地方法律法规、政策性文件、行业自律机制、集体协议规定等政策措施中所包含的条款进行分类整理,从劳动合同标准化、工作时间与休息制度、劳动合同执行与解除、集体议价制度、劳动争议处置等 5 个维度进行了赋值。本章希望回答以下问题:在考察期内,中国省际劳动保护政策的强度大小如何? 省际是否存在差异?随时间如何变化? 根据文献检索,目前尚无文献从省际层面量化劳动力市场政策来度量劳动保护政策的强度,我们的工作弥补了这方面的空白。

本章后面的安排如下：第二节讨论本章所用的数据及其处理办法，以及本章对现有度量方法做出的改进；第三节对度量结果进行分析；第四节为主要结论和政策建议。

第二节　中国省际劳动保护强度：数据与测度方法

一、数据来源及其处理方法

在这一部分，我们尝试对中国省际层面的劳动保护强度进行度量。考虑到数据缺失和统计口径一致等问题，我们剔除了西藏、重庆、海南等三个地区，对其余 28 个省、市、自治区颁布实施的劳动保护政策进行了梳理，处理过程包括政策法规的搜集、条款的拆分归类和赋值等 3 个步骤。

首先，我们从 28 个省、市、自治区政府的官方网站上搜集了 1994—2016 年间，由人社局和人社厅出台的与劳动保护相关的法律法规和政策性文件，如最低工资规定、劳动/集体合同条例、劳动仲裁条例、劳动保障监察条例等。此外，还包括在劳动力市场上具事实约束力的规定，如行业劳动自律机制、集体协议等。为了统一口径，西藏、重庆、海南三个省份和直辖市的数据不包括在内，我们手动从其他 28 各个省份的政府官方网站上搜集 1994 年至 2016 年共 23 年间所出台的与就业保护相关的正式或积极的法律，地方性法律规章、政策性文件以及一些自律机制、集体协议等，只要在劳动力市场中起到与法律功能类似的文字性文件都纳入在我们的范围之中。限于篇幅，下面列举了纳入本研究度量的部分省、直辖市的劳动保护相关政策文件。

北京：1995 年《北京市实施劳动合同制度的若干规定》、2001 年《北京市劳动合同规定》、2008 年《劳动法》、2013 年《劳动合同法》修正案、《北京市集体合同条例》《北京市工资支付规定》《全国性职工带薪年休假条例》、

1994 年《北京市最低工资支付规定》《北京市劳动人事争议仲裁委员会工作规则》。

广东:1995 年《广东省企业劳动争议处理实施办法》、2017 年《广东省劳动人事争议处理办法》、1995 年《广东省劳动合同管理规定》(已废止,使用 2003 年修订版)、2001 年《广东省工会劳动法律监督条例》、2004 年《广东省实施〈中华人民共和国工会法〉办法》、2005 年《广东省工资支付条例》、2014 年《广东省企业集体协议和集体合同条例》、2015 年《广东省企业集体合同条例》。

河北:1993 年《河北省企业劳动争议处理实施办法》、2000 年《河北省劳动合同管理办法》、2003 年《河北省工资支付规定》、2000 年《河北省集体合同条例》、2003 年《河北省劳动和社会保障厅关于转发〈关于非全日制用工若干问题的意见〉的通知》。

天津:2010 年《天津市实施〈中华人民共和国工会法〉办法》、2010 年《天津市企业工资集体协商条例》、2008 年《天津市企业职工民主管理条例》、2005 年《天津市实施〈集体合同规定〉办法》、1995 年《天津市实施〈中华人民共和国企业劳动争议处理条例〉办法》、1995 年《天津市实施劳动合同制度规定》(已失效,修订为 2002 年)。

河南:1995 年《河南省工会条例》、1998 年《河南省劳动监察条例》(已失效)、1999 年《河南省企业集体合同条例》、2003 年《河南省劳动保障监察条例》、2005 年《河南省工会条例》。

湖南:2003 年《湖南省劳动保障厅关于我省非全日制用工实施意见》、2004 年《湖南省实施〈中华人民共和国工会法〉办法》、2005 年《湖南省集体合同规定》、2006 年《湖南省最低工资规定》、2009 年《湖南省劳动争议仲裁证据规则》、2012 年《湖南省企业工资集体协商条例》。

黑龙江:1998 年《黑龙江省劳动合同管理规定》、2001 年《黑龙江省企业集体合同管理规定》、2003 年《黑龙江省实施〈中华人民共和国工会法〉办法》、2010年《黑龙江省实施〈中华人民共和国工会法〉条例》。

山东:《山东省劳动和社会保障厅关于劳动争议处理若干问题的意见》、2004年《山东省实施〈中华人民共和国工会法〉办法》、2005年《关于规范非全日制用工有关问题的意见》、2006年《山东省企业工资支付规定》、2006年《山东省企业职工代表大会条例》、2013年《山东省劳动合同条例》、2017年《山东省劳动人事争议调解仲裁条例》。

山西:1994年《山西省实施〈中华人民共和国工会法〉办法》、1995年《山西省企业劳动争议处理实施办法》、2003年《山西省人民政府办公厅关于发布全省非全日制用工小时最低工资标准的通知》、2004年《山西省职工劳动权益保障条例》、2010年《山西省劳动合同条例》、2015年《山西省企业工资集体协商条例》。

吉林:1994年《吉林省实施〈中华人民共和国工会法〉办法》、《国家机关、事业单位贯彻〈国务院关于职工工作时间的规定〉的实施办法》、1996年《吉林省劳动保护条例》、2002年《吉林省实施〈中华人民共和国工会法〉若干规定》、2004年《吉林省劳动保障监察条例》、2007年《吉林省劳动合同条例》、2010年《吉林省企业工资集体协商暂行办法》。

湖北:1994年《湖北省关于工作时间的实施细则》、1995年《湖北省最低工资暂行规定》、2003年《湖北省企业劳动争议处理实施办法》、2014年《湖北省集体合同条例》、关于加班工资的规定。

广西:全国性的法律依据较多,《广西壮族自治区工资支付暂行规定》。

内蒙古:1990年《内蒙古自治区劳动保护条例》、2000年《内蒙古自治区企业集体合同条例》、2002年《内蒙古自治区实施〈中华人民共和国工会法〉办法》、2003年《内蒙古自治区劳动合同规定》、2010年《内蒙古自治区劳动保障监察条例》、2010年《内蒙古自治区劳动争议处理办法》、2012年《内蒙古自治区企业集体协商条例》《内蒙古自治区就业促进条例》。

四川:1985年《四川省劳动合同试行办法》、1994年《四川省劳动争议处理实施办法》、1995 年四川省劳动厅印发《四川省贯彻执行〈中华人民共和国劳动法〉若干问题的实施意见》的通知、2000 年《四川省集体合同条例》、2002 年《四川省〈中华人民共和国工会法〉实施办法》、2012 年《四川省企业工资集体协商办法》、2012 年《四川省企业劳动争议调解工作规定》、1995 年《四川省最低工资保障规定》。

图 2.1 对以上列举的各省、直辖市的劳动保护相关法律法规进行了分类总结。其中既有较为正式且具备法律约束效力的《最低工资条例》《劳动争议调解仲裁条例》等，也有约束力较弱的自律机制等，较为全面地覆盖了与劳动保护相关的法律法规。

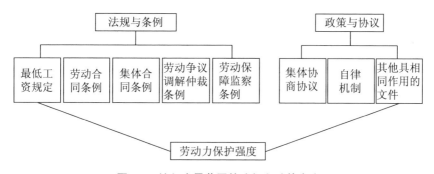

图 2.1　纳入度量范围的法规和政策内容

其次，我们对搜集得到的劳动保护相关法律法规或政策文件进行逐条分拆，然后将相关的条款按照劳动合同标准化、工作时间与休假、劳动合同执行与解除、集体议价制度、劳动争议处置等 5 个维度进行归类。其中，劳动合同标准化维度将政策调整之前的劳动合同允许存在多种非正式雇佣形式调整为统一标准的劳动合同，五险一金、工作时间、解雇赔偿等均比照正式员工实施。劳动者工作时间与休息制度维度包括每周工作天数、每日工作小时数、带薪公休天数和年假、周末及日常加班时间工资计算标准等，政策调整趋势是减少企业确定劳动时间的弹性，总体趋同于每周工作 5 天、每天 8 小时的工作制度，高出这个水平的工作时间则实行边际成本递增，即需要支付高于平时工资的加班工资。劳动合同执行与解除维度包括增加解雇员工的补偿、程序和限制等方面的内容。劳动争议处置维度方面的调整包括劳动仲裁和集体争议受理期限方面的调整。集体协议制度方面的调整则包括对企业调整用工与调整薪酬的刚性限制等。

再次,我们对每个变量的具体政策内容及其随时间的变化情况进行赋值,数值为 0 到 1 之间,数值越大表示劳动保护程度越强。这一赋值办法既能有效捕捉劳动保护政策的约束力和强制性,还能克服了 0—1 变量无法度量政策变化的层次性的缺陷。然后,对不同变量的赋值结果在 5 个维度内加总并计算算术平均数,最终得到各个维度的劳动保护政策指数。

在这里,我们以劳务派遣为例对变量赋值加以说明。根据 2013 年出台的《山东省劳动合同条例》第五十条,"用工单位应当保障被派遣劳动者与本单位职工享有同工同酬的权利,实行相同的劳动报酬分配办法",对直接劳务派遣中被派遣劳动者与本单位职工享有同工同酬的权利做出了规定,因此我们对该条例评分为 1。而根据同年颁布的《江苏省劳动合同条例》第四十条,"被派遣劳动者一方与劳务派遣单位通过集体协商,可以就劳动报酬、工作时间、技能培训、安全卫生、保险福利、女职工权益保护等事项订立集体合同",其中并没有直接规定劳务派遣中被派遣劳动者与本单位职工享有同工同酬的权利,该权利需要由用人单位和劳动者通过集体协商的办法加以确定。因此,相较于 2013 年《山东省劳动合同条例》,《江苏省劳动合同条例》对劳务派遣工的保护程度较弱,因此在此条款上对江苏省评分为 0。

二、劳动保护强度测度方法的调整

结合中国省际劳动保护相关法律法规的变迁,我们在对搜集到的法律法规、地方性政策规章、政策性文件、自律机制、集体协议等具有事实上约束力的相关政策条款进行整理,归纳出劳动合同标准化、工作时间与休假、劳动合同的执行与解除、集体议价制度和劳动争议处置等 5 个劳动保护维度。这 5 个维度以迪金等（Deakin et al.，2007）的研究为基础，但是我们结合中国劳动保护政策的实际情况和政策环境进行了调整，具体如表 2.1 所示。

表 2.1　本研究对迪金等的研究中相关维度做出的调整

政策维度	调整后的内容
劳动合同标准化	增加试用期政策变量。
工作时间与休假	每周正常工作的最长时间（不包括加班）规定为 44 小时或更少时赋值为 1，否则为 0。
解雇制度	1. 针对通知期限变量，修改为以天为单位衡量通知期限，通知时间长度为 30 天的赋值为 1，其余赋值为 0。 2. 重新就业选择变量调整为用人单位在 6 个月内录用人员的，应有限录用被裁减人员，赋值为 1，其余赋值为 0。
集体议价制度	1. 删去"封闭商店"这一个体变量。 2. 将工会化权利变量调整为若明确规定工会在用人单位解除劳动合同和违反劳动法规时有权提出异议，并支持劳动者申请仲裁或者提起诉讼的，赋值为 1；如果工会作用被描述为公共政策或公共利益的，则赋值为 0.67；如果工会作用以其他方式提及的，则赋值为 0.33；其余情况则赋值为 0。 3. 将扩大的集体协议变量调整为集体合同的扩展，具体为若法律将集体协议延伸到行业内或区域内的其他用人单位，则赋值为 1，若不能延伸到非签约劳动者或工会或只能在工厂一级延伸的，则赋值为 0。
劳工行动	调整为劳动争议处置的规定并对变量做了大幅调整，调整后的变量包括集体协商过程中争议处理、处理集体协议争议的期限、集体协商的回应期限、行业性区域性集体合同的订立、劳动争议处理程序、强制调节或仲裁、仲裁委员会决定是否受理的期限等 8 个变量。

资料来源：根据迪金等（Deakin et al.，2007）与本章整理的政策资料对比得到。

经过调整后，我们最终纳入劳动保护指数计算的分项内容如表 2.2 所示。

表 2.2　劳动保护指数分项表

5 个维度	分项指数内容
劳动合同标准化	1. 法律与缔约方决定了劳动者的法律地位； 2. 非全日制劳动者与全日制工人劳动者待遇平等； 3. 非全日制劳动者享有多大比例的全日制劳动者的劳动保护权利； 4. 固定期限合同期限内用人单位不得依据其他条款规定解除劳动合同； 5. 固定期限劳动者有权与无固定期限劳动者同等待遇； 6. 试用期的最长期限； 7. 劳务派遣是禁止的或严格受控的； 8. 劳务派遣的劳动者与无固定期限的劳动者享有同等的权利；
工作时间与休息制度	9. 年假权利； 10. 法定节假日； 11. 加班费； 12. 周末工作； 13. 加班限制； 14. 每周正常工作时间； 15. 每日最多工作时间； 16. 非全日制用工每日工作时间；
劳动合同执行与解除	17. 法定通知期限（对所有解雇人员）； 18. 法定强制裁员补偿； 19. 劳动者工作多长时间之后享有充分的劳动保护； 20. 法律对解雇程序的限制； 21. 法律对实质解雇限制； 22. 解除劳动合同的补救办法； 23. 解雇通知； 24. 冗余选择； 25. 重新就业选择；
集体议价制度	26. 工会化的权利； 27. 参加集体谈判的权利； 28. 讨价还价的责任； 29. 集体协议/合同的扩展； 30. 通过董事会资格进行委任； 31. 工人的共同决策机制和信息咨询；
劳动争议处置	32. 集体合同的一般年限； 33. 集体协商过程中争议处理； 34. 处理集体协议争议的期限； 35. 集体协商的回应期限； 36. 行业性区域性集体合同的订立； 37. 劳动争议处理； 38. 强制调节或仲裁； 39. 仲裁委员会决定是否受理的期限。

　　如表 2.2 所示,"劳动合同标准化""工作时间与休息制度"和"劳动争议处置"各包含 8 个小分项,"劳动合同的执行与解除"共包含 9 个小分项,"集体议价制度"共包含 6 个小分项,将这 5 个维度所包含的小分项的赋值结果分别进行加总并求出每个所对应的算术平均数,最终得到我们量化的劳动保护强度指数。唐代盛、李敏(2016)指出,中国的法律法规条款在全国均相同或相似,不能体现地区之间的差异,并且法律法规条款只能反映法律规定或者法律要求不能反映实际的执行情况。但是,在实际赋值过程中,我们发现区域间和不同年份之间的劳动保护强度确实存在差异,例如安徽省与陕西省在试用期的规定上的差异。2004 年《安徽省劳动合同条例》第十二条规定"劳动合同当事人可以根据岗位技能的要求协商约定试用期,但试用期最长不得超过 6 个月。试用期包含在劳动合同期限内。劳动合同期限在 6 个月以内的,不得约定试用期;劳动合同期限在 6 个月以上 1 年以下的,试用期不得超过 15 日;劳动合同期限在 1 年以上 2 年以下的,试用期不得超过 30 日;劳动合同期限在 2 年以上 5 年以下的,试用期不得超过 60 日"。2013 年《陕西省劳动力市场条例》第十九条规定"用人单位与劳动者在劳动合同中可以约定试用期。劳动合同期限在 6 个月以下的,试用期不得超过半个月;劳动合同期限在 6 个月以上 1 年以下的,试用期不得超过 1 个月;劳动合同期限在 1 年以上 2 年以下的,试用期不得超过 2 个月;劳动合同期限在 2 年以上 3 年以下的,试用期不得超过 3 个月;劳动合同期限在 3 年以上的,试用期最长不得超过 6 个月"。通过对比不难看出,两者之间存在着明显的期间长短差异。

　　在表 2.3 中,我们报告了 2007 年和 2008 年的劳动保护指数分项指标度量结果。

表 2.3　2007 年和 2008 年劳动保护指数分项指数测度结果

地区	2007 年					地区	2008 年				
	劳动合同标准化	工作时间与休息制度	劳动合同的执行与解除	集体议价制度	劳动争议处置		劳动合同标准化	工作时间与休息制度	劳动合同的执行与解除	集体议价制度	劳动争议处置
北京	0.50	0.63	0.78	0.83	0.88	北京	0.69	1.00	0.89	1.00	1.00
天津	0.50	0.75	0.70	0.61	0.75	天津	0.69	0.88	0.93	0.95	0.88
河北	0.13	0.91	0.78	0.67	0.88	河北	0.75	0.91	0.89	0.83	1.00
山西	0.25	0.91	0.26	0.39	0.76	山西	0.38	0.91	0.59	0.56	0.76
内蒙古	0.38	0.94	0.67	0.67	0.38	内蒙古	0.69	0.94	0.89	0.67	0.38
辽宁	0.50	0.63	0.76	0.83	0.33	辽宁	0.63	0.88	0.93	0.83	0.83
吉林	0.25	0.69	0.48	0.50	0.75	吉林	0.69	0.94	0.93	0.67	0.88
黑龙江	0.50	0.63	0.85	0.67	0.25	黑龙江	0.63	0.88	0.96	1.00	0.63
上海	0.50	0.63	0.65	0.83	0.25	上海	0.63	0.88	0.93	1.00	0.63
江苏	0.56	0.56	0.65	0.67	0.58	江苏	0.69	0.81	0.82	0.67	0.83
浙江	0.56	0.63	0.76	0.50	0.38	浙江	0.75	0.88	0.93	0.50	0.75
安徽	0.56	0.66	0.82	0.50	0.38	安徽	0.69	0.85	0.93	0.50	0.50
福建	0.69	0.63	0.65	0.50	0.44	福建	0.69	0.88	0.93	0.83	0.69
江西	0.50	0.56	0.65	0.50	0.58	江西	0.69	0.81	0.93	0.50	0.83
山东	0.25	0.91	0.33	0.33	0.25	山东	0.50	0.91	0.74	0.33	0.25
河南	0.25	0.88	0.37	0.61	0.88	河南	0.69	0.88	0.78	0.78	1.00
湖北	0.38	0.81	0.89	0.95	0.13	湖北	0.69	0.94	0.89	0.95	0.25
湖南	0.38	0.91	0.56	0.78	0.85	湖南	0.69	0.91	0.89	0.78	0.98
广东	0.50	1.00	0.56	0.72	0.75	广东	0.69	1.00	0.89	0.89	0.88
广西	0.38	0.94	0.59	0.78	0.75	广西	0.69	0.94	0.93	0.95	1.00
四川	0.50	0.94	0.48	0.67	0.63	四川	0.69	0.94	0.81	0.83	0.75
贵州	0.56	0.50	0.65	0.33	0.33	贵州	0.56	0.88	0.93	0.50	0.71
云南	0.50	0.63	0.35	0.50	0.65	云南	0.63	0.88	0.63	0.67	0.77
陕西	0.31	0.50	0.54	0.83	0.50	陕西	0.44	0.88	0.82	0.83	0.63
甘肃	0.63	0.63	0.65	0.83	0.25	甘肃	0.75	0.88	0.93	0.83	0.50
青海	0.38	0.75	0.54	0.33	0.25	青海	0.56	0.88	0.82	0.50	0.63
宁夏	0.63	0.63	0.70	0.50	0.58	宁夏	0.81	0.88	0.93	0.67	0.96
新疆	0.44	0.56	0.43	0.67	0.46	新疆	0.56	0.69	0.70	0.67	0.71

第三节　1994—2016 年中国省际劳动保护强度分析

一、劳动保护强度总体测度结果

（一）总劳动保护强度测度结果

我们将 1994—2016 年中国劳动保护强度总指数的度量结果报告在图 2.2 中。劳动保护强度总指数由劳动合同标准化、工作时间与休息制度、劳动合同的执行与解除、集体议价制度、劳动争议处置这 5 项分项指数进行算术平均后得出。

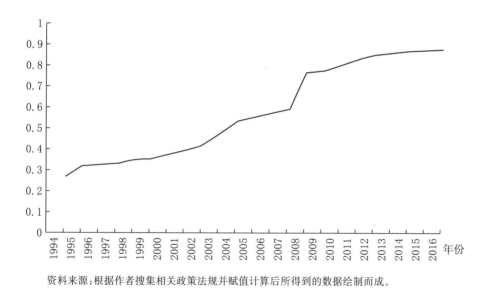

资料来源：根据作者搜集相关政策法规并赋值计算后所得到的数据绘制而成。

图 2.2　1994—2016 年中国劳动保护强度总指数变化趋势

如图 2.2 所示，1994 年至 2016 年间，中国劳动保护强度呈总体上升趋势，表明我国各省、市和自治区在劳动政策上日益重视劳动者权益，相关法律法规日益齐全。1994 年全国劳动保护强度指数为 0.27，到 2016 年该指数升至0.88,是1994年的3.25倍。此外,中国劳动保护强度指数在两个时期呈现加速上升趋势。第一个时期是2001年前后,该时期恰逢中国加入世界贸易组织,说明中国劳动监管部门为了配合对外开放,在政策层面加强了对劳动者的保护。第二个时期是2008年以后,这与修订后的《劳动合同法》的实施密切相关,全国劳动保护强度指数从2007年的0.59上升至2008年的0.77,一年之间上升了23.38%。中国劳动保护强度指数变化的另一个特征是,在一个时期出现跳升后,其增速通常都会在接下来的年份里逐渐放缓,表明地方性劳动法律法规和政策的出台具有一定的集中性。

(二) 劳动保护强度分项指标测度结果

图2.3描绘了中国劳动保护强度5个分项指数的变化情况,从中可以看出这个时期中国在劳动保护的不同维度上做出的调整幅度。在5个分项指数中,变化最大的是劳动争议处置,1994年该项指数为0.16,到2016年该指数为0.93,是1994年的6倍。这一变化显然与中国经济发展和改革开放进程密切相关。1994年,中国尚未开展大规模的国有企业改革,在经济

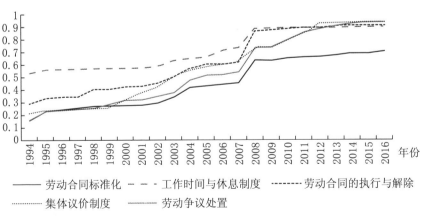

资料来源:根据作者搜集相关政策法规并赋值计算后所得到的数据绘制而成。

图2.3　1994—2016年中国劳动保护强度分项指数变化趋势

中占据主导地位的国有企业以"铁饭碗"为特征,劳动者较少涉及劳动争议,因而无需过多与处理劳动争议相关的政策。随着国有企业改革和全球化进程的展开,以及民营经济的发展,劳动力市场的自由程度提高,劳动者与企业之间的矛盾逐步显现出来,各地纷纷出台了相关政策法规以应对劳动争议案件数量的快速增加。此外,在此期间上升幅度仅次于劳动争议处置的是劳动合同标准化和集体议价制度,这两个分项指数在 2016 年的水平分别是 1994 年的 4.55 倍和 4.47 倍。在本章考察期内变化最小的分项指数是工作时间与休假,相对于其他分项指数而言,工作时间与休息制度指数在 1994 年的水平即较高,为 0.53,到 2016 年上升至 0.90。

二、分地区劳动保护强度分项指标测度结果

本章采用省际面板数据对中国劳动保护强度进行度量,因而更加注重劳动保护强度在地区间的差异。为了更加直观地反映地区间劳动保护强度差异,我们将 28 个省、市、自治区按照经济发展水平差异分为东、中、西部三个地区,并计算出各地区的算术平均水平。

(一) 分地区劳动合同标准化指标

图 2.4 反映了三个地区的劳动合同标准化指数变化趋势。在修订后的《劳动合同法》实施之前和实施初期,东部地区的劳动合同标准化指数均高于其他两个地区,但是两年后该指数在东部地区快速下降,之后一直低于中西部地区。我们推测,这一变化与外向型经济主导的东部地区在 2008 年同时受到新《劳动合同法》实施和金融危机冲击的影响相关,为缓解金融危机的冲击,该地区放缓了劳动合同标准化方面的劳动保护。同时,这也表明,即便在修订后的《劳动合同法》实施之后,劳动合同标准化所反映的劳动保护强度在不同地区之间仍然存在差异,该分项指数在东、中、西部地区分别为 0.62、0.69 和 0.73。

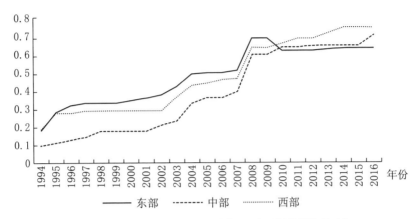

资料来源:根据作者搜集相关政策法规并赋值计算后所得到的数据绘制而成。

图 2.4 1994—2016 年分地区劳动合同标准化指数变化趋势

(二) 分地区集体议价制度指标

图 2.5 描绘了东、中、西部地区集体议价制度指数的变化趋势。我们发现,在考察期内,集体议价制度指数在三个地区之间的差异并不大,1994 年在东、中、西部地区分别为 0.17、0.2 和 0.26,2016 年则分别为 0.97、0.94 和 0.90。有趣的是,在 2011 年人力资源与社会保障部推出"集体协议彩虹计

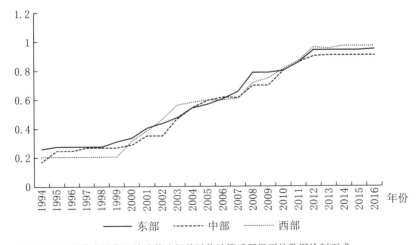

资料来源:根据作者搜集相关政策法规并赋值计算后所得到的数据绘制而成。

图 2.5 1994—2016 年分地区集体议价制度指数变化趋势

划"时,东部、中部、西部地区的集体议价制度指数高度接近,其后又再次出现分化。这再次表明,在中央政府出台相关政策法规的初期,地方政府对此的反应高度协同一致,导致在这一时期中的劳动保护强度趋同,但此后会根据自身的发展阶段和特点自行调节实施力度,因而会出现差异化趋向。

(三) 分地区劳动争议处置指标

劳动争议处置指数的变化显示出与集体议价制度指数相类似的变化趋势。在图 2.6 中,1994 年,劳动争议处置指数在东、中、西部地区的水平比较接近,且该指数在西部地区最低。但是此后西部地区劳动争议处置指数的上升幅度超过了东、中部地区,到 2016 年与中部地区持平,为 0.95,高于东部地区的 0.89。近年来,劳动争议处置指数在三个地区的变化趋势十分有趣。众所周知,东部地区经济较为发达,企业数量众多,吸收的就业人员数量也高于中西部地区,相应地,劳动争议的数量也多于中西部地区。但是,东部地区的劳动争议处置指数却低于中西部地区,这或许说明,东部地区在出台劳动争议相关政策时受到来自地方经济发展和企业的压力较大,因此在出台解决和处理劳动争议的政策法规时较为审慎。

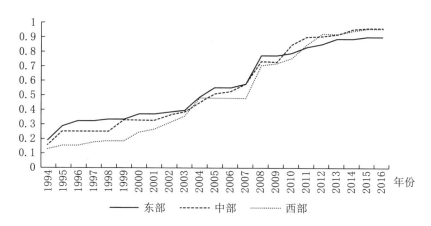

资料来源:根据作者搜集相关政策法规并赋值计算后所得到的数据绘制而成。

图 2.6　1994—2016 年分地区劳动争议处置指数变化趋势

（四）分地区工作时间与休息制度指标

图 2.7 刻画了东、中、西部地区工作时间与休息制度指数的变化情况。如图所示，在 2001 年加入世界贸易组织之前，三个地区的工作时间与休假制度指数都较为稳定，东部地区的相关劳动保护强度低于中西部地区。加入世贸组织后，东部地区的工作时间与休息制度指数在 5 年内迅速赶上了中西部地区的水平。2008 年《劳动合同法》修订后，东、中、西部地区的工作时间与休息制度指数高度趋同，而且到最近一直非常稳定。与前面几个分项指数比较后，我们发现，对于不同的劳动保护维度，各地在出台相关政策的时候有着不同的态度与力度，其间反映出来的一个重要信息是，我们在观察和评价中国的劳动政策变迁时需要采用更加细化的多维度的视角，并充分考虑地区间的差异性。

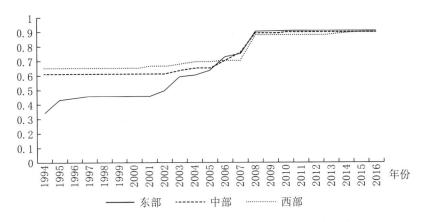

资料来源：根据作者搜集相关政策法规并赋值计算后所得到的数据绘制而成。

图 2.7　1994—2016 年分地区工作时间与休息制度指数变化趋势

（五）分地区劳动合同的执行与解除指标

图 2.8 显示了 1994 年至 2016 年间东、中、西部地区劳动合同的执行与解除指数的变化状况。2008 年之前，三个地区之间的劳动合同执行情况有

着较大的差异,而且相互之间在变化上也没有显示出趋同性。但是 2008 年后,三个地区的劳动合同的执行与解除指数迅速趋同,之后便保持了较为稳定、一致的走势。

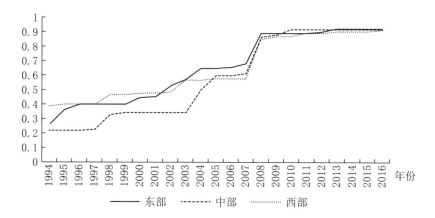

资料来源:根据作者搜集相关政策法规并赋值计算后所得到的数据绘制而成。

图 2.8　1994—2016 年分地区劳动合同的执行与解除指数变化趋势

综上,我们得到以下结论:第一,无论从劳动保护政策法规上还是不同地区的政策配套情况来看,我国劳动保护强度总体上有较大幅度的提高;第二,尽管全国层面的劳动法规和政策的出台对于地方政府的配套政策实施有决定性的意义,但是地方政府在具体实施方向和力度上有所差异,在本章度量的 5 个维度当中,劳动合同的执行和工作时间与休息制度指数在《劳动合同法》实施后的趋同性和稳定性最好;第三,在当前我国微观议价制度功能尚不完善的背景下,劳动者的议价地位主要依靠宏观层面的议价制度来予以保障。考虑到当前劳动合同的执行和工作时间与休息制度指数在地区间已经高度趋同,那么其余三个维度,即劳动合同标准化、集体议价制度、劳动争议处置,就成为影响地区间劳动保护强度差异的主要因素。

第四节　本　章　小　结

本章基于迪金等(Deakin et al.，2007)的分类和度量办法，并结合中国现实进行了改进，对 1994—2016 年间中国 28 个省份的劳动保护相关政策进行归类赋值，得到了省际层面关于劳动合同标准化、工作时间与休息制度、劳动合同的执行与解除、集体议价制度、劳动争议处置等 5 个维度的劳动保护强度指数。根据度量结果，我们发现，中国劳动保护强度在考察期内总体上有较大幅度的提高，不同地区之间在劳动保护强度上存在差异。《劳动合同法》实施后，劳动合同的执行与解除以及工作时间与休假指数的趋同性和稳定性最好，而劳动合同标准化、集体议价制度、劳动争议处置这三方面的差异是导致地区间劳动保护强度差异的主要因素。

根据检索，我们首次尝试对中国省际劳动保护政策进行归类和度量。与现有文献主要基于 2008 年《劳动合同法》修订带来的影响作为单一政策冲击不同，本章通过对长时间序列不同地区的劳动保护强度进行赋值，对有关中国劳动保护政策的变迁进行了更加丰富而全面的观察。在中国经济面临进一步下行压力、就业形势也更为严峻的当下，本章无疑有着重要的政策含义。2018 年 12 月 5 日，国务院下发《关于做好当前和今后一个时期促进就业工作的若干意见》，对未来一个时期可能出现的就业压力进行了提前部署，从多个层面对促进和保障就业、失业保险和再就业培训等工作做了安排。

在这样的背景下，本研究的政策含义在于：首先，在经济转型关键期，劳动就业政策的出台和实施应特别注意使其有利于提高经济效率，不能为了片面保就业而增加低效和无效就业；其次，可以将本章中对全要素生产率起到积极影响的政策方面，如劳动合同标准化、集体议价制度、劳动争议处置等作为近期推进劳动保护政策的主要方面;再次,应继续提升各地市场化水平,为劳动保护政策的调整和实施创造良好的市场环境,同时有利于经济效率的改善。

附录

劳动保护强度指数分项赋值标准

变　量	分　项	评分细则
劳动合同标准化	1. 法律与缔约方决定劳动者的法律地位	法律规定当事人劳动者身份符合某些特定标准,则评分为 1;法律允许问题由合同性质决定,则评分为 0.5;各方可以自由规定,则评分为 0。
	2. 非全日制工人与全日制工人待遇平等	如果法律制度承认非全日制劳动者的平等待遇权,则评分为 1;如果法律制度承认更多有限的非全日制劳动者的平等待遇权,则评分为 0.5;以上两者均不为 0。
	3. 非全日制劳动者享有多大比例的全日制劳动者的劳动保护权利	如果作为法律问题,非全日制劳动者享有与全日制劳动者相等的权利,则评分为 1;否则等于 0。
	4. 固定期限合同期限内用人单位不得依据其他条款规定解除劳动合同	如果法律对缔结的固定期限合同施加实质性约束,例如(1)患职业病或因公负伤并达到确认的伤残等级;(2)患病或负伤,在规定的医疗期内;(3)女职工在孕期、产期、哺乳期内;(4)法律、法规规定的其他情形。有以上情况规定的,则评分为 1;否则评分为 0。
	5. 固定期限劳动者有权与无固定期限劳动者同等待遇	如果法律制度承认固定期限劳动者享有平等待遇的权利,则评分为 1;如果法律制度承认更为有限的固定期限劳动者享有平等待遇的权利(例如,通过更普遍的权利,在就业中不被任意处理),则评分为 0.5;以上两者均不,则评分为 0。
	6. 试用期的最长期限	劳动合同可以约定试用期,试用期的最长期限不得超过 6 个月,则评分为 1;如果超过 6 个月或者更长,则评分为 0。

变　量	分　项	评分细则
劳动合同标准化	7. 劳务派遣是禁止的或严格受控的	如果法律制度禁止使用劳务派遣人代理人劳动,则评分为1;如果对使用造成实质限制(只允许在某些条件下,例如雇主明显需要满足劳动力需求波动),则评分为0.5;以上两者均不,则评分为0。
	8. 劳务派遣的劳动者与无固定期限的劳动者享有同等的权利	劳务派遣的劳动者与无固定期限的劳动者享有同等的权利与待遇,则评分为1;劳务派遣者享有的权利与待遇有限,则评分为0.5;以上两者均不,则评分为0。
工作时间与休息制度	9. 年假权利	衡量法律或集体协议保证的正常有薪年假。如果法律或者集体协议要求劳动者工作大于1年小于10年,年休假5天;劳动者工作大于10年小于20年,年休假10天;劳动者工作大于20年,年休假15天,则评分为1;否则为0。
	10. 法定节假日	衡量法定或集体协议规定的正常的带薪公休日数。法律明确规定劳动者享有元旦、春节、国际劳动日、国庆节、法律或法规规定的其他休假日,则评分为1;否则为0。
	11. 加班费	根据法律规定的加班工作或通常适用的集体协议计量正常额外费用。对于大多数劳动力实际上具有约束力的法律和集体协议给予相同的分数(例如在集体协议中有扩展立法的系统)。如果正常额外费用是双倍,则评分为1;如果是正常和一半,则得分为0.5;没有额外的加班费得分为0。
	12. 周末工作	衡量法律规定的周末工作或通常适用的集体协议的正常额外费用。对于大多数劳动力实际上具有约束力的法律和集体协议给予相同的分数(例如在集体协议中有扩展立法的系统)。如果正常额外费用是双倍,或者周末工作是严格控制或禁止的,则评分为1;如果是正常或者一半,则评分为0.5;没有额外费用,则评分为0。

续　表

变　　量	分　　项	评分细则
工作时间 与休息 制度	13. 加班限制	衡量法律允许的加班时间或通过集体协议允许的最大每周加班时间数量。如果正常工作的最长工作时间达到每周工作时间（包括加班），则评分为 1；如果加班时间有限制，则评分为 0.5；如果加班时间没有限制，则评分为 0。
	14. 每周正常工作的时间	衡量每周正常工作的最长时间，不包括加班。限制为 44 小时或更少，评分为 1（法律和集体协议的评分相同）；限制为 44 小时或更多（或不限制）评分为 0 分。
	15. 每日最多工作时间	考虑休息时间规则和每日最大工作时间限制，测量一天中允许工作时间的最大数量。限制为 8 小时或更少，评分为 1；限制为 11 小时或更多，评分为 0。
	16. 非全日制用工每日工作时间	非全日制用工，是指以小时计酬为主，劳动者在同一用人单位一般平均每日工作时间不超过四小时，每周工作时间累计不超过二十四小时的用工形式，评分为 1；每日工作时间不超过 5 小时，每周工作时间累计不超过 30 小时则评分为 0.8，否则，则评分为 0。
劳动合同 的执行与 解除	17. 法定通知期限（对所有解雇人员）	以天为单位衡量通知期的期限，通知时间长度为 30 天的，评分为 1；否则为 0。
	18. 法定强制裁员补偿	经济补偿按劳动者在本单位的工作年限计算，每满一年向劳动者支付 1 个月的工资，6 个月以上、不满 1 年按 1 个月计算，不满 6 个月按半个月计算，评分为 1；没有经济补偿，则评分为 0。
	19. 劳动者工作多长时间之后享有充分的劳动保护	工作不满 1 年但超过 3 个月者，工作 1 个月后获得劳动保护；工作满 1 年不满 3 年者，工作 2 个月后获得劳动保护；工作 3 年以上或无固定期限者，工作 6 个月后获得劳动保护。符合以上规定评分为 1；否则评分为 0。

变　量	分　项	评分细则
劳动合同的执行与解除	20. 法律对解雇程序的限制	用人单位在解除劳动合同之前 30 日向工会或全体职工说明情况,听取工会和职工意见后,裁剪人员方案经向劳动行政部门批准可以裁员,则评分为 1;如果不遵守经劳动部门批准的裁剪方案进行裁员,则评分为 0.67;如果不遵守裁减方案只是解除劳动合同的因素之一,则评分为 0.33;如果没有裁减方案,则评分为 0。
	21. 法律对实质解雇限制	如果解除劳动合同仅适用于劳动者的严重不当行为或过错,则评分为 1;如果解除劳动合同是更广泛的正当理由(不当行为,缺乏能力,裁员等)是合法的,则评分为 0.67;如果解除劳动合同是"公正"或"公平",则评分为 0.33;如果就业是随意的,则评分为 0。
	22. 解除劳动合同的补救办法	如果补救措施经济补偿并且定期执行,则评分为 1;如果补救措施非经济补偿,则评分为 0.5;没有补救措施,则评分为 0。
	23. 解雇通知	如果根据法律或有约束力的集体协议,解除劳动合同之前报劳动行政部门许可,则评分为 1;解除劳动合同必须通知劳动行政部门,但未必得到其许可,则评分为 0.67;如果用人单位给劳动者书面解除劳动合同的理由,则评分为 0.33;如果向劳动者口头陈述足够的话,则等于 0。
	24. 冗余选择	如果根据法律或有约束力的集体协议,用人单位必须按照以下原则优先不解除劳动合同:(1)与本单位订立较长期限的固定期限劳动合同的;(2)与本单位订立无固定期限劳动合同的;(3)家庭无其他就业人员,有需要抚养的老人或者未成年人,评分为 1;则评分为 0。
	25. 重新就业选择	如果通过法律或有约束力的集体协议,用人单位在 6 个月内录用人员的,应当优先录用被裁减的人员,则评分为 1;否则评分为 0。

续　表

变　量	分　项	评分细则
集体议价制度	26. 工会的权利	如果法律或者集体协议明确提出用人单位解除劳动合同,工会认为不适当,有权提出意见;如果用人单位违反法律、法规或者劳动合同,工会有权要求重新处理;劳动者申请仲裁或者提起诉讼的,工会应当依法予以支持和帮助,评分为1;如果工会被描述为公共政策或公共利益,则评分为0.67;如果工会另有提及,则评分为0.33;否则评分为0。
	27. 参加集体谈判的权利	衡量保护集体谈判权利或在该国宪法中签订集体协议的权利,如果法律明确授予集体谈判权,则评分为1;如果集体谈判被描述为公共政策或公共利益问题(或在权利章节中提及),则评分0.67;如果在法律中另有提及集体谈判,则评分为0.33;否则评分为0。
	28. 讨价还价的责任	如果用人单位有法律责任与工会,工作委员会或其他工人组织达成协议和/或达成协议,则评分为1;如果用人单位可以合法拒绝与工人讨价还价,则评分为0。
	29. 集体协议/合同的扩展	如果法律将集体协议延伸到行业内或区域内的其他用人单位(集体协议的强制性行政扩展与法律强制扩展相当),则评分为1;如果集体协议不能延伸到非签约劳动者或工会,或集体协议只能在工厂一级延伸,则评分为0。
	30. 通过董事会资格进行委任	如果法律允许工会和/或工人有权提名用人单位的董事会级董事,评分为1;否则评分为0。
	31. 工人的共同决策机制和信息咨询	如果工人委员会或企业委员会具有共同决策的法定权力,则评分为1;如果工人委员会或企业委员会必须依法建立,在一定条件下,没有共同决策权,则评分为0.67;如果用人单位可以指出替代或预先存在替代安排,则评分为0.5;如果法律规定在某些事项上提供有关工人或工人代表的信息和咨询,但没有义务维持工作委员会或企业委员会作为常设机构,则评分为0.33;否则评分为0。

续　表

变　量	分　项	评分细则
劳动争议处置	32. 集体合同的一般年限	集体合同或专项集体合同期限一般为 1 年至 3 年,期满或双方约定的终止条件出现,即行终止。集体合同或专项集体合同期满前 3 个月内,任何一方均可向对方提出重新签订或续订的要求。则评分为 1;否则评分为 0。
	33. 集体协商过程中争议处理	如果法律或集体协议要求:集体协商过程中发生争议,双方当事人不能协商解决的,当事人一方或双方可以书面向劳动保障行政部门提出协调处理申请;未提出申请的,劳动保障行政部门认为必要时也可以进行协调处理,则评分为 1;否则评分为 0。
	34. 处理集体协议争议的期限	如果法律或集体协议要求:协调处理集体协商争议,应当自受理协调处理申请之日起 30 日内结束协调处理工作;期满未结束的,可以适当延长协调期限,但延长期限不得超过 15 日,评分为 1;否则评分为 0。
	35. 集体协商的回应期限	如果法律或集体协议要求:集体协商任何一方均可就签订集体合同或专项集体合同以及相关事宜,以书面形式向对方提出进行集体协商的要求;一方提出进行集体协商要求的,另一方应当在收到集体协商要求之日起 20 日内以书面形式给予回应,无正当理由不得拒绝进行集体协商,评分为 1;否则评分为 0。
	36. 行业性区域性集体合同的订立	在县级以下区域内,建筑业、采矿业、餐饮业可由工会与企业方面的代表订立行业性集体合同,或者区域性集体合同,评分为 1;否则评分为 0。
	37. 劳动争议处理	当事人应当从知道或者应当知道其权利被侵害之日起六个月内,以书面形式向仲裁委员会申请仲裁。当事人因不可抗力或者有其他正当理由超过前款规定的申请仲裁时效的,仲裁委员会应当受理,评分为 1;否则评分为 0。

变　量	分　项	评分细则
劳动争议 处置	38. 强制调解或仲裁	如果法律有授权调解程序或其他争议解决机制(除了具有约束力的仲裁),评分为1;否则评分为0。
	39. 仲裁委员会决定是否受理的期限	如果法律或集体协议要求仲裁委员会应当自收到申诉书之日起5日内做出受理或者不予受理的决定,评分为1;7日内做出受理或者不予受理决定的,则评分为0.8;10日内做出受理或者不予受理决定的,则评分为0.5;60日内做出受理或者不予受理决定的则评分为0.083;否则评分为0。

第三章
劳动保护强度对中国企业效率
的影响研究

第一节　导　　言

改革开放 40 年来,中国的名义 GDP 从 1978 年的 3 679 亿元增长至 2019 年的 99.09 万亿元,年均增长率达 14.35%。从根本上看,我国经济高速增长的源泉以微观层面多种所有制企业调动和组织不同类型的生产要素,生产和销售商品或劳务,最终取得持续高盈利为基础。但随着近年来劳动、资本等要素的回报率不断下降,我国 GDP 的增速持续放缓。主流经济学理论认为,企业是购买并组织生产要素进行生产和销售商品或劳务的经济组织,其最终目标是利润最大化。具体到企业经营层面,利润最大化与成本最小化最终表现为企业的经营绩效,是衡量企业能否长期存续的重要问题,也是企业经营者关注的核心问题。因此,企业绩效是企业股东、管理层、员工、投资者等利益相关方关注的核心指标。在我国经济进入新常态、以往以要素驱动的粗放型发展模式难以为继的背景下,以要素市场化改革为出发点,研究生产要素制度变革对企业绩效的影响具有十分重要的现实意义。

已有的关于企业绩效决定因素的研究大致可以包括微观企业治理、中观行业因素和宏观制度环境等三个层面。在公司治理层面,魏刚(2000)的研究认为,高管人员的薪酬水平与企业规模存在显著的正相关关系。白重恩等(2005)认为,公司治理水平高的企业,其市场价值也高,投资者愿意为公司治理良好的企业付出可观的溢价。陈笑雪(2009)的研究表明,虽然上市公司高管平均持股比例较低,但其仍然对上市公司高管的行为具有重要的激励作用。张杰等(2019)认为,控股股东持股比例对公司绩效有正向的影响;董事及高管前三名薪酬对公司绩效有正向影响。在产业发展层面,阿吉翁(Aghion,2015)的研究表明,适宜的产业政策会推动技术创新,提升企业绩效,促进产业发展。韩超等(2017)的研究认为,供给型政策的配置引致企业对产业政策的依赖,进而引发企业的非生产性投资,降低了企业绩效。寇蔻(2019)的研究认为,德国的产业政策实践侧重促进价值链上游活动和前沿技术的发展,有利于德国企业销售额和生产率的提高,并且这种作用对不同规模的企业均产生了显著的积极影响。上述文献大多是从微观公司治理或中观产业发展、产业政策的角度来考察企业绩效的影响因素,较少从宏观制度环境着手分析制度环境及其变化对企业绩效的影响。

作为宏观制度环境的重要组成部分,劳动保护政策关系到企业对劳动力的雇佣,因而会直接影响到企业雇佣劳动力成本的高低和在发生劳动纠纷时双方所处的谈判地位。劳动保护政策是不同监管主体对劳动者相关劳动权利的规定,主要由劳动保护相关法律法规、条例、执行办法、配套措施等组成。为保护广大劳动者的合法权益并构建和谐的劳动关系,长期以来我国不断出台和完善劳动保护相关法律法规与政策措施。1994年7月,我国颁布了《中华人民共和国劳动法》(以下简称《劳动法》),对劳动者的权利和义务、劳动合同规定、社会保险和福利、工作时间、劳动争议处理等方面首次做出了明确规定。2007年6月,我国又出台了《中华人民共和国劳动合同法》(以下简称《劳动合同法》),对劳动合同的订立、劳动合同的履行和变更、劳动合同的解除和终止、集体合同、劳务派遣、非全日制用工等17个方面做出了详细规定。此后,全国人大还先后颁布了《工资集体协商试行办法》

(2001)、《最低工资规定》(2004)、《中华人民共和国工会法》(2009)等一系列法律法规,对劳动者的相关合法权益做出明确规定。此外,劳动保护制度还包括国务院、人社部等监管部门颁布的相关条例、意见、执行办法等,以及各省级职能部门颁布的地方性劳动法规。

本研究与以往针对劳动保护政策相关的研究相比也有较大的不同。现有研究大多将2008年颁布的《劳动合同法》看作外生冲击,通过自然实验的方法来检验劳动保护政策环境变化的经济效应,如陈德球等(2014)以2008年实施的《劳动合同法》检验劳动保护政策的变动对企业之间银行借款契约关系的影响;于传荣等(2017)利用2008年实施的《劳动合同法》检验劳动保护法律的变化对上市公司创新决策的影响。这些文献较少系统度量我国劳动保护政策强弱的时间变化,仅以《劳动合同法》的颁布作为劳动保护程度加强的代理变量,因而具有一定片面性。此外,已有的劳动保护政策相关研究大多集中于劳动保护政策对企业资产负债表中资产端(研发创新)、负债端(融资约束、财务杠杆、职工薪酬)、利润表中的成本端(调整成本),以及对公司现金流量表(经营弹性)的影响,较少关注劳动保护政策的变动对企业最终目标、企业利润表中营业利润或绩效指标的影响。所以,本章试图将劳动保护制度环境与企业绩效问题结合起来,分析宏观制度的变动对微观企业生存和发展的影响,不仅创新了企业绩效问题的研究思路,而且拓展了劳动保护制度环境研究的影响链条,也为后来的研究做出了积极探索。

本研究将劳动保护政策强度作为制度变量、研究对企业绩效的影响具有重要理论与现实意义。首先,拓展了研究企业绩效问题的思路。以往针对企业绩效问题的分析,大多是从微观企业个体或行业个体的角度进行分析,对企业的公司治理、经营战略,投融资行为、行业的产业技术应用、产业政策的分析较多,较少从宏观制度环境入手、对微观企业绩效的问题进行研究。其次,劳动力作为最特殊的生产要素,劳动保护作为对这种生产要素的保护制度,研究劳动保护制度环境对企业绩效的影响,能为要素市场化改革提供现实借鉴意义;在我国老龄化加速、人口结构不断变化的背景下,探讨不同的劳动保护政策对企业绩效的不同影响,对我国经济实现高质量发展、从人依赖口红利转型到工程师红利,具有重要意义。

基于此,本研究使用第二章度量的我国 1994—2017 年各省劳动保护强度作为核心解释变量,并以 1994—2017 年中国 A 股沪深两市上市公司为样本,选取其 EPS(每股净利润)、调整后的 EPS(调整后的每股净利润)、经营利润作为被解释变量,同时将公司治理层面与公司财务方面的指标如大股东性质、前几大股东持股比例、公司总资产、经营性现金流等作为控制变量,整合构建实证模型并进行回归分析,检验劳动保护程度的变化是否以及如何影响企业绩效。我们的研究结果表明,劳动保护政策中的工作时间规定、解雇保护规定和劳动争议规定对企业绩效有负向影响,替代性就业合同规定和集体协议规定对企业绩效有正向影响。

探讨劳动保护制度对企业绩效的影响研究,不仅有利于企业对劳动保护制度环境有更加深入的认识,及时应对劳动保护政策的调整,避免企业遭受意外冲击,而且有利于劳动者更加深刻地认知劳动保护法律,了解劳动保护政策的具体作用,以便运用法律手段维护自身的合法权益。最后,还有利于政策制定部门综合考量各方利益关系,制定科学合理的劳动保护政策。例如在不过度损害企业发展的情况下,提升劳动者的权益;综合运用多种措施,提升企业提高劳动者福利待遇的积极性等,为共同构建和谐有序的劳动关系、使经济迈向高质量发展做出贡献。

本章后面的安排如下:第二节对文献进行评述,并提出研究假设;第三节为研究设计与数据来源,介绍劳动保护政策、企业绩效指标的样本选取、劳动保护政策的度量、控制变量的选取,以及模型设计等;第四节是实证结果分析,基于之前的数据与模型分别进行劳动保护分变量和总变量的回归分析,并作机制检验;第五节是稳健性检验;第六节为结论。

第二节　劳动保护制度如何影响企业绩效：
文献评述与研究假设

一、劳动保护制度对企业绩效影响机制的文献评述

　　劳动保护制度环境对企业绩效的影响以中间机制的间接影响为主，即劳动保护制度环境及其变化首先影响到企业的某一方面，如人工成本、就业水平、融资约束、研发创新等，然后再通过这些方面的变化影响到企业绩效。我们认为，劳动保护规定的调整首先影响到的是工人工资福利、工人就业水平等，同时也对企业的各项成本支出构成冲击；从中期来看，可能对企业的融资形式、资本结构、财务结构形成持续影响；从长期来看，企业受到成本的持续挑战，极有可能转变经营方式，进行产业升级改造、推进技术创新等，来提升自身竞争力，改善企业绩效。因此，这一部分梳理相关文献，以从短期到长期的影响机制为线索，探讨劳动保护制度环境对企业绩效影响的可能路径。

　　劳动保护影响工人就业与工资的机制研究方面，贝斯利和伯吉斯（Besley and Burgess，2003）利用印度1958年至1992年的数据研究表明，劳动保护法律的实施降低了工人就业水平、企业的产出、投资与绩效。阿尔梅达（Almeida，2005）等人利用巴西的公司层面的面板数据研究发现，调整灵活的劳动力市场，使得企业更倾向于雇佣高素质的劳动力，提升企业的资本密集度和技术水平，导致企业总产出和人均增加值的增长。马丁内斯（Martiness，2007）的研究发现，解雇成本的存在增强了员工的议价能力，降低了员工工作的努力程度，不利于企业绩效的提升。凯伦（Karen，2008）的研究表明，更长的解雇通知期将会导致员工更高的工资水平，通知期每延长

一个月，员工工资将会上升 3％。奥特（Autor，2007）等人的研究表明，更严格的劳动保护法降低了工人流动和企业的进入率，进一步使得资本深化与TFP 的下降，最终导致企业生产效率的下降。弗里曼（Freeman，2013）等人利用珠三角地区的调查数据研究中国 2008 年实施的《劳动合同法》，研究发现，《劳动合同法》提升了流动工人签订书面劳动合同的比率，减少了工资拖欠，有利于员工努力程度的提高，有利于企业绩效水平的额提升。杜鹏程（2018）的研究表明，降低了农民工的工作时间，提高了农民工拥有各项社会保险的比例，改善了农民工福利水平，这有助于农民工比例较高的企业绩效水平的提升。

　　劳动保护制度对企业成本的影响研究方面，拉齐尔（Lazear，1990）研究表明，劳动保护法律产生的遣散费用和通知期，会降低企业的经营弹性，最终减少国家的就业水平，最终对潜在总产出产生负向影响。这说明由劳动保护引致的解雇成本通过降低就业水平，恶化了企业绩效。伯德（Bird，2009）等人的研究认为，1977 年至 1999 年美国各州法院实施的不正当解雇保护法案，增加了商业银行劳动力成本支出，降低了商业银行的整体盈利能力。卡尔（Carl，2015）的研究表明，2001 年的劳动保护法律改革增强了劳动力市场的灵活性，降低了企业的调整成本，提高了企业绩效。国内的相关研究中，刘彩凤（2008）的研究表明，《劳动保护法》的实施促使非标准用工形式正规化，提高了企业的解雇成本，使中小企业面临更大的生存压力，甚至迫使中小企业退出市场，这表明劳动合同的标准化通过提高解雇成本，降低了中小企业的绩效水平。刘媛媛、刘斌（2014）的研究认为，《劳动合同法》的实施加剧了企业的人工成本粘性，并导致了企业用机器替代人工的可能。黄平（2012）的研究表明，《劳动合同法》带来的解雇成本，使劳动密集型企业降低了雇佣规模，使得知识密集型企业加速扩张，这表明不同类型的企业在面对劳动保护带来解雇成本时，产生了不同的应对方式，这些应对方式也对自身绩效产生了不同影响。罗劲博（2018）的研究表明，《劳动合同法》的实施降低了企业整体员工,尤其是高管人员的业绩薪酬敏感性,由此带来的薪酬错配不利于公司未来经营发展,也不利于公司绩效水平的提高。

劳动保护对企业资本结构的影响研究方面,鲁巴克和齐默曼(Ruback and Zimmerman,1984)以及陈(Chen,2011)的研究表明,劳动保护增加了公司资本成本,降低了公司全要素生产率,导致公司价值与股票回报率受到损害。这说明劳动保护的加强通过提高公司的融资成本,降低了企业绩效。西明茨(Simintzi,2012)等人研究表明,加强劳动保护会降低公司的投资水平和对外融资能力,最终不利于企业绩效的提升。瑟夫林(Serfling,2013)等人运用美国实施的不正当解雇法进行研究,其结果表明实施劳动保护法的企业将会降低负债率和杠杆率,同时增加现金持有,这不利于企业经营发展,不利于企业提高绩效水平。道格拉斯(Douglas,2015)等人运用美国州际层面的劳动保护数据研究发现,更严格的劳动保护法律会降低企业投资率和销售增长率。马修凯泰特(Marciukaityte,2018)等人的研究发现,劳动保护法律的实施,不仅提高了相关企业的经营成本,而且降低了企业的股价。李准等人(2008)的研究表明,《劳动合同法》的实施,使劳动密集型企业提升商业信用,导致企业财务杠杆的上升,增加了企业的破产风险,这对企业绩效的提升产生了不利影响。陈德球等人(2014)的研究认为,劳动保护的加强,使得企业获取外部授信的标准上升,加大了企业财务风险,表现为借款规模的降低和借款利息的提高,这对过分依赖外部融资的企业产生了十分不利的影响。卢闯等人(2015)的研究发现,《劳动合同法》的实施,使劳动密集度较高的企业更容易发生投资不足,这不仅损害了企业的投资效率,而且降低了企业的经营绩效。廖冠民、陈燕(2014)的研究表明,《劳动保护法》的颁行,降低了企业的经营弹性,不利于企业的绩效提升。

在劳动保护对企业研发创新的影响研究方面,卡贝尔罗(Caballero,2005)研究表明,工作保护法规有损公司的破坏性创新过程,使得公司不能及时解雇员工、应用新技术,不利于企业绩效水平的提高。阿查亚(Acharya,2010)等人运用跨国数据的研究表明,更严格的劳动保护法促使公司不能因短期创新活动失败而惩罚性地解雇员工,反而会促使员工追求长期的、更有价值的创新活动,促进了技术创新与经济增长,这表明不正当解雇保护法案的实施有利于企业绩效水平的改善。格里菲思(Griffith,2012)研究表明,劳动保护法规的加强,增加了工人对创新活动的投资,公司对技术创新的投入可能会减少,因为公司实施更强的劳动保护法提升了自身的调整成本,这表明劳动保护的加强对企业与员工创新行为的影响并不一致,因此,对企业整体绩效的影响也不明确。国内相关研究中,倪骁然、朱玉杰(2016)以及于传荣等人(2017)的研究表明,《劳动合同法》的实施促进了企业的研发投入与研发产出,这对企业应用新技术、推动企业转型升级、改善绩效水平产生了正向作用。王钰、祝继高(2018)的研究表明,《劳动合同法》的实施弱化了高学历员工对企业创新产出的促进作用,不利于企业整体创新活动的开展和绩效水平的提升。

综上所述,我们通过对以往文献的梳理,将劳动保护可能影响企业绩效的机制,从短期到长期分为员工就业与工资、企业成本、资本结构、研发创新四个维度,并进行了理论分析。接下来,我们以上述机制分析为线索,构建劳动保护影响企业绩效的研究假设,并在实证部分进行验证。

二、劳动保护制度影响企业绩效的研究假设

如上一章所述,我们将劳动保护政策划分为五个维度的变量,分别是替代性就业合同、工作时间、解雇保护、劳动争议、集体协议。由于我们关注的时间跨度是 1994 年至 2017 年,属于较长范围的时间跨度,不同制造业企业在长周期中不同时点面对不同强度的劳动保护制度会产生 U 型效应,即面对劳动保护制度的变化,企业短期的用工行为(工人福利、就业水平等)首先产生变化,企业中期的总体成本与资本结构、融资行为等进而发生变化,最

后从长期来看,可能倒逼企业创新。因此,5个变量对企业绩效的影响力度及其方向可能随着时间跨度的不同而出现变化。所以,我们对上述5个变量的检验将从短期和长期两个角度考虑。

就影响机制而言,我们将从上述文献分析的机制中推导相应假设;就研发创新机制影响劳动保护和企业绩效的关系而言,我们选取研发产出即专利申请数对这一机制进行界定。就员工工资机制影响劳动保护和企业绩效的关系而言,我们以人均工资来对这一机制进行分析。就企业成本机制影响劳动保护和企业绩效的关系而言,我们选取经营成本这一机制进行度量。企业执行更严格的劳动保护制度,将提高企业的各项费用支出,加大企业成本。就资本结构机制对企业绩效的影响而言,我们选取经营性现金流来进行分析。

替代性就业合同规定主要规定,非全日制员工、固定期限劳动合同员工、试用期员工、劳务派遣员工等灵活就业形式均与正式员工(全日制员工、无固定期限劳动合同员工、转正后员工等)享有同等权利(工资福利、五险一金等)。劳动合同的标准化提升了企业劳务成本和合规成本支出,这对于制造业,尤其是以劳动密集型为主的、灵活用工概率较高的企业影响更大。所以,短期来看,替代性就业合同规定会对企业绩效有负向影响。但同时,劳动合同的标准化以及创新成果产权的明晰,解决了创新过程中双边垄断"敲竹杠"的问题,激发了企业和员工加大创新投入,提升技术水平,培育人力资本,最终有利于提升企业绩效(于传荣等,2017);而且,劳动合同的标准化保障了灵活就业者的权利,解决了临时性员工的后顾之忧,提升了员工的业绩薪酬敏感性与工作积极性(罗劲博,2018),而员工业绩薪酬敏感性与工作积极性的提高,降低了公司代理成本,提升了公司价值,增进了企业绩效(Jenson and Murphy,1990)。因此,劳动合同标准化的规定对企业绩效的影响同时存在正向影响和负向影响,但从长远来看,劳动合同的标准化对企业绩效的影响以正向为主。因此,我们提出如下假设:

假设 1a：替代性就业合同对企业绩效短期可能有负向影响，长期以正向影响为主。

工作时间规定主要规定了劳动者享有节假日休息、加班时获得加班费以及加班时间拥有限制的权利。这加强了对劳动者休闲权利的保护，同时降低了劳动力要素的生产效率（节假日休息）与提升了劳动力的生产成本（加班费），这有损于企业绩效的提升。卢茨等（Lutz et al.，2015）的研究认为，工作时间与企业生产率和投资率正相关，限制劳动者的工作时间就降低了劳动者的生产率。因此，工作时间规定是对工作时间的限制，降低了劳动要素的使用效率，加班费又提升了劳动要素的边际价格，所以，工作时间规定提升了企业成本，对企业绩效有负向影响。另一方面，劳动者的充分休息有利于员工效用水平的提升，使员工更加努力地投入工作，提升企业效率，而且卢茨等（Lutz et al.，2015）的研究认为，工作时间与企业利润水平有负向关系，表明对工作时间的限制有利于提升企业的利润率和绩效水平。因此，工作时间规定对企业绩效的影响，从短期看，可能为负效应；但从长期看，可能为正效应。因此，我们提出如下假设：

假设 1b：工作时间规定对企业绩效短期有负向影响，长期有正向影响。

解雇保护规定主要规定了企业对被解雇人员必须履行解雇通知期、支付解雇赔偿金、再雇佣首先选择等义务。从短期看，这加强了对被解雇人员的劳动保护，显著提升了企业的劳动保护合规成本与用工粘性（刘媛媛、刘斌，2014），合规成本的上升提高了企业解雇员工的成本支出，压缩了企业盈利空间，降低了企业绩效；用工粘性的提升使得企业解雇员工的可能性下降，员工流动性降低（Autor，2007），让员工实现"更新换代"或"优胜劣汰"的成本更高，降低了企业产业转型与技术革新的动力，有损于企业的长期成长与绩效提升。陈德球等（2014）人的研究认为，解雇成本的提高降低了企业经营弹性，提高了企业信贷契约标准，不利于企业就业的增长（Freyens and Oslington，2006）。而且对以劳动密集型企业占相当比例的我国制造业来说,解雇保护规定不仅不利于劳动密集型企业扩张规模(黄平,2012),还会导致劳动密集型企业投资不足(卢闯等,2015)。因此,解雇保护规定对企业绩效存在负向影响路径。但从长期来看,倪骁然、朱玉杰认为,解雇保护规定使得企业在创新不佳时难以解雇员工,增强了企业对创新失败的容忍程度。科尼哲(2005)认为,从长期来看,解雇保护规定提升了企业的创新能力。另外,解雇成本带来的成本粘性会加速企业以机器设备替代劳动(刘媛媛、刘斌,2014),促进劳动密集型企业向知识密集型企业转型(黄平,2012)。所以,解雇保护规定会对企业绩效产生正向影响。因此,我们提出如下基本假设:

假设1c:解雇保护规定对企业绩效从短期看有负向影响,但从长期看存在正向影响。

劳动争议规定主要规定了劳动者拥有维护自身劳动权益的权利、劳动仲裁机构有维护劳动者劳动权利的义务。劳动争议保护员工的规定可能通过三种途径弱化企业绩效。一是劳动争议规定的出现提升了劳动者的议价能力,会引起员工对工作的懈怠(Ichino and Riphahn,2005),降低其因产出低而被解雇的风险,进而可能保护了偷懒者,不利于员工工作效率的提升。二是公平效应,亚当斯(Adams,1965)的研究表明,人们会因别人得到什么而决定是否受到激励,而不仅仅取决于自己得到什么。三是面对劳动争议规定,企业为了避免长时间与员工对峙,同时也为了维护公司在市场上的形象,可能对劳动者做出让步。但从长期来看,通过劳动争议规定,员工的后顾之忧得到解决,能够更有效率地投入工作,激发了员工的工作积极性,促进了企业绩效的提升。因此,我们提出如下假设:

假设1d:劳动争议规定对企业绩从短期看效以负向影响为主,但从长期看存在正向影响的可能。

集体协议规定主要规定了劳动者与企业进行集体协商、签订集体合同的权利。一些学者认为,从短期看,集体协议规定降低了经理层的激励和劳动力的灵活性,并且提升了企业的人工成本和交易费用,因此对企业绩效有负向影响。但从长期看,克拉克(Clark,1980)指出,工会组织、集体谈判,对企业绩效有正向的促进作用。不同于西方国家的工会,我国工会等集体协商组织具有四大职能,即维护职能、建设职能、参与职能、教育职能,不仅能够保障员工的合法权益,而且能够对员工进行技能培训,这有助于企业绩效的提升(Freeman,1984)。所以,本研究认为集体协议规定对企业绩效同时存在两种相反方向的作用,但从长期来看,集体协议规定对企业绩效的影响以正向为主。因此,我们提出如下假设:

假设 1e:集体协议规定短期看对企业绩效可能有负向影响,但从长期看以正向影响为主。

此外,如前所述,工资的提高必然以公司增加支出为前提,短期内,这在财务上会恶化企业的绩效水平,而且劳动者人均工资的提升进一步提升了劳动者的议价能力,可能鼓励偷懒者,损害公平效应(Adams,1965),这会降低企业绩效。但同时,人均工资的增长提升了员工的业绩薪酬敏感性(罗劲博,2018),提升了劳动者的工作积极性和满意度(顾桂芳,2016),这会改善企业的绩效水平。佩奇(Paige,2015)的研究表明,员工薪酬的提高会提高企业的销售额与利润率,最终改善企业绩效。因此,本研究认为,人均工资增长带来的企业成本的增加,小于员工工作积极性提高给公司带来的长期价值。因此,我们提出如下假设:

假设 2:人均工资的增长会提升劳动保护对企业绩效的正向影响。

再者,考虑到劳动保护的加强提高了企业的各项成本、调整成本和人工成本粘性(刘媛媛、刘斌,2014),倪骁然、朱玉杰(2016)以及于传荣等人(2017)的研究表明,《劳动合同法》的实施,虽然使得企业各项成本支出增加,但这反向促进了企业的研发投入与研发产出,有利于企业应用新技术,推动企业转型升级。研发活动是一项具有高风险高收益的持续性投资行为(Acharya,2014),具有研发周期长、投入资金量大等特点。所以,研发活动短期内必然增加企业营业成本,而这部分成本作为不能立即产生收益的费用支出,会拉低企业整体的绩效水平。长期来看,成功的研发创新又会提升企业产出,推动企业走出困境,改善企业绩效。因此,本研究认为,长期来看,研发活动带来的绩效提升大于短期研发活动的成本支出。所以,我们提出如下假设:

假设3:长期来看,研发活动的增加会加强劳动保护对企业绩效的正向影响。

短期来看,劳动保护规定引起的经营成本的提升可能增加企业的成本支出降低企业绩效,长期来看却可能促进企业改革管理、优化要素配置、推动转型升级,从而增强企业绩效。刘彩凤(2008)认为,从短期看,劳动保护的加强提高了企业的解雇成本,使中小企业面临更大的生存压力,甚至迫使中小企业退出市场,降低了中小企业的绩效水平。罗劲博(2018)认为,劳动保护规定降低了企业整体员工尤其是高管人员的业绩薪酬敏感性,由此带来的薪酬错配不利于公司绩效水平的提高。但从长期看,劳动保护的加强促进了企业以资本、机器设备代替人工的自动化进程(刘媛媛、刘斌,2014),促进知识型企业加速扩张,劳动密集型企业加速退出或转型升级(黄平,2012),最终可能对企业绩效产生正向影响。因此,本研究认为,经营成本短期增加的影响会小于长期企业绩效整体提升的影响。所以,我们提出如下假设:

假设4:经营成本在短期内可能降低了企业绩效,但总体看,经营成本会提升劳动保护对企业绩效的正向影响。

自由现金流代表企业的业务经营情况,企业在外源融资和自有资本之间进行选择也体现在现金持有的变动上。瑟夫林(Serfling,2013)等人的研究表明,加强劳动保护会迫使企业降低杠杆率,同时增加现金流持有,这不利于企业提高绩效水平。陈德球等人(2014)的研究也表明,劳动保护的加强使得企业获取外部授信的标准提升,加大了企业财务风险,表现为借款规模的降低和借款利息的提高。这对过分依赖外部融资的企业产生了十分不利的影响。艾伦(Allen,2002)的研究表明,资本结构的变动会影响企业的绩效水平,高的杠杆率和低的自有资本会增加企业的利润率,所以,劳动保护的加强使企业杠杆率下降,自有资本的增加会降低企业绩效。然而,乔治(George,2010)的研究表明,自由现金流的增加可能是由于公司整体效率的提升,这对企业绩效有正向影响;张晟(2019)的研究认为,经营性现金流的增加能够提升公司进行市值管理的空间,进而改善企业绩效。同时,充裕的现金流又是一个公司长久稳健运营的基础,有利于公司进行研发创新,投资回报率更高的业务。因此,经营性现金流同时对企业绩效存在两种相反方向的效应(Allen,2002)。本研究认为,经营性现金流的增加不利于企业扩大投资,提升绩效;但从长期看,经营性现金流的提升可能代表企业整体效率与业绩的改善,对公司的整体盈利有正向影响。据此,我们提出如下假设:

假设 5:经营性现金流的增加整体上提升了劳动保护对企业绩效的正向影响。

第三节　数据、变量与模型

一、数据来源

本研究所使用的数据有两个来源:一是劳动保护指标数据,二是上市公司指标数据。如上一章所述,我们的劳动保护数据主要选取中央层面(国务院、全国人大、人社部、发改委、民政部等)颁布的相关劳动保护法律法规、条例、实施意见、执行办法、配套措施等,以及 28 个省级行政单位层面(省政府、省人大、省人社厅等)颁布的相关劳动保护政策、条例等(由于海南、西藏、重庆三个地区数据较少,予以舍弃),并根据西蒙·迪金(Simon Deakin,

2007)的方法,将上述数据分为 5 个维度并进行赋值,以此来构建劳动保护省级面板数据库。上市公司初始样本选取了 1994—2017 年中国沪深两市所有 A 股主板制造业上市公司的数据,包括财务指标、人员构成、研发创新数据等。在此基础上,本研究剔除了财务数据缺失、实施或实施过 ST 的公司、发行 B 股的公司以及金融企业。此外,为消除极端值影响,本研究对主要连续变量进行了上下 1‰ 的 Winsorize 的缩尾处理,最终得到 46 000 个样本观测值。本研究使用的上市公司财务数据、创新投入、股东持股比例、分类员工人数等数据均来自 wind 数据库,专利数据来自国泰安 CSMAR 数据库。

二、核心变量的设定

劳动保护是本研究的核心解释变量。本研究借鉴迪金(Deakin,2007)的方法,系统度量了不同省份、不同时间内劳动保护政策的强弱,并集合成面板数据作为核心解释变量。具体方法分为三步,第一,我们手工搜集了 1994—2017 年 28 个省级行政单位的政府、人大、人社部门、财政部门、民政部门颁布的有关劳动保护的法规、条例、措施、意见、方案等文件,并按照颁行时点进行排序(由于资料可得性较差,我们排除了西藏、重庆、海南的数据)。对于中央层面(国务院、全国人大)颁布或转发至各省的劳动保护法律、条例等,我们统一认为各省均执行了中央所规定程度的劳动保护政策。鉴于劳动保护政策有中央和地方两个管制层面,针对各地区实际情况的不同,有些地区劳动保护的某些规定可能有强于中央规定的劳动保护程度,我们则以该省份自身规定为准;有些地区劳动保护力度小于中央规定,或对劳动保护的某些方面没有做出具体规定,但中央层面有法律法规的出台,我们则以中央为准,即认为该地区该项劳动保护政策执行了中央规定的程度。第二,借鉴迪金(Deakin,2007)的方法,我们根据中国具体情况的不同,对迪金(Deakin,2007)的劳动保护赋值标准进行了符合中国国情的修改,以使我们能够使用,具体赋值标准见表 2.1。第三,进行赋值。我们将劳动保护政策拆分为 5 个维度,即替代性就业合同规定、工作时间规定、解雇保护规定、劳动争议规定、集体协议规定这 5 个分变量,每一个分变量均由 5—7 个指标共同衡量,每一指标均是在 0—1 之间进行赋值,本指标全国规定程度最严格的样本设为 1,规定程度最弱的样本设为 0,其余的在 0—1 之间进行线性按比例插值。我们用前期整理的 28 个省级行政单位的劳动保护法律法规、条例措施等,分门别类地按照每个规定、每个指标对照进行赋值。每个劳动保护规定的 5—7 个指标的算数平均值即为某一地区、某一时点的某一劳动保护规定强弱程度的衡量。以此类推,可以计算出该地区该劳动保护规定 1994—2017 年所有年份的时间序列数据,推而广之,可以计算出该地区 1994—2017 年 5 个劳动保护指标的所有时间序列数据,最后可以计算出 28 个省级行政单位所有劳动保护规定 1994—2017 年的面板数据。

影响企业绩效的因素较多,本研究从企业层面出发,并参照以往文献,选取了总利润(total profit)、经营性现金流(operating cashflow)、营业成本(operating cost)、公司规模(total assets)、杠杆率(asset liability ratio)、研发创新(patents)、员工总人数(total employee)、员工总人数的平方(total employee^2)、当年应付职工薪酬(worker salary)、当年管理层薪酬总额(manage salary)、第一大股东持股比例(big holder)、劳动密集度(labor intensity)、资本密集度(capital intensity)作为控制变量。为保证回归时模型各变量单位的统一,我们将所有以人民币金额表示的变量统一为亿元。模型同时控制了地区效应、行业效应、企业性质效应等,在稳健性检验中,我们将进一步对解释变量进行滞后回归,以确认本研究所揭示的影响机制。Totalassets 表示公司总资产,它代表公司总规模。Totalpeople 代表公司员工总人数,Totalpeople^2 代表公司员工总人数的平方。Workersalary 代表员工薪酬总额,本变量有三个代理指标,分别是应付职工薪酬合计(本期增

加额)、工资奖金津贴补贴(期末余额)、应付职工薪酬。Managementsalary
代表管理层薪酬总额,有两个代理指标,分别是金额前三的高管薪酬合计和
管理层年度薪酬总额。Shareholderrate 代表股东持股比例,有两个代理指
标,分别是前十大股东持股比例合计、第一大股东持股比例。Assetliabili-
tyratio 表示公司的资产负债率,代表企业的杠杆率水平。Capitalintensity
代表资本密集度,本指标借鉴赵瑞丽等(2018)的做法,以企业固定资产净值
除以企业雇佣人数的比例来衡量,总资产和营业总收入来自 wind 数据库。
Laborintensity 代表劳动密集度,本指标借鉴倪骁然等(2016)对劳动密集度
的计算方法,以现金流量表中支付给员工及为职工支付的现金的对数值比
上销售收入的对数值得出。此外,还控制了年份固定效应、地区固定效应、
行业固定效应,在企业层面进行聚类(cluster)处理。

本研究的被解释变量为企业绩效。企业绩效在以往的文献中多以
EPS、营业利润等指标衡量。本研究考虑到稳健性检验,将 EPS 和调整后
EPS 作为企业绩效度量的代理变量。本研究以中国 A 股制造业上市公司
的企业绩效数据作为选取样本,数据来自 wind 数据库、企业年报、公司公告
等。在样本处理上,剔除了样本异常值,删去了实施 ST 或实施过 ST 的上
市公司样本,并剔除了发行 B 股的上市公司样本,并进行 1%的缩尾处理与
取对数。最后在稳健性检验中,对相邻年份企业绩效变动超过 50%的企业
也进行了剔除,因为绩效的剧烈波动很可能是由资产重组、兼并收购引致。
为保证回归时模型各变量单位的统一,我们将所有以人民币金额表示的变
量统一为亿元。

三、计量模型设计

借鉴以往的文献,我们从柯布道格拉斯函数出发,推导出企业绩效的影
响因素,构建主要包含资本要素、劳动要素、技术(创新)要素、公司治理、人
力资本等方面因素的绩效方程,方程如下:

$$
\begin{aligned}
Performance_{i,t} = {} & \beta_0 + \beta_1 Alterjob_{i,t} + \beta_2 Worktime_{i,t} + \beta_3 Dimissal_{i,t} \\
& + \beta_4 Employee_{i,t} + \beta_5 Collective_{i,t} + \beta_6 Totalassets_{i,t} \\
& + \beta_7 Totalprofit_{i,t} + \beta_8 Operatingcashflow_{i,t} \\
& + \beta_9 Operatingcost_{i,t} + \beta_{10} Totalpeople_{i,t} \\
& + \beta_{11} Totalpeople_{i,t}^2 + \beta_{12} Education_{i,t} \\
& + \beta_{13} Workersalary_{i,t} + \beta_{14} Mannagementsalary_{i,t} \\
& + \beta_{15} Shareholderrate_{i,t} + \beta_{16} Assetliabilityratio_{i,t} \\
& + \beta_{17} Capitalintensity_{i,t} + \beta_{18} Laborintensity_{i,t} \\
& + Industry + Year + East + Middle + SOE + \varepsilon_{i,t}
\end{aligned}
$$

其中 $performance$ 为被解释变量企业绩效,表明 i 企业 t 时期企业绩效的大小,本指标以营业利润、EPS、调整后 EPS 三个代理变量来度量。核心解释变量劳动保护由 $alterjob$、$worktime$、$dismissal$、$employee$、$collective$ 五个分变量分别从替代性就业合同、工作时间、解雇保护、劳动争议、集体协议五个维度衡量劳动保护程度的强弱,五个变量中的每一个变量均表示 i 企业 t 时期该企业面临的该劳动保护规定的强弱程度。

表 3.1 列出了主要变量的定义与描述性统计。可以看到,企业绩效的代理变量每股净利润的均值分别为 0.506,标准差为 0.591。劳动保护变量的分变量中,替代性就业合同的均值为 0.476,标准差为 0.221,工作时间的均值为 0.716,标准差为 0.875,解雇保护的均值为 0.642,标准差为 0.266,劳动争议的均值为 0.563,标准差为 0.318,集体协议的均值为 0.589,标准差为 0.315。

表 3.1　主要变量描述性统计

变量含义	均值	50%分位数	标准误	最小值	最大值	样本量
每股净利润	0.506	0.400	0.591	−3.400	21.56	21 000
调整后每股净利	0.457	0.370	0.598	−9.800	21.67	20 000
劳动合同标准化	0.476	0.500	0.221	0	0.813	46 000
工作时间	0.716	0.875	0.261	0	1	46 000

变量含义	均值	50%分位数	标准误	最小值	最大值	样本量
解雇保护	0.642	0.649	0.266	0	0.963	46 000
劳动争议	0.563	0.543	0.318	0	1	46 000
集体协议	0.589	0.667	0.315	0	1	46 000
总利润	2.933	0.808	13.75	−159.7	542.6	23 000
净利润	2.142	0.582	10.57	−170.5	471.2	20 000
经营性现金流	2.839	0.686	13.97	−293.0	443.8	22 000
现金持有	0.951	0.135	9.680	−499.6	338.6	22 000
主营收入	37.45	8.542	167.1	0.006 00	8 706	23 000
营业成本	35.29	7.745	161.3	0.006 00	8 494	23 000
归母净利	2.185	0.649	9.562	−162.2	344.1	23 000
总资产	48.55	13.88	181.8	0.017 0	7 235	23 000
总负债	26.14	4.831	118.1	0.008 00	5 382	23 000
归母权益	20.70	7.954	61.14	−0.346	2 253	23 000
费用化研发支出	1.316	0.413	5.020	−0.180	113.8	7 528
总研发支出	1.451	0.447	5.359	0.001 00	129.6	7 536
专利申请数	78.20	20	461.6	1	19 000	3 512
非技术人员占比	0.790	0.840	0.181	0	1	10 000
应付职工薪酬增加额	4.401	1.567	12.95	0	330.9	8 290
工资奖金补贴等余额	0.590	0.147	2.440	0	66.15	8 098
应付职工薪酬	0.494	0.108	2.312	−0.168	101.5	22 000
金额前三高管薪酬	0.017 0	0.012 0	0.017 0	0	0.344	14 000
管理层年度薪酬	0.046 0	0.034 0	0.046 0	0.001 00	0.972	14 000
前十大股东持股占比	0.610	0.625	0.152	0.016 0	1.012	16 000
大股东持股比例	0.385	0.367	0.164	0	1	16 000
资产负债率	0.419	0.421	0.187	0.007 00	1.082	23 000
企业性质	0.360	0	0.480	0	1	13 000
东部地区	0.759	1	0.428	0	1	46 000
中部地区	0.137	0	0.344	0	1	46 000
西部地区	0.104	0	0.305	0	1	46 000
总员工数	3 830	1 561	9 235	20	270 000	19 000
劳动密集度	0.781	0.791	0.058 0	0.337	1.041	22 000
资本密集度	31.06	19.12	92.05	−113.2	4 202	19 000

注:所有以人民币金额表示的变量均调整为亿元。

第四节 实证结果分析

一、基本回归结果

为检验劳动保护政策整体对企业绩效的影响,本研究将劳动保护的五个分变量进行算术平均,得到 1994—2017 年 28 个省份某一时间某一地区的综合劳动保护政策强度。将此劳动保护政策强度作为核心解释变量,代入模型并替换五个劳动保护分变量进行回归。回归结果如表 3.2 所示,劳动保护政策总效应显示为正,但并不显著。以调整后 EPS 为例,劳动保护政策强度每上升一个单位,企业绩效整体上升 0.086 3 个单位,但回归结果并不显著,这可能是因为五个劳动保护分变量各自对企业绩效的影响有正有负,加总之后相互抵消,所以其综合效应并不显著。其他控制变量方向和显著性与分变量表基本一致。

表 3.2 劳动保护强度总变量对企业绩效基本回归结果

变量含义	调整后每股净利	每股净利
劳动保护	0.086 3	0.011 6
	(0.181)	(0.184)
总利润	0.041 6 ***	0.045 7 ***
	(0.001 78)	(0.001 82)
经营性现金流	0.003 44 ***	0.001 88
	(0.001 18)	(0.001 20)
营业成本	5.810 0	0.000 3
	(0.000 337)	(0.000 344)
总资产	−0.000 885 ***	−0.000 890 ***
	(0.000 188)	(0.000 193)
专利申请数	−0.000 195 **	−0.000 210 **
	(9.960 0)	(0.000 1)

变量含义	调整后每股净利	每股净利
员工总数	−4.080 0	−5.640 0
	(1.190 0)	(1.220 0)
员工总数平方	−0.000 689	0.005 56
	(0.048 2)	(0.049 2)
应付职工薪酬	0.029 5*	0.042 6**
	(0.016 8)	(0.017 2)
管理层薪酬	0.874***	0.777***
	(0.287)	(0.293)
大股东持股比例	0.313***	0.280***
	(0.085 8)	(0.087 6)
资产负债率	−0.261***	−0.257***
	(0.048 9)	(0.049 8)
劳动密集度	−0.326*	−0.329*
	(0.182)	(0.186)
资本密集度	−0.000 149	−0.000 123
	(0.000 180)	(0.000 184)
企业性质	−0.024 2	−0.040 9
	(0.071 6)	(0.073 1)
常数项	0.624***	0.741***
	(0.176)	(0.180)
企业	控制	控制
年份	控制	控制
观测值数	4 138	4 142
R方	0.336	0.344

注：*、** 和 *** 分别表示在 10%、5% 和 1% 的水平上显著，括号内为标准误，下表同。

为检验劳动保护五个分变量对企业绩效的影响，本研究使用固定效应模型与豪斯曼检验进行估计。回归结果显示，在控制了企业个体效应与年份固定效应之后，核心解释变量劳动保护的五个分变量中，工作时间规定、解雇保护规定和劳动争议规定均对企业绩效有负向影响，且解雇保护规定与劳动争议规定均在 5% 的水平上统计显著。以调整后 EPS 为例，工作时

间规定的严格程度每上升一个单位,制造业上市公司的调整后 EPS 会下降
0.101 个单位;解雇保护规定的严格程度每上升一个单位,制造业上市公司
的调整后 EPS 会下降 0.412 个单位;劳动争议规定的严格程度每上升一个
单位,制造业上市公司的调整后 EPS 会下降 0.554 个单位。劳动合同标准
化规定和集体协议规定对企业绩效有正向影响,但仅有集体协议规定统计
显著。还以调整后 EPS 为例,回归结果显示,劳动合同标准化规定的严格
程度每上升一个单位,制造业上市的公司调整后 EPS 会上升 0.245 个单位,
但不显著;集体协议规定的严格程度每上升一个单位,制造业上市公司的调
整后 EPS 会上升 0.145 个单位,在 5% 的水平上显著。这说明从初始的短
期看,劳动保护五个变量对企业绩效的影响即呈现出不同方向。控制变量
中,总利润、经营性现金流、总员工数、管理层薪酬水平、大股东持股比例均
显著为正,表明财务弹性好、公司规模大等特征对企业绩效有显著的正向影
响;总资产、专利数量、资产负债率均显著为负,资产负债率越高,企业绩效
越低。两个豪斯曼检验的结果卡方分别为 163.871、166.812,均在 1% 的显
著性水平上拒绝原假设,因此,本研究对这两个回归均采用固定效应模型的
估计结果。

表 3.3　劳动保护分变量对企业绩效基本回归结果

变量含义	调整后每股净利	每股净利
劳动合同标准化	0.245	0.159
	(0.161)	(0.164)
工作时间	−0.101	−0.001
	(0.186)	(0.189)
解雇保护	−0.412**	−0.314*
	(0.165)	(0.168)
劳动争议	−0.554**	−0.457*
	(0.236)	(0.241)
集体协议	0.145**	0.101
	(0.061)	(0.062)

续 表

变量含义	调整后每股净利	每股净利
总利润	0.043***	0.048***
	(0.002)	(0.002)
经营性现金流	0.003**	0.002
	(0.001)	(0.001)
营业成本	0.000 1	0.000 1
	(0.000 3)	(0.000 4)
总资产	−0.000 7***	−0.000 7***
	(0.000 2)	(0.000 2)
专利申请数	−0.000 2*	−0.000 2*
	(0.000 1)	(0.000 1)
员工总数	5.66e-07	−8.29e-07
	(1.67e-06)	(1.70e-06)
员工总数平方	0.370**	0.295*
	(0.160)	(0.163)
应付职工薪酬	0.016	0.028
	(0.019)	(0.019)
管理层薪酬	0.676**	0.570*
	(0.313)	(0.318)
大股东持股比例	0.302***	0.274***
	(0.093)	(0.095)
资产负债率	−0.273***	−0.255***
	(0.053)	(0.054)
劳动密集度	−0.281	−0.280
	(0.201)	(0.205)
资本密集度	−0.000 3	−0.000 4
	(0.000 2)	(0.000 2)
企业	控制	控制
年份	控制	控制
观测值个数	804	804
R 方	0.360	0.360
Chi2	163.871	166.812
Prob＞chi2	0.000	0.000

注：*、** 和 *** 分别表示在 10％、5％和 1％的水平上显著,括号内为标准误,下表同。

二、机制检验

为检验假设1中针对五个劳动保护分变量的推论,我们对劳动保护变量进行滞后回归并延长滞后期数,分别选取滞后一期、三期、五期的结果呈现。结果如表3.4所示,劳动合同标准化规定和集体协议规定一直保持正向影响,且统计显著。以滞后一期为例,劳动合同标准化每上升一个单位,企业绩效会增加0.28个单位,且在5%水平上显著。这表明劳动合同标准化初始就呈现出正向效应,其原因可能是劳动单位预期到劳动合同工标准化将带来的成本提升,而在一开始就选择减少或放弃临时性用工,将工作分派给正式员工,导致在企业业务量不变的情况下,因临时性用工成本支出减少而产生"减员增收"的效果(刘媛媛、刘斌,2014),由此带来企业绩效的增

表3.4　劳动保护对企业绩效滞后回归结果

变量含义	alteps	变量含义	alteps	变量含义	alteps
劳动合同标准化滞后一期	0.280**	劳动合同标准化滞后三期	0.027 1*	劳动合同标准化滞后三期	0.052 0*
	(0.123)		(0.093 1)		(0.077 8)
工作时间滞后一期	−0.207	工作时间滞后三期	−0.034 3	工作时间滞后三期	0.009 34
	(0.129)		(0.082 6)		(0.057 9)
解雇保护滞后一期	−0.371***	解雇保护滞后三期	0.032 5	解雇保护滞后三期	0.140**
	(0.119)		(0.087 5)		(0.060 8)
劳动争议滞后一期	−0.134**	劳动争议滞后三期	−0.072 1*	劳动争议滞后三期	0.019 6
	(0.053 9)		(0.040 3)		(0.045 1)
集体协议滞后一期	0.169***	集体协议滞后三期	0.198***	集体协议滞后三期	0.157***
	(0.049 7)		(0.045 3)		(0.038 9)
企业	控制	企业	控制	企业	控制
年份	控制	年份	控制	年份	控制
观测值数	4 138	观测值数	4 138	观测值数	4 138
R方	0.340	R方	0.340	R方	0.338

注:*、** 和 *** 分别表示在10%、5%和1%的水平上显著,括号内为标准误,下表同。

加。因此,验证假设 1a。集体协议规定同样是从初始就呈现出正向效应,且统计显著。以滞后一期为例,集体协议规定每上升一个单位,企业绩效增加 0.169 个单位,且在 1% 的水平上显著。但随着滞后周期的延长,正的系数逐渐减小,表明这种正向净效应逐步减弱。可能的原因是短期内集体协议具有激励效应,能够激发员工的工作积极性,提升企业产出;长期来看,员工习惯集体协议之后,可能产生"偷懒者效应",不利于企业绩效的提升;但是,集体协议作为一个长期存续的合同机制,具有惩戒机制,它规定了劳资双方的权利与义务,使得劳动者要想获得集体协议承诺的福利,就必须完成企业规定的绩效目标,这最终会减弱劳动者的"偷懒者效应",提升企业绩效。另外,工会的培训教育职能也发挥了提升员工工作能力的作用。因此,验证了假设 1e。

工作时间规定、解雇保护规定、劳动争议规定均在短期内呈现负向影响,但随着滞后期数的延长,这三个变量对企业绩效的效应逐步由负转正。以解雇保护规定为例,在滞后一期情况下,解雇保护的系数是负的 0.371,且在 1% 水平上显著,表明解雇保护规定每上升一个单位,企业绩效会下降 0.371 个单位;但在滞后五期的情况下,解雇保护规定的系数是正的 0.14,且在 5% 水平上显著,表明解雇保护规定每上升一个单位,企业绩效会上升 0.14 个单位。这种短期为负、长期为正的"U 型"效应,可能是由于企业在工作时间约束、解雇成本约束、劳动争议约束加强的条件下,在短期受到了意外的政策冲击,对企业绩效产生了一定负向效应,但在长周期内,企业不断调整劳动、资本、技术等要素配置,优化企业成本结构,进行产业转型升级,推动企业创新,最终提升了企业绩效(倪骁然、朱玉杰,2016)。因此,假设 1b、1c、1d 得到验证。

考虑到人均工资的增长提升了劳动密集型企业员工的业绩薪酬敏感性,对制造业企业的绩效有正向影响(罗劲博,2008),而阿克洛夫(Akerlof,1984)的研究认为,工资的提高被员工认为是额外的"礼物",从而提升了员工的努力程度,对企业绩效有正向影响。为此,我们构建了劳动保护五个分变量与制造业上市公司年人均工资额的交互项,并进行了估计,结果如表 3.5 所示。

表 3.5　人均工资机制检验结果

变量含义	(1)	(2)	(3)	(4)	(5)
劳动合同标准化	1.675***	0.274*	0.259*	0.264*	0.300**
	(0.236)	(0.149)	(0.149)	(0.150)	(0.149)
工作时间	−0.029 2	1.020***	−0.024 9	−0.042 1	−0.018 8
	(0.172)	(0.231)	(0.172)	(0.173)	(0.172)
解雇保护	−0.434***	−0.435***	0.643***	−0.434***	−0.417***
	(0.153)	(0.153)	(0.213)	(0.153)	(0.153)
劳动争议	−0.512**	−0.570***	−0.534**	0.369	−0.452**
	(0.216)	(0.217)	(0.216)	(0.251)	(0.216)
集体协议	0.140**	0.139**	0.135**	0.137**	1.170***
	(0.054 7)	(0.054 7)	(0.054 7)	(0.054 9)	(0.142)
劳动合同标准化 * 人均工资对数	0.147*** (0.019 3)				
工作时间 * 人均工资对数		0.109*** (0.014 8)			
解雇保护 * 人均工资对数			0.112*** (0.014 6)		
劳动争议 * 人均工资对数				0.084 4*** (0.013 4)	
集体协议 * 人均工资对数					0.109*** (0.014 0)
企业	控制	控制	控制	控制	控制
年份	控制	控制	控制	控制	控制
常数项	2.609***	2.620***	2.646***	2.132***	2.438***
	(0.315)	(0.319)	(0.317)	(0.295)	(0.297)
观测值数	4 138	4 138	4 138	4 138	4 138
R 方	0.354	0.353	0.354	0.350	0.355

注:*、** 和 *** 分别表示在 10%、5% 和 1% 的水平上显著,括号内为标准误,下表同。

如表 3.5 所示,劳动保护五个分变量的回归结果与基础回归基本保持一致。劳动合同标准化、集体协议对企业绩效有正向影响,工作时间、解雇保护、劳动争议对企业绩效有负向影响。在机制检验上,劳动保护五个分变量与人均工资的交互项均显示为正,且均在 1% 的水平上显著。这表明了人均工资促进劳动保护的长期正效应,抑制劳动保护分变量对企业绩效的短期负效应。总体来看,在人均工资高的企业,提升人均工资会提高员工的业绩薪酬敏感性(罗劲博,2008)、提高员工的工作积极性、改善企业绩效,假设 2 得到验证。

阿查亚(Acharya,2010)等人的研究表明,劳动保护强度的提升解决了创新活动中的"双边敲竹杠"问题,使得企业因创新失败而解雇员工的概率下降,这促进了员工更加专注于创新活动,促进了技术研发和企业绩效的提升。此处以专利申请数作为研发活动的代理变量,来构建了劳动保护五个分变量与研发活动的交互项。估计结果如表 3.6 所示。

表 3.6　研发创新机制检验结果

变量含义	(1)	(2)	(3)	(4)	(5)
劳动合同标准化	0.271*	0.291*	0.284*	0.272*	0.283*
	(0.157)	(0.151)	(0.151)	(0.151)	(0.151)
工作时间	−0.118	−0.086 6	−0.117	−0.124	−0.120
	(0.174)	(0.179)	(0.175)	(0.174)	(0.174)
解雇保护	−0.499***	−0.503***	−0.504***	−0.502***	−0.498***
	(0.154)	(0.154)	(0.157)	(0.154)	(0.154)
劳动争议	−0.432**	−0.439**	−0.434**	−0.479**	−0.431**
	(0.218)	(0.218)	(0.218)	(0.221)	(0.219)
集体协议	0.144***	0.141**	0.144***	0.146***	0.140**
	(0.055 3)	(0.055 4)	(0.055 4)	(0.055 3)	(0.060 3)
劳动合同标准化 * 专利申请数	0.000 35*				
	(0.011 2)				
工作时间 * 专利申请数		0.000 71*			
		(0.009 3)			

续　表

变量含义	(1)	(2)	(3)	(4)	(5)
解雇保护 * 专利申请数			0.000 14 * (0.008 7)		
劳动争议 * 专利申请数				0.000 67 * (0.005 5)	
集体协议 * 专利申请数					0.000 07 * (0.004)
企业	控制	控制	控制	控制	控制
年份	控制	控制	控制	控制	控制
常数项	1.048 *** (0.241)	1.018 *** (0.242)	1.043 *** (0.241)	1.073 *** (0.242)	1.043 *** (0.241)
观测值数	4 138	4 138	4 138	4 138	4 138
R 方	0.340	0.340	0.340	0.341	0.340

注：*、** 和 *** 分别表示在 10%、5% 和 1% 的水平上显著,括号内为标准误,下表同。

如表 3.6 所示,劳动保护五个分变量的回归结果与基础回归基本保持一致。劳动合同标准化、集体协议对企业绩效有正向影响,且分别在 10% 和 1% 的水平上显著;工作时间、解雇保护、劳动争议对企业绩效有负向影响,且解雇保护变量在 1% 的水平上显著、劳动争议在 5% 的水平上显著。在机制检验上,劳动保护五个分变量与研发活动的交互项均显示为正,但仅在 10% 的水平上显著。这表明研发活动促进了劳动保护对企业绩效的正效应。总体来看,在研发投入高的企业,提升劳动保护强度会促进员工加大人力资本投入、专注创新活动(Acharya,2010),从而提升企业绩效,假设 3 得到验证。

有研究表明,劳动保护的加强会增加企业的成本粘性,降低企业的经营弹性,这在降低企业绩效的同时,促使企业改革管理、改变要素配置,以资本、机器投入设备替代劳动用工,这在整体上又会提升企业绩效(刘媛媛、刘斌,2014)。为此,这里以主营业务成本作为经营成本的代理变量,来构建劳动保护五个分变量与经营成本的交互项,并对其进行估计。

表 3.7 中,劳动保护五个分变量的回归结果与基本回归一致,仅有显著性稍微变化。劳动合同标准化变量、集体协议变量对企业绩效有正向影响,前者基本保持在 10% 的水平上统计显著,后者基本保持在 1% 的水平上统计显著;工作时间变量、解雇保护变量、劳动争议变量对企业绩效均有负向影响,且仅有解雇保护和劳动争议统计显著。在机制检验上,劳动保护五个维度与企业经营成本的交互项均显示为正,且除工作时间、集体协议交互项外,均在 1% 的水平上统计显著。这表明,企业经营成本虽然因劳动保护的加强而提升,但整体上来说,企业经营成本的提升,从反向上给予了企业加强管理、优化资源配置提升绩效的压力,最终使得企业绩效整体改善。假设 4 得到验证。

表 3.7 经营成本机制检验结果

变量含义	(1)	(2)	(3)	(4)	(5)
劳动合同标准化	0.163	0.277*	0.277*	0.259*	0.285*
	(0.158)	(0.151)	(0.151)	(0.151)	(0.151)
工作时间	−0.123	−0.148	−0.075 9	−0.131	−0.116
	(0.174)	(0.181)	(0.174)	(0.174)	(0.174)
解雇保护	−0.497***	−0.492***	−0.607***	−0.483***	−0.496***
	(0.154)	(0.154)	(0.157)	(0.154)	(0.154)
劳动争议	−0.405*	−0.429**	−0.429**	−0.486**	−0.424*
	(0.218)	(0.218)	(0.218)	(0.219)	(0.218)
集体协议	0.151***	0.146***	0.139***	0.152***	0.123**
	(0.055 3)	(0.055 3)	(0.055 2)	(0.055 2)	(0.061 1)
劳动合同标准化 * 营业成本	0.003 16***				
	(0.001 22)				
工作时间 * 营业成本		0.000 595			
		(0.001 04)			
解雇保护 * 营业成本			0.003 14***		
			(0.000 954)		

续 表

变量含义	(1)	(2)	(3)	(4)	(5)
劳动争议 * 营业成本				0.001 66 ***	
				(0.000 581)	
集体协议 * 营业成本					0.000 491
					(0.000 586)
企业	控制	控制	控制	控制	控制
年份	控制	控制	控制	控制	控制
常数项	1.103 ***	1.059 ***	1.113 ***	1.074 ***	1.045 ***
	(0.241)	(0.242)	(0.241)	(0.240)	(0.240)
观测值数	4 138	4 138	4 138	4 138	4 138
R 方	0.342	0.340	0.343	0.342	0.340

注:* 、** 和 *** 分别表示在 10%、5% 和 1% 的水平上显著,括号内为标准误,下表同。

瑟夫林(Serfling,2013)等人的研究表明,劳动保护的加强、员工工资的增长迫使企业降低杠杆率、增加现金的持有,而现金持有的增加又为公司提升效率、改革管理、转型升级提供了资金基础。为此,本研究以经营性现金流表示现金持有,将其作为资本结构的代理变量,来构建劳动保护五个分变量与资本结构的交互项。回归结果如表 3.8 所示。

在表 3.8 中,劳动保护五个分变量的回归结果与基本回归保持一致,且除工作时间外,其与四个分变量均统计显著。劳动合同标准化和集体协议对企业绩效有正向影响,而工作时间,解雇保护,劳动争议三个变量对企业绩效有负向影响。在机制检验上,劳动保护与经营性现金流的五个交互项,除工作时间变量外,劳动合同标准化、解雇保护、劳动争议、集体协议均对企业绩效有显著的正向影响,这表明劳动保护的加强促使企业增加现金持有,而现金流的增加有利于公司发放现金股利,促进公司加强市值管理(张晟,2019),从而改善了企业绩效。

表 3.8　资本结构机制检验结果

变量含义	(1)	(2)	(3)	(4)	(5)
劳动合同标准化	0.166	0.289*	0.260*	0.264*	0.282*
	(0.156)	(0.151)	(0.151)	(0.151)	(0.151)
工作时间	−0.150	−0.087 2	−0.146	−0.143	−0.122
	(0.174)	(0.178)	(0.174)	(0.174)	(0.174)
解雇保护	−0.523***	−0.500***	−0.610***	−0.497***	−0.498***
	(0.154)	(0.154)	(0.159)	(0.154)	(0.154)
劳动争议	−0.416*	−0.435**	−0.428**	−0.482**	−0.431**
	(0.218)	(0.218)	(0.218)	(0.219)	(0.218)
集体协议	0.149***	0.141**	0.142**	0.150***	0.140**
	(0.055 2)	(0.055 4)	(0.055 2)	(0.055 3)	(0.057 2)
劳动合同标准化 * 经营性现金流	0.037 8***				
	(0.013 6)				
工作时间 * 经营性现金流		−0.009 94			
		(0.011 4)			
解雇保护 * 经营性现金流			0.031 6***		
			(0.011 1)		
劳动争议 * 经营性现金流				0.011 4*	
				(0.005 89)	
集体协议 * 经营性现金流					0.001 83*
					(0.005 97)
企业	控制	控制	控制	控制	控制
年份	控制	控制	控制	控制	控制
常数项	1.129***	1.014***	1.154***	1.075***	1.045***
	(0.242)	(0.242)	(0.243)	(0.241)	(0.241)
观测值数	4 138	4 138	4 138	4 138	4 138
R方	0.342	0.340	0.342	0.341	0.340

　　注：*、** 和 *** 分别表示在 10%、5% 和 1% 的水平上显著，括号内为标准误，下表同。

第五节　稳健性检验

一、针对内生性的双重差分检验

由于影响企业绩效的因素广泛且复杂,模型可能存在遗漏变量的问题,以及企业绩效的提升可能与劳动保护规定互为因果,即绩效水平高的企业,由于自身盈利能力强、资金充裕,有可能为员工提供更好的劳动保护,因此模型存在内生性的问题。为解决这一内生性问题,本研究采取双重差分(DID)的方法进行检验。

为解决内生性的问题,我们使用 DID 的方法,将样本按照国有企业和民营企业进行分组,将民营企业作为处理组,将国有企业作为对照组,以2008 年实施的《劳动合同法》作为外生冲击。这样分组的原因是,与国有企业工资刚性和吸纳就业的社会责任相比,民营企业以调整灵活、负担小、目标单一为特点,其劳动保护强度较低,应对执行劳动保护政策冲击的成本也较高,因此将制造业民营上市公司作为处理组;相反,国企受多种条件约束,其初始执行劳动保护政策的水平较高,因此将制造业的国有上市公司作为对照组。2008 年实施的《劳动合同法》大幅提高了劳动保护力度,以往大多数研究就是将《劳动合同法》作为外生冲击进行的研究,因此,本研究将《劳动合同法》作为外生冲击,来进行双重差分检验。

回归结果如表 3.9 所示。结果显示,Post * Treat 变量基本正向显著,说明与国有企业相比,民营企业在面对较高的劳动成本冲击时,可能采取更为激进的措施来应对,如引入自动化系统、更严格的绩效考核、"减员增收"等方式(刘媛媛、刘斌,2014)来改善企业的整体盈利状况,这在最后也起到了改善企业绩效的作用。其他变量,如劳动合同标准化、工作时间、解雇保护、劳动争议、集体协议与之前的回归基本保持一致;控制变量符号与显著性也与之前的回归结果基本保持一致,因此表明基准回归具有较好的稳健性。

表 3.9 双重差分估计结果

变量含义	调整后每股净利	每股净利	托宾 Q
Post * Treat	0.093 8*	0.112**	0.233
	(0.050 7)	(0.051 9)	(0.153)
劳动合同标准化	0.262*	0.193	0.318
	(0.151)	(0.155)	(0.452)
工作时间	−0.200	−0.148	−0.056 3
	(0.179)	(0.183)	(0.536)
解雇保护	−0.509***	−0.434***	−0.159
	(0.154)	(0.158)	(0.460)
劳动争议	−0.406*	−0.290	0.342
	(0.219)	(0.224)	(0.653)
集体协议	0.145***	0.098 1*	0.253
	(0.055 2)	(0.056 4)	(0.166)
总利润	0.041 8***	0.045 9***	0.028 8***
	(0.001 78)	(0.001 82)	(0.005 33)
经营性现金流	0.003 43***	0.001 85	−0.004 09
	(0.001 18)	(0.001 20)	(0.003 52)
营业成本	1.79e-05	0.000 233	0.001 09
	(0.000 337)	(0.000 345)	(0.001 01)
总资产	−0.000 853***	−0.000 870***	−0.009 64***
	(0.000 189)	(0.000 193)	(0.000 567)
专利申请数	−0.000 204**	−0.000 220**	0.000 558*
	(9.95e-05)	(0.000 102)	(0.000 298)
员工总数	−0.000 06	−0.000 006	−0.000 000 6
	(0.000 01)	(0.000 01)	(0.000 003)
员工总数平方	0.287*	0.208	−0.317
	(0.147)	(0.151)	(0.440)
应付职工薪酬	0.030 1*	0.043 2**	−0.037 5
	(0.016 8)	(0.017 2)	(0.050 3)
管理层薪酬	0.898***	0.805***	−0.473
	(0.287)	(0.293)	(0.857)
大股东持股比例	0.290***	0.258***	−1.877***
	(0.085 7)	(0.087 6)	(0.256)
杠杆率	−0.260***	−0.257***	0.834***
	(0.048 7)	(0.049 7)	(0.145)

续 表

变量含义	调整后每股净利	每股净利	托宾 Q
劳动密集度	−0.374**	−0.361*	0.874
	(0.182)	(0.186)	(0.544)
资本密集度	−0.000 140	−0.000 120	0.000 842
	(0.000 179)	(0.000 183)	(0.000 536)
企业	控制	控制	控制
年份	控制	控制	控制
常数项	1.158***	1.168***	0.899
	(0.248)	(0.254)	(0.742)
观测值数	4 138	4 142	4 140
R 方	0.341	0.348	0.395

注：*、** 和 *** 分别表示在 10%、5% 和 1% 的水平上显著,括号内为标准误,下表同。

为了进一步检验 DID 回归结果的可靠性,我们进行了平行趋势检验。正常来说,平行趋势检验应前推三年、后推三年,但由于 2008 年证监会规定开始披露专利申请数据,所以 2008 年之前上市公司专利数据并不可得,导致前推三年和前推两年的回归没有结果,因此,本研究仅呈现前推一年至后推三年的结果。回归结果显示,前推与滞后和基本回归保持一致,对民营上市公司来说,劳动保护的加强会提升企业绩效。在其他变量中,劳动合同标准化、集体协议对企业绩效有正向影响;工作时间、解雇保护、劳动争议对企业绩效有负向影响,与基准回归基本保持一致。

表 3.10 平行趋势检验

变量含义	调整后每股净利	每股净利	托宾 Q
Post * Treat	0.028 9	0.025 5	0.014 9
	(0.070 8)	(0.071 6)	(0.209)
提前一期	0.184	0.191	0.062 7
	(0.084 7)	(0.087 2)	(0.283)
当期	0.137***	0.154***	0.321***
	(0.033 7)	(0.042 5)	(0.129)

变量含义	调整后每股净利	每股净利	托宾 Q
滞后一期	0.182***	0.216***	0.412***
	(0.033 9)	(0.035 9)	(0.099)
滞后两期	0.197***	0.239***	0.577***
	(0.031 2)	(0.031 5)	(0.092 3)
滞后三期	0.144***	0.158***	0.592***
	(0.028 0)	(0.028 6)	(0.083 5)
劳动合同标准化	0.159	0.081 3	0.002 61
	(0.150)	(0.153)	(0.448)
工作时间	−0.205	−0.153	−0.030 8
	(0.177)	(0.181)	(0.529)
解雇保护	−0.470***	−0.391**	−0.329
	(0.152)	(0.156)	(0.455)
劳动争议	−0.321	−0.199	0.096 9
	(0.216)	(0.221)	(0.646)
集体协议	0.091 9*	0.039 2	−0.108
	(0.055 0)	(0.056 1)	(0.165)
总利润	0.043 3***	0.047 6***	0.024 2***
	(0.001 77)	(0.001 81)	(0.005 29)
经营性现金流	0.003 26***	0.001 67	−0.003 30
	(0.001 16)	(0.001 19)	(0.003 47)
营业成本	2.38e-05	0.000 238	0.000 979
	(0.000 333)	(0.000 340)	(0.000 997)
总资产	−0.001 02***	−0.001 06***	−0.009 13***
	(0.000 188)	(0.000 192)	(0.000 564)
专利申请数	−0.000 238**	−0.000 259**	0.000 629**
	(9.85e-05)	(0.000 100)	(0.000 295)
员工总数	1.56e-07	−3.82e-07	−1.57e-06
	(1.18e-06)	(1.20e-06)	(3.51e-06)
员工总数平方	0.267*	0.188	−0.238
	(0.146)	(0.149)	(0.435)
应付职工薪酬	0.029 2*	0.042 0**	−0.030 2
	(0.016 7)	(0.017 0)	(0.049 8)
管理层薪酬	0.923***	0.833***	−0.575
	(0.283)	(0.289)	(0.846)

续　表

变量含义	调整后每股净利	每股净利	托宾 Q
大股东持股比例	0.220***	0.181**	−1.692***
	(0.085 3)	(0.087 0)	(0.255)
杠杆率	−0.212***	−0.202***	0.672***
	(0.048 5)	(0.049 4)	(0.145)
劳动密集度	−0.215	−0.182	0.408
	(0.181)	(0.185)	(0.541)
资本密集度	−2.18e-05	1.08e-05	0.000 456
	(0.000 178)	(0.000 182)	(0.000 531)
企业	控制	控制	控制
年份	控制	控制	控制
常数项	1.086***	1.085***	1.155
	(0.246)	(0.250)	(0.733)
观测值数	4 138	4 142	4 140
R 方	0.358	0.367	0.411

注：*、** 和 *** 分别表示在 10％、5％和 1％的水平上显著,括号内为标准误。

二、基于移动平均回归的稳健性检验

为了检验回归结果的稳健性,我们将劳动保护变量的滞后回归改为移动平均回归,来检验回归结果的可靠性。与滞后一期、三期、五期相对应,本研究分别采用移动平均 3 年、5 年进行回归估计,结果如表 3.11 所示。

表 3.11　移动平均三期与五期回归结果

变量含义	alteps	变量含义	alteps
劳动合同标准化移动平均三期	0.418**	劳动合同标准化移动平均五期	0.311*
	(0.190)		(0.210)
工作时间移动平均三期	−0.182	工作时间移动平均五期	−0.277
	(0.226)		(0.234)
解雇保护移动平均三期	−0.664***	解雇保护移动平均五期	−0.509**
	(0.182)		(0.201)

续　表

变量含义	alteps	变量含义	alteps
劳动争议移动平均三期	−0.163	劳动争议移动平均五期	−0.098 5
	(0.120)		(0.114)
集体协议移动平均三期	0.194 ***	集体协议移动平均五期	0.234 ***
	(0.068 5)		(0.077 5)
常数项	1.058 ***	常数项	1.045 ***
	(0.283)		(0.299)
观测值数	4 138	观测值数	4 138
R 方	0.341	R 方	0.340

注：* 、** 和 *** 分别表示在 10%、5% 和 1% 的水平上显著，括号内为标准误，下表同。

回归结果与基准回归基本一致。劳动合同标准化和集体协议对企业绩效有正向影响，且统计显著，工作时间、解雇保护、劳动争议则对企业绩效均呈现负向影响。因此，基准回归结果具有较好的稳健性。

第六节　本　章　小　结

本章基于 1994—2017 年我国省级层面的劳动保护强度的度量结果，研究了其对企业经营绩效的影响。我们发现，从短期来看，劳动保护政策的五个变量中，劳动合同标准化规定、集体协议规定对企业绩效的影响均为正效应，工作时间规定、解雇保护规定、劳动争议规定对企业绩效的影响为负效应。但从长期来看，工作时间规定、解雇保护规定、劳动争议规定对企业绩效的影响均由负转正，同时，劳动合同标准化规定和集体协议规定持续表现为正效应。所以，总体来说，劳动保护的加强促进了企业绩效的提升。因此，短期来看，劳动保护政策对企业绩效的影响有负有正，较为复杂；但从长期来看，劳动保护政策的加强反而可以促进企业绩效的提升。我们认为，这可能是源于劳动保护强度的倒逼机制作用,即在劳动保护加强、企业成本支出上升的背景下,企业加速研发创新、开拓新业务引发绩效增长。

本章的研究结论表明,虽然劳动保护对企业绩效的影响长远来看是有利的,但是这并不意味着实行严格劳动保护制度的企业可以完全消弭在短期受到的冲击,那些受到劳动保护政策冲击的中小型制造业企业可能由于退出市场而未能包含在样本之内。一方面,这启示我们,在制定相应的劳动保护政策时,应考虑到不同企业的承受能力,针对资本充裕、融资能力强的大企业,可以适度从严;对于规模较小、融资能力有限的中小企业,应制定完备的配套政策来缓解企业应对劳动保护的成本增长,如给予一定的融资支持、制定分步实施的战略计划等,我们要反对"一刀切"的政策与政策执行。另一方面,在制定政策的过程中,我们要充分考虑各利益相关方的行为与动机,进行科学合理的研判与评估。在劳动保护政策的实施过程中,企业用工成本的提升可能导致企业减少人员雇佣,或推进自动化生产,或将业务量分派给正式员工,这都进一步加剧了劳动者的失业,恶化了劳动环境,劳动保护政策可能适得其反。因此,政府在制定相关政策法规时,必须对相应政策的后果做出充分预估,同时充分考虑双方的利益诉求以及执法力度,推动劳资双方形成和谐有序的劳动关系,促进经济迈向更高质量的发展。

通过上述检验,我们认为,未来还存在以下几方面值得进一步扩充和深入探讨:

第一,本研究的数据选取范围较窄,还有进一步拓展的空间。首先,我们所选取的制造业企业是在市场上存活下来的制造业上市公司,具有幸存者偏差。在近30年的资本市场发展历程中,退市、借壳、资产重组的事件层出不穷,这些未能存活到今日、退出市场的制造业企业没有包含在样本之内,因此,本研究所选取的样本具有幸存者偏差。其次,由于数据可得性的缘故,本研究仅选取了沪深两市制造业上市公司的数据。所以结论的有效性受限。因此,下一步的研究可以从扩展数据来源入手,将数据选取范围扩展至服务业、农业、高新科技产业等上市公司。众所周知，港交所聚集了大量内地的上市公司，因此，数据选取范围可以扩展至港交所上市的内地企业；又由于上市公司一般属于大型企业或行业知名公司，不能完全代表所有市场主体，因此，下一步的研究可以将样本选取范围扩展至非上市公司，利用工企数据库、财税数据库等，将中小企业包含在样本之内，这样研究的劳动保护制度对企业绩效的影响可能更具代表性。

第二，本研究的指标选取有限，还有进一步增加的可能。本研究选取的上市公司指标仅包括财务类、人员构成类、研发数据类，针对上市公司的其他类指标，如公司治理、政府补贴、产业政策、销售费用、技术创新等方面，关注较少，下一步研究可将上述类指标包含在内。除此之外，本研究选取的企业绩效指标为EPS、调整后EPS、经营利润等，但在日常应用中，衡量企业绩效的指标还有很多，如托宾Q、ROE、ROA、P/E、P/B等，它们同样是研究中经常用到的指标，下一步可以将企业绩效的指标选取范围扩展至上述指标。

第三，本研究采用的省级劳动保护面板数据库并未完全覆盖劳动保护制度环境，还有进一步挖掘的空间。劳动保护政策的内涵十分丰富，本研究仅从劳动合同标准化、工作时间、解雇保护、劳动争议、集体协议五个方面进行衡量，其他还有很多值得关注的地方，如劳动者的社会保障、五险一金、劳动合同、劳务派遣等方面，在之后的研究中，需要将上述内容覆盖到劳动保护政策的总体度量中。

第四，本研究选取的机制可能有所欠缺。本研究选取的样本是制造业企业，所进行的机制检验是以制造业企业的生产经营模式为基础进行推导的检验，这可能具有一定片面性。因为在服务业中，如金融业、地产业、科技产业等，其日常经营模式与制造业企业具有较大差异，制造业企业以资本密集型、劳动密集型为主，而服务业以人力资本密集型为主。所以，劳动保护制度环境对服务业企业绩效的影响机制可能与制造业企业有较大差异，因此，如果在选取样本包含非制造业企业的情况下，机制设计需要重新考量。

第四章
劳动保护强度对中国宏观经济效率的影响研究

第一节　导　　言

中国经济正在由高速增长阶段向高质量发展阶段转变。按照党的十九大报告的要求,这一转变过程的首要任务是推动"经济发展质量变革、效率变革、动力变革,提高全要素生产率"。在高速增长阶段,充裕且工资水平较低的劳动力有助于发挥中国生产要素的比较优势、促进劳动力密集型产业的快速发展,进而使中国成功融入全球价值链,在中国成为"世界工厂"的过程中起到了关键性的作用。在经济转型阶段,城乡二元转换已经使得劳动力供大于求的局面发生了根本性转变,劳动力成本快速上涨。同时,劳动者权益保护意识日益提高,劳动争议也逐渐增多。为配合这一变化趋势,各级政府出台或修订了大量劳动法规和政策以保护劳动者权益。

劳动保护政策强度的增加一方面强化了劳动者的话语权,另一方面也在客观上降低了劳动力市场的灵活度。因此,对于倾向于保护劳动者的法律法规及政策措施对中国经济的影响,学界存在不同的声音。有学者认为,劳动政策对劳动者保护的加强会有损于经济效率(廖冠民和陈燕,2014;卢闯等,2015;楼继伟,2015,等等)。然而,也有研究表明,劳动保护强度的加大并未阻碍创新,相反还有利于促进企业创新(黄平,2012;倪骁然等,2016)。

我们注意到,目前针对劳动保护政策对就业或经济效率的影响进行研究的文献大多基于微观数据,如上市公司数据等。考虑到上市公司均为规模较大的企业,因此难以反映全国经济整体受到的影响。此外,现有文献对于劳动政策保护强度的度量大多仅限于2008年《劳动合同法》的修订,并以此作为政策冲击,观察其对于就业或企业经营的影响。这一度量的问题在于:第一,对劳动保护政策强度的度量较为粗糙,无法识别当年的政策冲击是来自劳动政策的变化还是其他重大事件的冲击,因而存在较为严重的替代性解释的问题;第二,这一度量不能解决劳动保护政策在不同地区实施强度的差异性问题。各地在实施劳动保护政策时,往往会根据当地劳动力市场实际情况进行调整,即便《劳动合同法》在全国实施之后,各地在针对性实施的过程中也有所差异,然而这一差异并不能通过单一的政策冲击体现出来。本章在此方面进行尝试,希望回答的问题包括:第一,省际劳动保护强度是否会对我国经济效率产生影响? 第二,省际劳动保护强度对于经济效率的影响机制是怎样的? 根据我们的文献检索,使用量化的劳动保护强度对中国经济效率的研究尚无先例。

在后面的研究中,我们将得到的省际劳动保护指数与中国省际面板数据相结合,检验劳动政策保护强度对省际全要素生产率的影响。研究结果表明,劳动合同标准化、集体议价制度和劳动争议处置对全要素生产率具有显著的正向作用,工作时间与休息制度、劳动合同执行与解除对全要素生产率有显著的负向作用。在机制检验中,我们发现,资本积累和人力资本在劳动保护政策影响经济效率时所起的作用都不明显,劳动保护政策变迁对经济效率的影响主要通过构建更易为参与各方接受的劳动纠纷解决机制来实现。双重差分法的检验结果支持了上述结论。

本章后面的安排如下:第二节梳理了劳动保护政策对经济效率的影响

的相关文献;第三节介绍本章使用的计量模型和变量设定;第四节讨论基准回归结果和机制检验;第五节为稳健性检验;第六节为小结。

第二节　劳动保护影响宏观经济效率的文献综述

与从微观层面讨论工会等工资议价对企业经济行为的影响相类似,现有文献在研究劳动保护政策变化的经济影响时采取的出发点也是基于此类政策变化对处于假设条件下完全竞争的劳动市场状况的影响。尽管在最终的研究结论上存在差异,但是相关文献对于劳动保护政策变化引起的直接影响的看法是一致的,即劳动保护政策的变动会直接影响企业的雇佣成本或有效雇佣数量。通常而言,劳动保护政策的加强会直接增加用人单位的雇佣成本,或减少有效雇佣数量,这两方面都不利于经济效率的改善。

劳动保护政策强度的提高所产生的解雇成本会使企业对于雇员的解雇与招聘更加谨慎。企业对解雇成本增加所作出的反应不仅表现在不愿意解雇老员工,还表现在企业对新员工招聘更加挑剔。这一过程会减少企业间的人员流动,从而降低了劳动力市场的灵活度,不利于改善劳动力要素的市场配置效率,进而给企业效率带来负面影响。拉齐尔(Lazear,1990)利用29年中22个欧洲国家劳动法的变化,发现较高的解雇费用要求会减少企业雇佣数量,较高的解雇成本使得在职者更有可能保住工作,导致失业者更难获得工作,因而从总体上降低了企业就业水平。博特罗等(Botero et al.,2004)的跨国研究表明,更加严格的劳动保护、集体谈判和社会保障方面的劳动法规会导致较低的劳动力参与率和较高的失业率。奥特等(Autor et al.,2007)利用美国制造业年度调查数据和纵向商业数据,对近30年的不正当解雇保护(wrongful-discharge protection)政策的效应进行了研究,发现法定劳动保护政策强度的提高会通过歪曲生产选择降低生产效率。在面临更高的解雇成本时,企业将缩减解雇水平,并保留非生产性工人,这两种行为都会影响企业生产效率。他们发现,这一政策降低了就业市场流动性和新企业的进入率,并且降低了企业全要素生产率。奥平等(Okudaira et al.,2011)利用日本企业层面的数据,考察了劳动保护强度与企业生产率之间的关系。他们发现,施行对工人权利保护程度较高的法律显著降低了企业的全要素生产率和劳动生产率。

研究者们在发展中国家也发现了类似的证据。在一些针对新兴经济体的研究中,经济合作与发展组织(OECD,2007)使用其18个国家的总体EPL指数和行业级面板数据,证明严格的劳动保护显著降低了劳动生产率和全要素生产率的增长率。赫克曼和佩吉斯(Heckman and Pages,2004)在对整个南美洲和中美洲的研究中发现严格性高的劳工法规会增加劳动力成本,并导致企业减少工人的雇佣量。阿尔梅达和卡内罗(Almeida and Carneiro,2009a)在对巴西的城市研究中发现,严格性高的劳动法规限制了企业规模的扩大并增加了失业率。在针对中国的研究中,廖冠民和陈燕(2014)发现,劳动保护的加强会提高企业用工的调整成本,导致其人力资本无法达到最优状态,从而损害企业的经营弹性。

与上述文献认为劳动保护程度的加强会损害经济效率不同,也有研究认为劳动保护程度的加强会给企业经济效率带来正向影响。亨特(Hunt,2000)对西德1985年颁布的就业促进法案的就业效应进行了研究。该法案被普遍认为降低了企业解雇成本,但亨特使用1977—1992年德国制造业的月度数据研究后发现,就业水平并没有受到由就业促进法案带来的解雇成本降低的影响。贝斯利和伯吉斯(Besley and Burgessm,2004)和博特罗等(Botero et al.,2004)的研究则表明,加强劳动保护能够保证就业、促进经济发展。在一些关注劳动保护政策变化导致的间接影响的研究中,凯尼格(Koeniger,2005)认为高的解雇成本将迫使企业提高技术水平,从而有利于提高生产率。阿查亚等(Acharya et al.,2013)利用迪金等(Deakin et al.,

2007)的劳动保护指数的计算方法得出美国、英国、法国、德国、印度五个国家的劳动保护指数,并与美国专利局提供的专利数据相匹配,发现劳动保护程度越高的解雇法促进了企业层面的创新,且在创新密集型行业中的影响更加明显。布兰克和弗里曼(Blank and Freeman,1994)认为,有关促进企业和工人签订无固定期限劳动合同条款的法律调整会潜在地提高工人进行特定技能人力资本投资的激励,从而有助于提高工人的生产率和经济效率。倪骁然和朱玉杰(2016)以2008年中国《劳动合同法》的实施为准自然实验构建双重差分模型后发现,在创新需求较高的行业、竞争程度较高的行业、行业内的后进企业、民营企业中,增强劳动保护促进企业创新促进经济转型升级的作用更为显著。

另有研究发现,劳动保护程度的提高并不会抑制企业创新,但会改变企业的创新方式。圣保罗(Saint-Paul,2002)发现,解雇成本的提高使得企业更加专注于改善现有流程,而不是开发新产品,这可能会导致企业在面临产品更新换代和产品需求变化时无法快速做出反应。阿查亚等(Acharya et al.,2014)对美国各州不正当解雇法的实施效果进行研究后发现,对不正当解雇的限制弱化了雇主在创新成功后解雇雇员的权力,从而提升了雇员在创新方面的努力程度,促进了企业创新和新企业的建立,且这种效应在创新密集型产业中表现得更为明显。

目前,针对中国劳动保护政策对经济绩效的影响的研究还相对较少,且主要使用上市公司作为研究对象(唐跃军和赵武阳,2009;黄平,2012;廖冠民和陈燕,2014;刘媛媛和刘斌,2014)。研究者采取上市公司数据的原因主要出于与劳动保护政策效应相关的数据可得性的考虑。上述研究者通常用2008年《劳动合同法》的修订这一冲击作为劳动保护政策强度提高的度量,目前在我国,上市公司数据是为数不多的能对2008年《劳动合同法》的政策冲击效应进行检验的企业面板数据之一。然而,考虑到上市公司仅占中国企业总量的很少一部分,且均为规模较大的企业,都具有较为健全的劳动管理制度,因而这些数据并不能从总体上反映劳动保护政策变更给中国整体经济效率带来的影响。本章将利用省际面板数据,从地区层面考察劳动保护强度与经济效率之间的关系,因此能够从整体和宏观层面来考察中国劳动保护政策变迁给经济效率带来的影响。

第三节　模型、数据及变量

一、数据与变量

这部分的数据主要来自 1995—2017 年的《中国统计年鉴》《中国科技统计年鉴》、R&D 普查统计公报,以及各省份的统计年鉴。为了保持与之前劳动保护强度指数的计算口径一致,我们的样本仍集中在除西藏、重庆、海南以外的 28 个省份,时间跨度为 23 年,一共 644 个观测值。

我们将全要素生产率作为被解释变量。本章采用随机前沿法,基于《中国统计年鉴》提供的国内生产总值、固定资本形成总额和劳动力等数据,借助张军(2004)的方法使用永续盘存法进行资本形成度量,对 1994—2016 年中国省际全要素生产率进行测算。

本章的核心解释变量为第二章计算的中国省际劳动保护强度指数,我们将以上述有关劳动保护强度的 5 个分项指标为核心解释变量并纳入方程。我们控制的其他变量包括:(1)人均 GDP(pergdp),使用各地实际 GDP 与总人数的比值,并对其取自然对数,来度量各地经济发展水平;(2)人均资本存量(capital),使用资本存量与总人数之比,对其取自然对数用以衡量各地资本积累水平;(3)劳动力数量(L),使用三次就业人数取自然对数进行度量;(4)对外贸易(trade),将各地进出口总额按照当年的平均汇率转换为当年人民币价格,再根据 GDP 平减指数将其折算为 1993 年不变价格;(5)外商直接投资(FDI),用实际利用外资数量度量外国直接投资水平,同样将名义外国直接投资按当年的平均汇率转换为当年人民币价格,再根据 GDP 平减指数将其折算为 1993 年不变价格;(6)城市化水平(cityrate),使用城镇人口总数占总人口数比重来度量城镇化率;(7)研发投入(RD),将各地有研发活动的企事业单位研发经费支出用 GDP 平减指数折算为 1993 年不变价格。此外,我们还对地区和时间因素进行了控制。

表 4.1 是对本章主要变量的描述性统计。

表 4.1　描述性统计

变量含义	观测值个数	均值	标准误	最小值	最大值
全要素生产率	644	2.493	1.950	0.508	16.19
劳动合同标准化	644	0.445	0.233	0	0.812
工作时间与休息制度	644	0.718	0.237	0	1
劳动合同的执行与解决	644	0.623	0.285	0	0.963
集体议价制度	644	0.568	0.313	0	1
劳动争议处置	644	0.543	0.336	0	1
城市化率	643	0.391	0.229	0.004 73	0.896
研发投入	642	78.65	146.1	0.316	1 093
外商直接投资	643	276.1	1 191	0	19 172
对外贸易	643	2 537	5 452	0.098 1	37 729
人均 GDP	642	1.285	1.120	0.054 9	6.424
资本密集度	642	36.22	43.09	0.776	280.8
劳动力数量	642	2 437	1 588	154.2	6 726
人均工资	637	13 590	15 491	1 810	119 935

二、计量模型

基于以上的变量设定,本章构建如下的计量模型:

$$TFP_{it} = \beta_0 + (\beta_1 ES_{it} + \beta_2 WT_{it} + \beta_3 EDLC_{it} + \beta_4 BG_{it} + \beta_5 LD_{it})$$
$$+ \beta_6 GDPper_{it} + \beta_7 K_{it} + \beta_8 L_{it} + \beta_9 trade_{it} + \beta_{10} fdi_{it}$$
$$+ \beta_{11} cityrate_{it} + \beta_{12} RD_{it} + \lambda_i + t + \varepsilon_{it} \tag{1}$$

被解释变量为全要素生产率 TFP。主要解释变量为 5 个劳动保护强度指数,其中 ES 表示劳动合同标准化、WT 表示工作时间和休息制度、$EDLC$ 表示劳动合同执行与解除、BG 表示集体议价制度、LD 表示劳动争议处置。控制变量 $GDPper$ 为人均国内生产总值、K 为资本密集度、L 为劳动力数量、$trade$ 为对外贸易、fdi 为外国直接投资、$cityrate$ 为城市化率、RD 为研发支出。i 表示省份,t 表示样本的观察期,为了控制省份差异以及时间趋势,本章还控制了 λ_i 地区固定效应,和时间趋势 t。考虑到劳动政策法规作用的滞后性,因此在估计时对所有的解释变量均采用其滞后一期。

第四节　计量结果分析

一、基准回归结果

我们对式(1)的回归方程进行估计,结果报告在表 4.2 中。表 4.2 报告了面板固定效应与随机效应的估计,豪斯曼检验的结果卡方为 258.67,并在 1% 的显著性水平上拒绝原假设,因此,我们采用固定效应模型的估计结果。

表 4.2　分项指数回归结果

	(1) 随机效应估计结果	(2) 固定效应估计结果
劳动合同标准化	0.942***	0.498***
	(0.135)	(0.112)
工作时间与休息制度	−0.249***	−0.465***
	(0.090)	(0.079)
劳动合同执行与解除	−0.239**	−0.148*
	(0.103)	(0.083)
集体议价制度	0.582***	0.221***
	(0.077)	(0.066)

续　表

	(1) 随机效应估计结果	(2) 固定效应估计结果
劳动争议处置	0.393***	0.456***
	(0.074)	(0.067)
资本密集度	0.004***	0.003***
	(0.001)	(0.001)
劳动力数量	0.000 1	0.000 3***
	(0.000)	(0.000)
人均GDP	0.173***	0.152***
	(0.032)	(0.036)
城市化率	−0.516***	−0.107
	(0.100)	(0.085)
外商直接投资	−0.043***	−0.038***
	(0.013)	(0.013)
对外贸易	0.020	0.252***
	(0.021)	(0.027)
研发投入	0.010	0.023***
	(0.007)	(0.005)
地区	控制	控制
年份	控制	控制
常数项	0.272**	−1.881***
	(0.119)	(0.293)
观测值个数	521	521
R-squared		0.922
卡方值		258.667
p值		0.000

注:报告在系数值下括号中的为标准误,＊、＊＊、＊＊＊分别表示在10%、5%、1%的置信区间上显著。

表4.2的第(2)列固定效应模型的估计结果显示,在5个劳动保护强度分项指数中,劳动合同标准化指数、集体议价制度指数和劳动争议处置指数的系数均为正,且都在1%的置信水平上显著。劳动合同标准化的相关政策包含订立无固定期限合同和劳务派遣等条款,在很大程度上保护了劳动

者利益,从而调动了劳动者的生产积极性。随着企业违法成本的提升,企业任意解雇员工的现象有所减少,有助于提升宏观经济效率。其余两个分项指数,工作时间与休息制度指数和劳动合同执行与解除指数的系数均为负,且在1%的置信水平上显著。这说明工作时间减少会严重影响到企业的需求,进而影响到企业经济效率提升。劳动保护的增强对宏观经济效率的提升有负面的影响,这与之前拉齐尔(Lazear,1990)、尼克尔(Nickell,1997)及布兰查德和波特盖尔(Blanchard & Portugal,2001)所得出的结论一致。

二、机制检验

(一)"投资抑制"还是"资本替代"?

如前所述,劳动保护程度的提高既可能导致企业不愿意增加投资以防被"套牢",也可能为了规避劳动力成本的上升而增加资本投入来替代劳动。为此,我们构建 5 个劳动保护强度指数与人均资本之间的交互项并进行估计,结果报告在表 4.3 中。

表 4.3　资本机制检验

	(1)	(2)	(3)	(4)	(5)
劳动合同标准化	0.188**	0.316***	0.324***	0.334***	0.337***
	(0.086 5)	(0.086 7)	(0.083 4)	(0.083 8)	(0.085 2)
工作时间与休息制度	−0.341**	−0.566***	−0.319**	−0.310**	−0.343**
	(0.136)	(0.079 1)	(0.136)	(0.136)	(0.127)
劳动合同执行与解除	−0.526***	−0.506***	−0.591***	−0.532***	−0.515***
	(0.098 0)	(0.097 1)	(0.091 1)	(0.102)	(0.099 5)
集体议价制度	−0.010 9	−0.022 3	−0.016 2	−0.138**	−0.021 0
	(0.084 0)	(0.081 8)	(0.084 6)	(0.059 0)	(0.082 7)
劳动争议处置	0.198***	0.204***	0.196**	0.190**	−0.006 64
	(0.070 2)	(0.068 3)	(0.071 1)	(0.072 6)	(0.088 4)
资本密集度	0.003 37***	0.003 46***	0.003 36***	0.003 34***	0.003 52***
	(0.001 07)	(0.001 10)	(0.001 08)	(0.001 09)	(0.001 07)
劳动力数量	1.210***	1.253***	1.218***	1.243***	1.212***
	(0.226)	(0.234)	(0.229)	(0.233)	(0.215)

续　表

	(1)	(2)	(3)	(4)	(5)
劳动合同标准化 * 资本密集度	−0.037 2** (0.014 1)				
工作时间与休息制度 * 资本密集度		−0.048 1*** (0.016 9)			
劳动合同执行与解除 * 资本密集度			−0.017 2** (0.007 56)		
集体议价制度 * 资本密集度				−0.030 9*** (0.009 89)	
劳动争议处置 * 资本密集度					−0.051 2*** (0.010 9)
人均 GDP	−0.024 1 (0.074 2)	−0.032 3 (0.076 1)	−0.027 0 (0.075 2)	−0.020 3 (0.075 3)	−0.017 5 (0.072 4)
城市化率	−0.022 3 (0.048 9)	−0.027 1 (0.046 6)	−0.023 2 (0.048 3)	−0.024 2 (0.049 1)	−0.028 0 (0.046 1)
外商直接投资	0.022 2*** (0.006 27)	0.020 9*** (0.006 81)	0.021 0*** (0.006 43)	0.021 1*** (0.006 54)	0.020 8*** (0.006 55)
进出口总额	0.108*** (0.035 1)	0.107*** (0.035 6)	0.105*** (0.035 5)	0.103*** (0.035 6)	0.104*** (0.034 3)
研发投入	0.003 19 (0.002 71)	0.003 09 (0.002 63)	0.004 30* (0.002 44)	0.005 53** (0.002 40)	0.002 70 (0.002 48)
地区 年份	控制 控制	控制 控制	控制 控制	控制 控制	控制 控制
常数项	−6.865*** (1.967)	−6.999*** (1.974)	−6.880*** (1.992)	−7.152*** (2.027)	−6.867*** (1.853)
观测值个数	609	609	609	609	609
R-squared	0.965	0.966	0.965	0.966	0.967

注:报告在系数值下括号中的为标准误,*、**、*** 分别表示在 10%、5%、1% 的置信区间上显著。

　　表 4.3 中,5 个劳动保护强度分项指数中的劳动合同标准化、工作时间与休息制度、劳动合同执行与解除这三项的系数方向和显著性与基准回归结果中相一致。集体议价规定的系数依然为负,但仅在第(3)列中显著。劳动争议处置系数在前 4 列均在 1% 的置信水平上显著为正,但在第(5)列为

负且不显著。尽管5个劳动保护强度分项指数的系数有所变化,但其与人均资本交互项系数却无一例外地在1%的置信水平上显著为负,说明在资本积累水平较高的地区,实施强度较大的劳动保护政策会抑制经济效率的提高。如前所述,对于用人单位而言,劳动保护程度的提高会直接增加劳动力成本,从而使得投资方担心加大投资会增加"套牢"效应,之前投资水平越高进而沉没成本越高的地区越存在此类担心,因此妨碍了经济效率的提高。

(二)人力资本机制检验

有研究认为,劳动保护强度的提高可能会改善人力资本积累水平,进而有利于经济效率的提高。克莱因克内希特(Kleinknecht, 2015)认为,劳动规制水平的降低带来的劳动力流动性的增强可能会减少企业创新行为所必需的知识和经验上的积累,因此将抑制创新和效率的改善。在这里,考虑到针对宏观层面的研究中通常使用的人均受教育年限的标准较难与劳动保护政策之间建立联系,我们按照金等(Kim et al., 2011)和黄平(2012)的做法,用人均工资来度量人力资本水平,并分别构建5个劳动保护分项指数与人均工资之间的交互项进行估计,结果报告在表4.4中。

表4.4 人力资本机制检验

	(1)	(2)	(3)	(4)	(5)
劳动合同标准化	0.492***	0.514***	0.517***	0.510***	0.511***
	(0.176)	(0.169)	(0.172)	(0.171)	(0.171)
工作时间与休息制度	−0.590***	−0.480***	−0.579***	−0.584***	−0.607***
	(0.150)	(0.144)	(0.148)	(0.146)	(0.145)
劳动合同执行与解除	−0.454***	−0.458***	−0.425***	−0.456***	−0.442***
	(0.123)	(0.123)	(0.105)	(0.123)	(0.124)
集体议价制度	0.137	0.134	0.131	0.085 4	0.139
	(0.101)	(0.102)	(0.100)	(0.103)	(0.101)
劳动争议处置	0.389***	0.389***	0.391***	0.385***	0.232**
	(0.109)	(0.108)	(0.109)	(0.110)	(0.106)
资本密集度	0.003 85***	0.003 88***	0.003 85***	0.003 82***	0.003 65***
	(0.001 23)	(0.001 24)	(0.001 23)	(0.001 21)	(0.001 13)

续　表

	(1)	(2)	(3)	(4)	(5)
劳动力数量	0.798***	0.799***	0.784***	0.814***	0.777***
	(0.264)	(0.260)	(0.264)	(0.273)	(0.268)
人力资本	0.130*	0.146**	0.139**	0.123*	0.104
	(0.068 7)	(0.065 1)	(0.067 9)	(0.064 4)	(0.061 4)
劳动合同标准化 * 人力资本	0.002 91				
	(0.010 0)				
工作时间与休息制度 * 人力资本		−0.014 1			
		(0.010 9)			
劳动合同执行与解决 * 人力资本			−0.005 29		
			(0.006 49)		
集体议价制度 * 人力资本				0.008 23	
				(0.008 99)	
劳动争议处置 * 人力资本					0.023 8**
					(0.010 3)
人均 GDP	0.118*	0.122*	0.121*	0.115*	0.118*
	(0.066 5)	(0.069 2)	(0.067 2)	(0.066 4)	(0.062 7)
城市化率	−0.004 03	−0.004 46	−0.002 93	−0.006 05	−0.004 88
	(0.070 5)	(0.069 5)	(0.069 6)	(0.071 0)	(0.071 9)
外商直接投资	0.036 6**	0.036 2**	0.036 2**	0.036 4**	0.035 7**
	(0.017 0)	(0.017 1)	(0.017 0)	(0.017 2)	(0.016 4)
进出口总额	0.239***	0.234***	0.236***	0.240***	0.246***
	(0.045 2)	(0.045 8)	(0.045 2)	(0.045 1)	(0.044 1)
研发投入	0.021 6***	0.025 8***	0.024 7***	0.021 5***	0.015 5*
	(0.007 36)	(0.007 82)	(0.007 16)	(0.007 67)	(0.007 87)
地区	控制	控制	控制	控制	控制
年份	控制	控制	控制	控制	控制
常数项	−9.694***	−9.846***	−9.681***	−9.777***	−9.297***
	(2.397)	(2.351)	(2.403)	(2.486)	(2.434)
观测值个数	503	503	503	503	503
R-squared	0.925	0.925	0.925	0.925	0.926

　　注:报告在系数值下括号中的为标准误,* 、** 、*** 分别表示在 10%、5%、1% 的置信区间上显著。

表 4.4 中,除了集体协议规定外,其他 4 个劳动保护强度分项的系数都与基准回归中保持了同样的方向和显著性。集体协议规定的系数依然为正,但是不显著。对于劳动保护强度分项指数与人力资本的交互项,我们发现劳动合同标准化指数、集体议价规定指数和劳动争议处置指数三者的系数为正,但只有劳动争议处置指数在 5% 的置信水平上显著,即在人力资本水平较高的地区,更加有效的劳动争议处理办法能有效提高经济效率。工作时间与休息制度指数和劳动合同执行指数的系数均为负,但是不显著。综合来看,较高的人力资本水平能够在劳动保护政策影响经济效率时起到一定的积极作用。弗杰尔和克莱因克内希特(Vergeer and Kleinknecht,2014)使用 1960—2004 年经济合作与发展组织国家面板数据,就这些国家的劳动力市场改革对劳动生产率的影响进行了研究。他们发现,以增加劳动力流动性为导向的放松劳动管制改革方案破坏了企业的人力资本积累,进而对劳动生产率产生了负面影响。他们认为,熊彼特式的创新模式需要一定程度的垄断性,劳动保护强度较高的劳动市场制度则有利于从人力资本角度维护这一垄断性。

(三) 技术创新机制检验

提高经济效率的重要途径之一是加大创新和研发投入。在这部分,我们构建劳动保护强度分项指数与地区研发投入费用之间的交互项,并将估计结果报告在表 4.5 中。

表 4.5 创新机制检验

	(1)	(2)	(3)	(4)	(5)
劳动合同标准化	0.584***	0.666***	0.669***	0.682***	0.689***
	(0.165)	(0.142)	(0.146)	(0.144)	(0.142)
工作时间与休息制度	−0.591***	−0.420***	−0.571***	−0.576***	−0.606***
	(0.141)	(0.132)	(0.142)	(0.142)	(0.141)
劳动合同执行与解除	−0.474***	−0.481***	−0.481***	−0.491***	−0.478***
	(0.118)	(0.119)	(0.114)	(0.121)	(0.117)

续　表

	(1)	(2)	(3)	(4)	(5)
集体议价制度	0.205*	0.200*	0.201*	0.112	0.204**
	(0.101)	(0.101)	(0.101)	(0.091 1)	(0.099 6)
劳动争议处置	0.419***	0.421***	0.420***	0.411***	0.276**
	(0.116)	(0.114)	(0.116)	(0.118)	(0.120)
资本密集度	0.003 03***	0.003 24***	0.003 15***	0.002 98***	0.002 84***
	(0.000 933)	(0.000 929)	(0.000 912)	(0.000 947)	(0.000 889)
劳动力数量	0.813***	0.800***	0.800***	0.821***	0.803**
	(0.286)	(0.277)	(0.285)	(0.294)	(0.293)
劳动合同标准化*研发投入	0.014 6				
	(0.014 0)				
工作时间与休息制度*研发投入		−0.021 2*			
		(0.011 5)			
劳动合同的执行与解决*研发投入			0.000 946		
			(0.008 15)		
集体议价制度*研发投入				0.017 7	
				(0.011 0)	
劳动争议处置*研发投入					0.025 6**
					(0.010 3)
人均 GDP	0.150***	0.157***	0.152***	0.147***	0.147***
	(0.049 6)	(0.052 5)	(0.050 5)	(0.049 9)	(0.047 8)
城市化率	−0.005 12	−0.007 44	−0.004 50	−0.010 8	−0.007 60
	(0.067 6)	(0.065 5)	(0.066 3)	(0.067 5)	(0.067 4)
外商直接投资	0.023 5**	0.022 6**	0.022 9**	0.022 2**	0.022 0**
	(0.009 29)	(0.009 45)	(0.009 52)	(0.009 42)	(0.009 45)
进出口总额	0.284***	0.277***	0.282***	0.283***	0.284***
	(0.046 1)	(0.045 3)	(0.045 2)	(0.045 7)	(0.044 6)
研发投入	0.010 1	0.039 3***	0.019 3**	0.006 01	−0.000 679
	(0.010 7)	(0.011 3)	(0.008 88)	(0.010 8)	(0.010 2)
地区	控制	控制	控制	控制	控制
年份	控制	控制	控制	控制	控制
常数项	−8.579***	−8.669***	−8.540***	−8.620***	−8.406***
	(2.320)	(2.271)	(2.321)	(2.389)	(2.366)
观测值个数	609	609	609	609	609
R-squared	0.934	0.934	0.934	0.934	0.935

注：报告在系数值下括号中的为标准误，*、**、***分别表示在10%、5%、1%的置信区间上显著。

在 5 个劳动保护强度分项指数与研发投入的交互项中,仅有工作时间与休息制度指数和劳动争议处置指数这两个交互项系数显著。其中工作时间与休息制度指数和研发投入的交互项系数为负,并在 10% 的置信水平上显著,说明在研发投入水平较高的地区,更加严格的工作时间与休息制度会抑制经济效率。刘庆玉(2015)从加班时间的视角考察《劳动合同法》对企业雇佣的影响,发现新法颁布之后加班时间确实有所下降,这就意味着企业需要雇佣更多的工人来弥补其需求,而雇佣新工人会导致企业用工成本和管理费用的增加。面对用工成本的增加,企业会更倾向于雇佣兼职工人来满足生产的需求(Lazear,1990),但是兼职工人缺乏足够的生产经验,因而不利于创新和经济效率的提高。此外,劳动争议处置指数与研发投入的交互项系数为正,并在 5% 的置信水平上显著。这意味着在研发投入更高的地区,更具效率的劳动争议处理方式能改善经济效率。考虑到研发创新周期长、需要持续稳定的投资和人力资本投入,对劳动争议进行更加有效的处理能为创新创造良好的环境,从而有利于创新,提高经济效率。

(四) 劳动争议裁定的影响机制

之前的机制检验主要集中于生产要素与创新方面,考虑到本章试图发现劳动保护政策对整体生产效率的影响,我们还需要知道这些政策变化是否改善了劳动力市场的和谐程度,进而对生产效率产生了影响。与市场经济发达的国家相比较,中国劳动政策的出台以建立和谐的劳动关系为导向,并根据劳动者与企业之间的议价力量消长进行调整。一个突出的例子是,在国有企业改革初期,工人在企业中的谈判地位较高,曾经出现了"工资侵蚀利润"的现象,为避免这一情况继续激化,当时国有企业工资奖金发放办法就曾经做出过调整。到了 20 世纪 90 年代末期以后,尤其是进入 21 世纪,由于大规模国有企业改革、加入世界贸易组织和民营经济蓬勃发展等效应的叠加,工人在企业中的话语权下降较快,这直接引起了企业劳动关系的恶化。因此,21 世纪初以来,我国劳动政策调整的主要方向就是逐步加强对劳动者权益的保护。近年来,尤其是《劳动合同法》调整以来,企业与劳动者之间的劳动关系出现了一种有趣的情况,即一方面企业抱怨新《劳动合同法》的条款过于倾向保护劳动者,另一方面劳动者也仍然认为自己在劳动过程中受到了不公正待遇。这一状况表明,中国劳动政策在调整过程中试图重建劳动供求双方的议价力量平衡,因此在解决劳资冲突时,既需要规范企业用工以保障劳动者权益,同时也应保障企业正常的生产运营秩序和投资积极性。

在这里,我们使用劳动争议案件胜诉情况来作为对劳动保护政策效应的度量。根据劳动争议案件涉及双方,《中国统计年鉴》中报告了"劳动者胜诉案件数""企业胜诉案件数"和"双方部分胜诉案件数",我们计算了这三项数量各自占总案件数的比例,分别与劳动保护强度的 5 个分项指数建立交互项,估计结果报告在表 4.6 至表 4.8 中。

表 4.6 中,劳动者胜诉比例的系数在 5 个方程中均为负,且在第(3)列中在 5% 的置信水平上显著,说明在处理劳动纠纷时,单纯倾向于劳动者的判决并不能改善经济效率。但是,劳动者胜诉比例与 5 个劳动保护强度分项指标的交互项系数均为正,并在第(4)列,即劳动者胜诉比例与集体议价规定的交互项系数在 5% 的置信水平上显著。交互项的结果表明,在劳动保护强度大的地区,劳动者胜诉比例高可能有利于提高全要素生产率;在集体议价规定实施较好的地区,劳动者胜诉比例高能够显著提高全要素生产率。

表 4.6 劳动者胜诉情况的机制检验

	(1)	(2)	(3)	(4)	(5)
劳动合同标准化	0.707 ***	0.797 ***	0.795 ***	0.787 ***	0.771 ***
	(0.151)	(0.137)	(0.136)	(0.136)	(0.125)
工作时间与休息制度	−0.427 ***	−0.422 ***	−0.416 ***	−0.401 ***	−0.424 ***
	(0.103)	(0.116)	(0.100)	(0.102)	(0.097 0)
劳动合同执行与解除	−0.655 ***	−0.662 ***	−0.668 ***	−0.676 ***	−0.637 ***
	(0.106)	(0.106)	(0.112)	(0.107)	(0.097 0)
集体议价制度	0.138	0.135	0.135	0.019 9	0.127
	(0.135)	(0.135)	(0.134)	(0.104)	(0.131)

	(1)	(2)	(3)	(4)	(5)
劳动争议处置	0.275**	0.274***	0.275***	0.261**	0.124
	(0.099 5)	(0.098 1)	(0.099 1)	(0.096 6)	(0.121)
劳动者胜诉比例	−0.148	−0.059 5	−0.059 0	−0.269**	−0.263
	(0.129)	(0.204)	(0.122)	(0.113)	(0.155)
劳动合同标准化 ∗ 劳动者胜诉比例	0.202 (0.230)				
工作时间 ∗ 劳动者胜诉比例		0.016 2 (0.252)			
劳动合同执行与解除 ∗ 劳动者胜诉比例			0.017 2 (0.141)		
集体议价制度 ∗ 劳动者胜诉比例				0.366** (0.139)	
劳动争议处置 ∗ 劳动者胜诉比例					0.372 (0.254)
资本密集度	0.003 80***	0.003 79***	0.003 79***	0.004 03***	0.003 98***
	(0.001 16)	(0.001 17)	(0.001 18)	(0.001 14)	(0.001 08)
劳动力数量	0.194	0.154	0.156	0.237	0.272
	(0.320)	(0.323)	(0.314)	(0.323)	(0.317)
人均 GDP	0.226***	0.232***	0.232***	0.214***	0.210***
	(0.051 7)	(0.054 4)	(0.052 1)	(0.052 7)	(0.050 5)
城市化率	−0.034 7	−0.036 9	−0.037 0	−0.061 2	−0.040 2
	(0.077 4)	(0.075 6)	(0.075 6)	(0.078 2)	(0.075 5)
外商直接投资	0.018 6**	0.018 1*	0.018 1*	0.019 4**	0.018 5*
	(0.008 92)	(0.009 22)	(0.009 15)	(0.008 82)	(0.009 30)
进出口总额	0.221***	0.222***	0.222***	0.212***	0.227***
	(0.044 2)	(0.045 4)	(0.044 0)	(0.042 9)	(0.044 4)
研发投入	0.019 7***	0.021 3***	0.021 2***	0.019 9***	0.018 3***
	(0.003 44)	(0.003 35)	(0.003 28)	(0.003 18)	(0.003 85)
地区	控制	控制	控制	控制	控制
年份	控制	控制	控制	控制	控制
常数项	−2.606	−2.336	−2.348	−2.842	−3.202
	(2.626)	(2.650)	(2.581)	(2.638)	(2.598)
观测值个数	415	415	415	415	415
R-squared	0.937	0.936	0.936	0.938	0.938

　　注:报告在系数值下括号中的为标准误,∗、∗∗、∗∗∗分别表示在10%、5%、1%的置信区间上显著。

表 4.7 中,用人单位胜诉比例系数在所有方程中均为负,且在第(5)列中在 5% 的置信水平上显著,说明在处理劳动纠纷时,单纯倾向于用人单位的判决也不能改善经济效率。与劳动者胜诉比例相类似,用人单位胜诉比例与 5 个劳动保护强度分项指标的交互项系数也都为正,并于第(4)列和第(5)列分别在 10% 和 1% 的置信水平上显著。交互项的结果表明,在劳动保护强度高的地区,用人单位胜诉比例高也可能改善全要素生产率。除了在集体议价规定实施较好的地区外,在劳动争议处理较好的地区,用人单位胜诉比例越高,全要素生产率也可能得到显著提升。这一结果表明,尽管从条款上看,当前中国劳动保护政策变迁趋势是强化对劳动者的保护,但在统计上,我们发现,并非只有倾向于劳动者的判决结果才有利于改善全要素生产率。

表 4.7 用人单位胜诉情况的机制检验

	(1)	(2)	(3)	(4)	(5)
劳动合同标准化	0.720***	0.797***	0.805***	0.792***	0.776***
	(0.129)	(0.140)	(0.143)	(0.134)	(0.118)
工作时间与休息制度	−0.420***	−0.497***	−0.409***	−0.404***	−0.433***
	(0.099 7)	(0.114)	(0.098 2)	(0.098 2)	(0.098 0)
劳动合同执行与解决	−0.666***	−0.657***	−0.691***	−0.686***	−0.648***
	(0.106)	(0.106)	(0.106)	(0.107)	(0.099 2)
集体议价制度	0.124	0.119	0.123	0.065 7	0.118
	(0.136)	(0.134)	(0.135)	(0.125)	(0.132)
劳动争议处置	0.280***	0.278**	0.282***	0.284***	0.149
	(0.099 7)	(0.101)	(0.101)	(0.101)	(0.108)
用人单位胜诉比例	−0.397	−0.644	−0.210	−0.488	−0.725**
	(0.257)	(0.522)	(0.147)	(0.297)	(0.269)
劳动合同标准化 * 用人单位胜诉比例	0.786 (0.568)				
工作时间与休息制度 * 用人单位胜诉比例		0.706 (0.626)			
劳动合同执行与解决 * 用人单位胜诉比例			0.201 (0.229)		

	(1)	(2)	(3)	(4)	(5)
集体议价制度 * 用人单位的胜诉比例				0.861*	
				(0.482)	
劳动争议处置 * 用人单位的胜诉比例					1.195***
					(0.394)
资本密集度	0.003 79***	0.003 86***	0.003 82***	0.003 99***	0.003 75***
	(0.001 17)	(0.001 19)	(0.001 18)	(0.001 23)	(0.001 14)
劳动力数量	0.168	0.138	0.173	0.125	0.098 5
	(0.313)	(0.300)	(0.311)	(0.315)	(0.279)
人均 GDP	0.232***	0.229***	0.229***	0.224***	0.244***
	(0.052 3)	(0.052 6)	(0.052 8)	(0.055 6)	(0.050 0)
城市化率	−0.033 5	−0.029 7	−0.031 9	−0.043 4	−0.031 3
	(0.075 1)	(0.077 0)	(0.077 0)	(0.075 3)	(0.075 9)
外商直接投资	0.017 2*	0.016 6*	0.016 8*	0.016 7*	0.018 1**
	(0.008 78)	(0.008 84)	(0.008 80)	(0.008 51)	(0.008 54)
进出口总额	0.224***	0.226***	0.224***	0.217***	0.222***
	(0.044 6)	(0.044 6)	(0.044 7)	(0.044 4)	(0.043 5)
研发投入	0.019 7***	0.020 7***	0.021 0***	0.020 7***	0.019 4***
	(0.003 33)	(0.003 25)	(0.003 29)	(0.003 33)	(0.003 18)
地区	控制	控制	控制	控制	控制
年份	控制	控制	控制	控制	控制
常数项	−2.421	−2.163	−2.499	−2.020	−1.802
	(2.551)	(2.470)	(2.538)	(2.564)	(2.284)
观测值个数	416	416	416	416	416
R-squared	0.937	0.937	0.936	0.937	0.938

注:报告在系数值下括号中的为标准误,*、**、*** 分别表示在10%、5%、1% 的置信区间上显著。

表 4.8 报告了引入双方部分胜诉比例与劳动保护强度分项指数交互项的估计结果。有趣的是,双方部分胜诉比例的系数在所有方程中仍然都为负,并在第(5)列中在 5% 的置信水平上显著。结合表 4.7 和表 4.8 的结果来看,单单考虑处理劳动纠纷时的各种判决倾向对全要素生产率都不能起到显著的改善作用,有时还会有损于全要素生产率。但与表 4.6 和表 4.7 一

样,双方部分胜诉比例与 5 个劳动保护强度分项指标的交互项系数在表 4.9 中也都为正,并在第(2)(4)(5)列分别在 10%、5%和 1%的置信水平上显著,这说明在工作时间、集体议价和劳动争议等方面的规定做得较为完善的地区,较高的双方部分胜诉比例能显著改善全要素生产率。

表 4.8　双方部分胜诉情况的机制检验

	(1)	(2)	(3)	(4)	(5)
劳动合同标准化	0.737***	0.808***	0.810***	0.841***	0.823***
	(0.131)	(0.144)	(0.143)	(0.148)	(0.140)
工作时间与休息制度	−0.429***	−0.530***	−0.419***	−0.407***	−0.429***
	(0.097 0)	(0.096 1)	(0.099 8)	(0.097 2)	(0.094 1)
劳动合同执行与解除	−0.668***	−0.661***	−0.690***	−0.699***	−0.658***
	(0.108)	(0.108)	(0.112)	(0.111)	(0.104)
集体议价制度	0.129	0.121	0.129	0.033 9	0.109
	(0.131)	(0.129)	(0.132)	(0.121)	(0.123)
劳动争议处置	0.273**	0.279***	0.280**	0.248**	0.144
	(0.100)	(0.096 9)	(0.102)	(0.102)	(0.111)
双方部分胜诉比例	−0.097 9	−0.263	−0.016 3	−0.236	−0.253*
	(0.156)	(0.196)	(0.123)	(0.144)	(0.143)
劳动合同标准化 * 双方部分胜诉比例	0.315				
	(0.250)				
工作时间与休息制度 * 双方部分胜诉比例		0.405*			
		(0.219)			
劳动合同执行与解除 * 双方部分胜诉比例			0.094 4		
			(0.154)		
集体议价制度 * 双方部分胜诉比例				0.454**	
				(0.167)	
劳动争议处置 * 双方部分胜诉比例					0.504***
					(0.176)
资本密集度	0.003 61***	0.003 61***	0.003 71***	0.003 53***	0.003 50***
	(0.001 18)	(0.001 14)	(0.001 18)	(0.001 21)	(0.001 15)
劳动力数量	0.143	0.107	0.170	0.084 6	0.043 0
	(0.304)	(0.290)	(0.313)	(0.295)	(0.276)
人均 GDP	0.231***	0.234***	0.230***	0.238***	0.236***
	(0.051 6)	(0.049 3)	(0.052 6)	(0.051 8)	(0.048 1)

续　表

	(1)	(2)	(3)	(4)	(5)
城市化率	−0.035 3	−0.023 4	−0.032 6	−0.064 0	−0.040 2
	(0.074 7)	(0.073 4)	(0.076 7)	(0.074 3)	(0.069 2)
外商直接投资	0.018 1*	0.017 5*	0.017 5*	0.017 7*	0.017 5*
	(0.009 12)	(0.008 96)	(0.008 98)	(0.008 97)	(0.009 15)
进出口总额	0.221***	0.223***	0.222***	0.209***	0.217***
	(0.043 4)	(0.043 0)	(0.043 7)	(0.044 9)	(0.041 3)
研发投入	0.019 9***	0.020 0***	0.021 0***	0.021 0***	0.019 4***
	(0.003 12)	(0.003 25)	(0.003 32)	(0.003 31)	(0.003 19)
地区	控制	控制	控制	控制	控制
年份	控制	控制	控制	控制	控制
常数项	−2.227	−1.907	−2.481	−1.628	−1.333
	(2.486)	(2.379)	(2.557)	(2.436)	(2.276)
观测值个数	416	416	416	416	416
R-squared	0.937	0.937	0.936	0.938	0.939

注:报告在系数值下括号中的为标准误,*、**、*** 分别表示在10%、5%、1%的置信区间上显著。

第五节　稳健性检验

一、基于多点冲击倍差法的内生性检验

考虑到全要素生产率的决定因素非常复杂,且经常出现的一个情况是具有不同全要素生产率的地区存在自选择情况,即我们观察到的某个地区间差异是该地区根据自身效率情况自发选择导致的。在本章中,自选择可能表现为高效率的地区由于有着较高的经济发展水平,有能力为劳动者提供较高水平的劳动保护。如果是这样,之前我们所得到的结论可能缺乏稳健性。在这一部分,我们尝试采用双重差分法对这一内生性进行检验。

　　根据之前对考察期内中国不同地区劳动保护政策强度进行的度量，我们发现，地区间劳动保护强度的差异早在 2008 年《劳动合同法》调整之前就已存在，且在此之后也有所分化。因此，在构建双重差分法的政策冲击时，本章与相关文献大多将 2008 年《劳动合同法》的实施作为单次政策冲击不同，而是使用了多个不同时点的政策冲击。将 2008 年《劳动合同法》的实施作为单一冲击的做法基于这样一个重要假设，即出台了劳动保护政策的省份和未出台相关政策的省份的全要素生产率变化趋势一致，且不随时间变化发生系统性的差异。根据我们对不同地区相关劳动政策的整理，各个地区在出台劳动政策和法规时并不存在整齐划一的行为，在政策出台时间先后和政策力度上均有着较大差异。基于这些考虑，我们以在某一时点出台了相关劳动保护政策出台的省份为处理组，没有相关劳动保护政策出台的省份为对照组，并将劳动保护政策出台的时点作为政策冲击点，即样本受到干预的时间（干预之前 $post_{i,t}=0$，干预之后 $post_{i,t}=1$）。周黎安（2005）、刘瑞明和赵仁杰（2015）等也曾采取过与此类似的处理办法。我们将双重差分估计的结果报告在表 4.9 中。

表 4.9　双重差分估计结果

	(1)	(2)	(3)	(4)	(5)
Post * treat	1.851***	−3.544***	−3.770***	3.641***	1.944***
	(0.317)	(0.645)	(0.632)	(0.617)	(0.316)
劳动合同标准化		0.735***	0.246***	0.690***	0.903***
		(0.110)	(0.0787)	(0.105)	(0.106)
工作时间与休息制度	−0.619***		−0.681***	−0.662***	−0.474***
	(0.0761)		(0.0753)	(0.0733)	(0.0731)
劳动合同执行与解除	−0.150***	−0.600***		−0.421***	−0.573***
	(0.0577)	(0.0801)		(0.0734)	(0.0789)
集体议价制度	0.201***	0.318***	0.118**		0.387***
	(0.0615)	(0.0622)	(0.0586)		(0.0580)
劳动争议处置	0.545***	0.294***	0.486***	0.531***	
	(0.0636)	(0.0639)	(0.0649)	(0.0598)	

	(1)	(2)	(3)	(4)	(5)
资本密集度	0.002 10***	0.003 53***	0.002 15***	0.001 85***	0.002 07***
	(0.000 702)	(0.000 687)	(0.000 700)	(0.000 683)	(0.000 702)
劳动力数量	0.000 176***	0.000 116***	0.000 175***	0.000 148***	0.000 130***
	(3.24e-05)	(3.29e-05)	(3.24e-05)	(3.18e-05)	(3.25e-05)
人均GDP	0.205***	0.140***	0.194***	0.226***	0.245***
	(0.031 7)	(0.031 1)	(0.031 6)	(0.030 5)	(0.031 2)
城市化率	−0.014 3	−0.039 9	−0.027 0	−0.026 0	−0.053 8
	(0.046 9)	(0.047 7)	(0.046 8)	(0.045 7)	(0.046 7)
外商直接投资	0.023 6**	0.015 6	0.018 9*	0.025 3**	0.022 5**
	(0.010 9)	(0.011 0)	(0.010 8)	(0.010 6)	(0.010 9)
对外贸易	0.320***	0.247***	0.289***	0.306***	0.293***
	(0.023 5)	(0.024 6)	(0.024 3)	(0.022 6)	(0.024 3)
研发投入	0.018 6***	0.022 1***	0.019 5***	0.019 2***	0.018 3***
	(0.005 41)	(0.005 50)	(0.005 40)	(0.005 27)	(0.005 41)
地区	控制	控制	控制	控制	控制
年份	控制	控制	控制	控制	控制
常数项	−2.720***	−2.044***	−2.558***	−2.494***	−2.319***
	(0.249)	(0.254)	(0.252)	(0.246)	(0.253)
观测值个数	635	635	635	635	635
R-squared	0.926	0.923	0.926	0.930	0.926

注:报告在系数值下括号中的为标准误,*、**、***分别表示在10%、5%、1%的置信区间上显著。

表 4.9 中,劳动保护政策 5 个维度的回归系数分别为 1.851、−3.544、−3.770、3.641、1.944,且均在 1% 的水平上显著。这说明实施相关劳动保护政策后,"劳动合同标准化""集体议价制度""劳动争议处置"显著提升了地区全要素生产率,"工作时间和休息制度"和"劳动合同执行与解除"则对全要素生产率有显著的抑制作用。所有 5 个分项指数的系数方向和显著性均与之前固定效应的估计结果保持一致,因而基准回归结果具有较好的稳健性。

我们将估计结果呈现在表 4.10 中,经过观察发现,东部地区和中部地区的劳动保护政策 5 个维度变量均不显著,这说明如果不考虑劳动保护政策出台的影响,处理组和对照组间的全要素生产率变动趋势并无系统性差异,进一步表明表 4.9 的双重差分结果是可信的。

表 4.10　省份差异推动全要素生产率增长的共同趋势检验

变　量	东　部	中　部
劳动合同标准化	0.226	0.200
	(0.220)	(0.260)
工作时间与休息制度	−0.218	−0.316
	(0.185)	(0.167)
劳动合同执行与解除	−0.101	0.010 8
	(0.183)	(0.141)
集体议价制度	−0.259	0.182
	(0.218)	(0.147)
劳动争议处置	0.107	0.184
	(0.163)	(0.142)
人均固定资本投资	0.005 59***	0.002 56**
	(0.001 41)	(0.000 984)
劳动力数量	0.000 137***	0.000 966***
	(3.61e−05)	(0.000 154)
人均 GDP	0.230***	0.551***
	(0.055 6)	(0.122)
城市化率	0.122	−0.187
	(0.088 1)	(0.152)
外商直接投资	−0.039 9**	0.072 3
	(0.013 4)	(0.052 6)
对外贸易	0.173***	0.041 5
	(0.049 9)	(0.113)
研发投入	0.025 0***	0.000 879
	(0.007 43)	(0.003 71)
常数	−1.704***	−5.895***
	(0.405)	(0.809)
省份	10	8
地区	控制	控制
年份	控制	控制
观测值	219	172
R-squared	0.948	0.953

注:报告在系数值下括号中的为标准误,＊、＊＊、＊＊＊分别表示在 10%、5%、1% 的置信区间上显著。

二、地区间市场化水平差异子样本分析

自 20 世纪 90 年代中后期开始,中国开启了大规模市场化进程,尤其以 90 年代末启动的大规模国有企业改革和 21 世纪初加入世界贸易组织为重要标志,至今市场化程度已经有了很大提高。从这个意义上看,我国劳动保护政策的出台和劳动保护强度的提高是在市场化不断提高的背景下实现的。考虑到中国不同地区之间的市场化水平存在较大差异,我们根据王小鲁等(2016)编撰的《中国分省份市场化指数报告》中的市场化总指数将中国省际市场化水平与全国市场化水平均值相比较,高于全国市场化水平均值的省份归入高市场化水平组,低于全国市场化水平均值的归入低市场化水平组,估计结果报告在表 4.11 中。

表 4.11　市场化分组回归结果

	高市场化水平组	低市场化水平组
劳动合同标准化	0.491**	0.004 51
	(0.180)	(0.182)
工作时间与休息制度	−0.309**	−0.191
	(0.119)	(0.168)
劳动合同执行与解除	−0.386**	−0.065 6
	(0.155)	(0.112)
集体议价制度	0.267**	−0.315
	(0.094 4)	(0.222)
劳动争议处置	0.453***	0.179
	(0.081 5)	(0.125)
资本密集度	0.002 44***	0.003 93***
	(0.000 766)	(0.001 08)
劳动力数量	0.000 126	0.000 186***
	(0.000 119)	(2.50e-05)
人均 GDP	0.287***	0.297***
	(0.091 1)	(0.033 5)
城市化率	−0.110	0.176
	(0.064 1)	(0.111)

	高市场化水平组	低市场化水平组
外商直接投资	−0.002 62	−0.028 1***
	(0.034 4)	(0.006 09)
对外贸易	0.266***	0.177***
	(0.043 8)	(0.049 0)
研发投入	0.002 63	0.027 3***
	(0.003 27)	(0.005 43)
常数项	−1.657***	−2.133***
	(0.571)	(0.371)
观测值个数	410	197
R-squared	0.922	0.939
省份	19	9

注:报告在系数值下括号中的为标准误,*、**、***分别表示在 10%、5%、1%的置信区间上显著。

在高市场化水平组,5 个劳动保护指数的系数方向与基准回归相同,并都至少在 5%的置信水平上显著,这表明劳动保护强度的提高在市场化水平高的地区能够显著影响全要素生产率。在低市场化水平组,5 个劳动保护指数的系数方向和显著程度均发生了变化。其中集体议价规定的系数由正变为负,更重要的是,所有指数的系数在低市场化水平组均不显著。上述估计结果说明,劳动保护程度加强对全要素生产率的影响主要集中在市场化水平高的地区。这说明,劳动保护政策对经济效率的影响需要有整体市场发展水平作为保障。对于市场化水平较低的地区而言,如果不顾自身的经济发展水平和市场化程度而盲目地强化劳动保护,必将使得企业与劳动者难以适应新的劳动关系,难以发挥劳动政策的应有作用。在市场化程度较高的地区,一旦新的劳动保护政策出台后,企业和劳动者有足够的能力和空间对政策变化做出应对,能够实现经济活动和劳动政策调整之间的良性循环。

第六节　本　章　小　结

本章利用第二章对中国省级层面劳动保护政策的强度的度量结果,以劳动保护强度指数为主要解释变量,就劳动保护政策变迁对以省际全要素生产率度量的宏观经济效率的影响进行了检验,发现劳动合同标准化、集体议价制度、劳动争议处置等三个维度对地区全要素生产率有显著的提升作用,工作时间与休息制度、劳动合同执行与解除这两个维度则抑制了全要素生产率的提高。在机制检验中,我们发现劳动保护政策的实施并不能通过资本积累的增加来提高经济效率,通过人力资本途径和构建良好的劳动纠纷解决机制则能对经济效率起到改善作用。此外我们还发现,劳动保护政策对经济效率的影响在不同市场化水平的地区间有所差异,在市场化水平较高的地区能发挥显著作用,在市场化水平较低的地区则作用不明显。在稳健性检验中,双重差分法的估计结果支持了基准回归得到的结论。

在中国经济面临进一步下行压力、就业形势也更为严峻的当下,本章无疑有着重要的政策含义。2018年12月5日,国务院下发《关于做好当前和今后一个时期促进就业工作的若干意见》,针对未来一个时期可能出现的就业压力进行了提前部署,从多个层面对促进和保障就业、失业保险和再就业培训等工作做了安排。在这样的背景下,本研究的政策含义在于:第一,在经济转型关键期,劳动就业政策的出台和实施应特别注意使其有利于提高经济效率,不能为了片面保就业而增加低效和无效就业;第二,可以将本章中对全要素生产率起到积极影响的政策方面,如劳动合同标准化、集体议价制度、劳动争议处置等,作为近期推进劳动保护政策的主要方面;第三,应继续坚定不移地推进改革措施,提升各地市场化水平,为劳动保护政策的调整和实施创造良好的市场环境,同时有利于经济效率的改善。

第五章
劳动力市场准租金如何影响了企业创新？

第一节　导　　言

在党的十九大报告中，"创新"是一个重要关键词。实施创新驱动发展战略，对我国形成国际竞争优势、增强经济发展的长期动力具有重要的战略意义。进入发展新阶段后，我国在国际上的低成本优势逐渐丧失，与低成本优势相比，技术创新具有不易模仿和高附加值的特点，实施创新驱动发展战略，加快实现由低成本优势向创新优势的转换，可以为我国的持续发展提供强大的发展动力。要进行创新，就需要足够的研发投入。2015年，我国的研发投入经费支出为14 220亿元，占国内生产总值的2.10%，中国也成为仅次于美国的第二大研发经费投入国家，投入研发强度已经位列发展中国家前列。据中华人民共和国中央人民政府官网消息，我国2016年的研发投入超过1.5万亿元。研发经费的投入既是衡量一国创新能力的重要指标，也是企业实现技术创新的关键，国家研发经费的投入，具体还要落实到企业身上。据欧盟委员会发布的"2016全球企业研发投入排行榜"，德国大众居首，韩国三星电子列第二，美国英特尔排第三，中国华为排第八。美国的企业研发投入占全球总量的38.6%，其次是日本、德国和中国。然而，由于创新本身具有较强的正外部性和结果不确定性,针对创新的投资往往会受到抑制,从而导致创新投资不足。大量现有文献的研究结果表明,出于对上述正外部性和不确定性的考虑,外源融资往往不愿意为企业的创新行为融资,从而抑制了企业的创新决策;企业创新活动更多地内源融资渠道来提供资金。按照这一逻辑,为了促进创新,企业应当通过诸如增加留存收益、加速折旧等途径加强自有资金积累,客观来讲,企业的超额利润越多,其研发投入就会越多,就越会促进企业全要素生产率的提高。

同时,企业创新动力也有可能来自人力资本的积累。事实上,创新的出现和实施都需要有足够的人力资本给予支持,而增加人力资本积累则要求企业给员工,尤其是技术型员工以足够的工资激励。由此引发的一个问题是,给定一定水平的企业收益,留存收益与员工工资之间存在此消彼长的替代关系,提高员工工资的直接结果之一就是降低企业留存收益,从而使得这二者不可兼得。事实上,早在 20 世纪 80 年代初期的中国,就有学者提出"工资侵蚀利润"的观点(戴园晨,1988),认为过快的工资上涨会导致企业留存收益不足,从而影响到企业的长远发展。租金分享程度关乎工资水平、企业创新投入、收入差距等重要问题。租金分享程度过高,意味着企业利润收益大部分被员工分享,这便使企业家研发投入投资意愿降低,影响企业效率和未来收入的增长,租金分享程度高也会导致劳动力无法在企业间进行有效的流动,市场配置资源效率降低。为了在产品市场竞争中取得有利位置,利润率高的企业不得不分享更多的利润给企业的员工,这也会使企业减少劳动力的需求,更会影响到企业的投资意愿,这个过程通常被认为会减少企业的研发投入激励,进而不利于经济增长。那么,为什么理性的工人还要占用租金?这里有三个理由:第一,研究和产出之间存在长时间的迟滞;第二,工人相对于股东时间视野较短(可能因为有限时间的劳动合同);第三,创新成功的机会渺茫。如果租金分享程度过低,甚至出现负分享的情况,这就说明制造业企业工人的工资收入低于其边际贡献,会打击工人积极性,导致工人消极怠工,社会经济增长的共享性不够。考虑到本章所关注的如何促进企业创新决策这一主题,租金在留存收益与员工工资之间的分享如何发挥作用就显得至关重要。

近年来,中国经济面临转型升级,企业创新是实现这一目标的重要支撑。如果按照创新活动主要由内源融资来支持的研究结论,此时企业应当更多地采取增加留存收益等途径来获得更多的内源融资。但是,由于中国刚刚经历二元经济结构转换,趋近于无限供给状况的劳动力增长已趋于终结,事实上,从2011年起,中国劳动力的绝对数量即开始下降。由此导致的一个结果是劳动力成本的快速上升,特别是诸如制造业类劳动密集型产业,将率先承受劳动力成本压力(王金营,2011)。日本《日经亚洲评论》杂志网站认为,中国的工资不断上涨,中国企业必须保持工资增长来留住优秀员工。根据国际劳工组织提供的《全球工资报告2014/15》,自2007年以来,新兴经济体的实际工资一直处于上涨趋势,2013年,亚洲实际工资增长达6%,东欧和中亚也接近6%。此外,新《劳动法》实施以来,企业工人维权意识不断增强,2010年集体协议的推广实施也使得企业工人在企业内部租金分成方面获得了更大的议价权。随着企业的超额利润受到挤压,工人和企业之间存在的这种租金分享机制会影响到企业的研发投入,进一步影响到企业全要素生产率的提高。这样的劳动力市场变化趋势能否促进中国企业的创新活动,就成了迫切需要回答的问题。

租金这一概念原指支付给生产要素的报酬超过为获得该要素供应所必需支付的最低报酬的部分。现代租金理论中的租金泛指一切稀缺的生产要素所带来的超额收入,但以租金形式表现出的超额收入或者报酬总是与某种特权或其他垄断特征的价值相联系,企业凭借技术优势所获得的超出行业平均的报酬,本章所研究的企业因从事创新活动而获得的超额利润也是一种租金的体现。目前,国内文献较少关注这一问题。翁杰(2008)的研究通过建立模型,发现资本方和劳动方之间存在明显的租金分享机制,企业盈利能力的增加会导致制造业从业人员收入增加。周维(2014)研究了企业创新活动所带来的额外收益是否在企业和工人之间存在分享。该研究以创新作为准租金的工具变量,研究了租金对企业工人工资的影响。总体而言,关注对租金分享是否会影响到企业创新投入的研究尚较为缺乏。关于这个问题,国外研究者已经有了较多积累,但是其研究结果之间存在较大差异。

本章运用世界银行针对中国投资环境的调查数据来解释租金分享对中国制造业企业创新投入决策的影响。本章后面的安排如下:第二部分是文献综述,梳理国内外介绍租金分享对企业创新投入意愿的影响及企业研发投入对全要素生产率的影响的相关文献;第三部分介绍了本研究所使用的数据、变量的相关定义以及本章所使用的模型;第四部分对租金分享对企业创新决策以及对 TFP 的影响进行了实证分析,并分别划分了不同规模企业、不同地区、不同所有制企业的子样本进行分析,其中具体阐述了技术型工人在激励企业进行创新投入的作用;第五部分为稳健性检验;最后为主要结论与政策性建议。

第二节　准租金对企业创新的影响:文献的视角

对于租金和企业创新之间的关系,已有文献有着丰富的研究成果。皮安塔和坦乔尼(Mario Pianta and Massimiliano Tancioni,2008)研究了创新、工资和利润之间的关系后发现,工资(高技能研究者或者是技师的工资)增长快的部门,企业的创新投入越多。在区分高创新和低创新行业后,工资的变化似乎分别由技术的特殊模型所驱动。除了劳动生产率增长这个因素外,将创新活动和工资利润联系起来的重要一点就是高创新行业里工人的知识和胜任能力,我们将拥有这种知识和胜任能力的劳动力称为高技能劳动力,企业拥有的高技能劳动力越多,就越会促进企业研发活动的投入,新产品和新技术的劳动市场效应、在扩张行业中工资快速上涨的需求也同样会促进企业进行研发活动的投入。

对于工人工资与企业超额利润之间此消彼长的关系,早已有学者进行了深入研究。范里伦和布兰奇弗洛尔(Van Reenen,1996；Blanchflower,1996)等研究证实,企业和工人之间确实存在着租金共享问题。其中,以尼克尔和沃德瓦尼(Nickell and Wadhwani,1990)、奥斯瓦尔德(Oswald,1995)等为代表的租金分享理论认为,具有垄断地位的企业在摄取超额利润时,参与产品制造和经营的管理层和普通职工也能够分享一部分超额利润。一方面,经济增长需要有共享,经济发展的成果主要惠及大多数阶层,另一方面,租金共享说明投资者或者企业家的投资活动或者创新活动的成果在一定程度上被他人分享了,如果分享的比例过高,这将会明显降低企业家为创新活动投资的意愿,从而导致对创新的投入不足,阻碍技术进步与经济增长。尼克尔和尼科利特萨斯(Nickell and Nicolitsas,2000)研究了1976—1994年间人力资本、物力资本投资和英国制造业创新之间的关系。他们检验了一个行业中技术型劳动力储备的增多是否会导致公司投资的下降和研发支出的减少,结果发现,行业中公司技术型劳动力储备的大量增加与研发投入的减少相关,所以这也导致了创新投资的延迟。法雷尔(Farrell,2005)更是提出,数量庞大的低端劳动力在给中国带来国际市场竞争力比较优势的同时,也在一定程度上阻碍了产业结构升级和技术革新的步伐。

但是,我们也有理由对上述观点表示怀疑:第一,对于劳动力成本较高的企业,企业与工人之间的租金分享可能会倒逼企业为了降低劳动成本而进行创新;第二,由于制造业企业对不同类型劳动力的需求在不断发生改变,对高技能劳动力需求的增长及企业内部高技能型劳动力人力资本的积累也会促进企业的创新活动。

这一情形在已有研究中得到了验证。希克斯(Hicks,1963)、戴维(David,1975)、罗默(Romer,1987)、布罗德贝里和格普塔(Broadberry and

Gupta，2006)、弗吉尔和克莱因克内希特(Vergeer and Kleinknecht，2007)的研究都表明，实际工资与企业创新和产业升级之间呈正相关，高工资是对企业创新的一种激励，企业倾向于依靠技术创新来降低单位劳动力成本。国内研究者，如张庆昌、何李平(2011)也有相同的结论，他们发现，在内生增长模型中，每单位有效劳动力资本存量的上升导致资本成本下降，刺激了有关部门的研发，从而促进了创新和技术进步。

除此之外，有关劳动力市场的另一个最重要的发现是，随着工资水平的提高，企业的人力资本结构也在发生变化，这会进一步影响企业创新活动。以技术为基础的技术变化增加了接受过良好训练的技术工人的工资收入(Machin，2008；Kertesi and Köllo，2002)。过去30年，发达国家对劳动需求的特征就是，相对于非技术工人，对技术型工人的需求显著增长。基于技术的偏爱使得技术性工人的相对工资上涨，这种变化增加了非技术性工人的失业率。许多研究者，如梅钦(Machin，2001)、梅钦和范里伦(Machin and Van Reenen，1998)，他们的研究都表明，从大约1980年开始的20年以来，在美国和英国，技术型工人在雇用总数中的占比显著上升，同时他们的工资也呈显著上升的趋势，即接受高等教育工人雇用量超过其雇用量的三倍，这两个国家中，技术工人工资差别达到了65％。

后来的研究从以下方面对存在的这种差异做出了解释。

第一，以技术为基础的技术性变革。创新基于使用更多的技术型工人。梅钦(Machin，2001)认为基于技术的变化(skill-biased technological change，SBTC)是相关雇佣量和工资变化的潜在原因。在企业层面，新技术的引进伴随着对知识技能和个人能力的要求，因此增加了对相关技术型劳动力的需求，它也会影响制造企业，企业对可以设计创新产品或者可以监督复杂产品技术的工人的需求量是上升的。梅钦(S.Machin，2016)使用LFS(Labor Force Survey)从1996—2012年的数据研究研究生工资福利的增长后发现，对大学毕业生的雇佣份额虽然有明显增长，但是研究生的雇佣份额有一个更加陡幅的增长,其份额从 1996 年的 0.042 增长到 2012 年的 0.111。同时,随着电脑的普及,研究生的工资福利增长了 8 个百分点,而大学毕业生的工资福利却下降了 3 个百分点。作者认为,造成这种增长和工资差别化的原因不仅是因为他们所受教育程度的不同,工人所承担的工作所需要的特殊技能也是重要原因。大学毕业生所做的工作需要有高的技能和任务要求,但是,对研究生来说,绝大多数需要的是更高水平的能力。例如,研究生有更高的数字分析能力、高水平分析问题的能力和理解特殊知识的能力。

第二,要素禀赋、专业化及全球化。国际贸易中极大的专业化的出现基于发达国家的相对优势,以及相对于发展中国家较高的技能禀赋,因此发达国家的企业有持续的创新、能够生产新产品,维持了在新生产技术和新产品创新基础上动态的相对优势。

第三,劳动力需求的技术偏好。创新产品有更高额的回报,因此对非技术型劳动力存在内部替换。总之,我们有理由认为,随着全球创新的步伐加快,企业的技术型人才储备不断增加,即使技术型工人的工资上涨推动企业劳动成本的提高,租金分享程度加深,企业也乐于雇佣这部分工人进行创新以实现企业的转型或结构升级。加博尔·科罗斯(Gábor Kőrös,2009)的研究表明,租金分享程度决定了工资。匈牙利的租金分享程度远高于其他发达国家,创新型公司会支付额外的费用给他们的员工,尤其是高技能工人。加博尔·科罗斯指出,当新的生产技术出现,创新型公司需要更高质量的劳动力来为公司创造特殊利益,这些高质量的劳动力往往比其他工人更加具有高技能,这也导致了这些在创新型公司里的高技术型工人的平均工资更高。梅钦(S.Machin,2013)使用 1980—2010 年美国人口普查和社区调查数据,研究劳动市场不平等性的空间变化。作者发现了接受大学教育的份额和大学工资福利的明显增长,这些增长很快的州和城市,都伴随研发投入快速增长。

在研发投入对全要素生产率的影响方面,早期的研究致力于研发产出弹性的估算。格里利谢斯(Griliches,1980)利用1959—1977年美国39个制造业的数据研究得出,研发产出弹性为0.03—0.07。后藤和铃木(Goto and Suzuki,1989)检验了研发投入对日本制造业生产率的影响,计算得出,研发投入的边际回报率高达40%左右,且其他行业的研发投入也能够促进制造业的发展。这一结论得到梅雷斯和萨斯瑙(Mairesse and Sassenou,1991)以及霍尔和梅雷斯(Hall and Mairesse,1995)等人的经验检验。王和西尔迈伊(Wang and Szirmai,2003)利用1996—2001年中国高技术产业细分行业的面板数据估计得出,研发资本的产出弹性为0.11,结果初步证明了企业研发投入对全要素生产率的正向影响。

后来的文献研究在考虑自主研发的同时,比较了国内外研发对全要素生产率影响的大小。例如,科和赫尔普曼(Coe and Helpman,1995)对1971—1990年间21个经济合作与发展组织国家和以色列数据的研究发现,国外和国内的研发活动对全要素生产率具有显著的影响。同时也发现,国外的研发活动在进口比重大的国家对全要素生产率的影响更大。后期,韦克林(Katharine Wakelin,2001)运用1988—1996年170个英国制造业公司层面的数据研究后发现,自主研发支出显著促进了生产率的增长。在研究影响全要素生产率的决定因素时,格莱克(Guellec,2004)利用16个国家1980—1998年间的数据研究后发现,无论是商业部门、公共部门还是国外公司,研发投入在公司的长期发展中是全要素生产率的主要决定因素。同时,多洛雷斯(Dolores,2007)研究了英国制造业全要素生产率的影响因素后发现,本国和外国的研发投入对生产率均具有促进作用。但是同时我们可以看出,通过研究租金水平,未来研究企业研发投入活动对全要素生产率影响的文献还是非常少的。本研究由此出发,可以对已有文献进行补充。

国内关于租金分享和企业创新之间的关系的文献相对较少。国内学者(Knight and Li,2005)利用1995年和1999年中国城镇居民家庭调查数据,发现在国有企业中企业与职工之间存在着租金共享，企业盈亏是解释职工工资差距的重要因素。翁杰（2008）利用浙江省 2004 年第一次经济普查数据，发现资本方和劳动方之间存在明显的租金分享机制，企业盈利能力的增加会导致企业员工的收入增加。我国国有企业存在租金共享的情况，但它不是通过企业利润实现的，而是利用行业垄断地位直接将职工高工资转化为企业成本；集体企业存在租金共享；外资企业也存在着租金共享，但存在租金共享的企业同时具有更高的效率；对私营企业而言，行业垄断不但不能提高反而会降低职工工资水平（叶林祥、李实、罗处亮，2011）。解学梅（2013）基于国内外研究成果，选取 2005—2009 年我国 27 个高新技术企业的相关数据，对我国各地区高新技术企业研发投入与新产品创新绩效的关系进行研究后发现，研发投入与新产品创新绩效之间存在显著的正相关关系，从长期来看，我国东部地区高新技术企业中的研发人员得到了充分利用，中西部地区的人才不论从数量还是质量上都亟待提高。

国内学者对研发投入与生产率之间的关系也做了相关研究，只是研究角度和数据各有不同，结果有所差异。总体来讲，研究结果主要分为研发投入对全要素生产率存在正向作用和负向作用两个方面。其中，王英伟、成邦文（2005）基于我国 1991—2002 年经济总量数据研究发现，研发经费存量对全要素生产率增长的贡献为 54.3％，并且研发投入对全要素生产率增长的促进作用不断加强。曹泽和李东（2010）依据 1995—2007 年我国三大区域相关数据，运用面板数据模型进行计量经济分析后表明，不同类型的研发投入均对全要素生产率的增长起正向促进作用。方文中和罗守贵（2016）基于 2008—2012 年上海市科技企业统计中的高新技术企业数据，研究研发人力和资本投入与外国技术引进同高新技术企业全要素生产率之间的关系，发现自主研发中的研发人力投入和国外技术引进对生产率有促进作用，但是自主研发中的研发资本投入因存在 1 年时滞而产生抑制作用。有的研究甚至得出了相反的结论，例如，李小平、朱钟棣（2006）对 1998—2003 年间我国

32 个工业行业的面板数据进行回归后发现,国际研发溢出能够促进中国工业行业全要素生产率的增长,而国内研发不利于全要素生产率的提高。汤二子等(2012)也认为,研发投入对企业生产率的影响并没有预期的促进作用,甚至具有消极作用。国内对租金、工资和企业创新之间的关系研究较少,对于创新活动对企业全要素生产率的影响的结论更是不一。我们的研究将这两者结合起来,并得出一些结论,希望可以对将来的实践活动有所指导。

上述关于租金分享和企业创新之间的关系的文献,绝大部分讨论的是租金分享机制的存在、超额利润对劳动力的影响,或者是劳动力成本对企业的创新激励,基于微观数据讨论企业租金分享和企业创新激励之间的关系的并不多见。针对已有文献,本研究将进一步做出如下探索。首先,我们将关注租金分享的度量。大多数文献都使用准租金作为企业租金的代理变量(Abowd,Lemieux,1993;Van Reenen,1996),准租金被定义为人均销售额与行业平均工资之差衡量企业超额利润的大小,充分表示企业的支付能力。准租金表示假设企业的生产成本处于行业平均水平,则现有销售收入可为企业产生多少利润,因此准租金与企业真实的租金水平显著正相关,并且避免企业真实成本与租金之间的负相关关系,从而避免直接的内生性问题。他们大多都是基于熊彼特的经济发展理论,这种理论主张通过新商业、新技术、新供应源和新的组织模式的创新来获得企业经济租金,一般来说,企业是通过创造性破坏或创新打破现有优势企业的竞争来获得这种租金的。也有文献基于讨价还价模型,研究企业创新收益对工资的影响,即员工分享企业创新收益的情况(周维,2014)。其次,我们将研究租金分享与企业创新之间的关系。关于劳动力成本与创新的研究,可以追溯至 20 世纪 60 年代,且大部分的研究都集中于欧美发达国家,研究劳动力成本对企业的创新激励,但这些显然与我们所要研究的视角是有所不同的。最后,企业创新和技术型工人需求之间的关系。除了租金外,我们还加入了劳动成本、技术型工人占比、人均利润、企业资本密集度、规模作为解释变量,地区因素、所有制成分和行业因素作为控制变量。

对于企业研发投入与全要素生产率之间的关系,国内外的文献研究大部分基于建立生产函数回归模型,且总体上支持研发投入能够促进全要素生产率增长这一结论,但是由于所使用数据、所选取变量不一致,不同的文献得出的研发投入对全要素生产率的影响的结论也存在差异性。从已有文献来看,若对人力资本不加以区分,平均人力资本对全要素生产率的提高具有促进作用,但是如果加以区分,中低等受教育者和高等受教育者对全要素生产率的促进作用又有差别。本章将进一步研究这些问题。本章对于租金分享、企业创新以及企业全要素生产率内在机制的研究,对于今后制定对企业的创新激励政策以及企业生产效率的提高具有重要的意义。

第三节　数据、变量定义及模型

一、数据来源

本研究使用的数据来自 2011 年 12 月至 2013 年 2 月期间世界银行在北京、上海、广州、深圳、佛山、东莞、石家庄等 25 个城市开展的投资环境调查,其目的是从政企关系、融资环境、市场竞争、基础设施和经营绩效等多个方面反映企业的经营投资环境。该调查采用分层调查法,分层标准包括企业规模、行业领域和地理位置,共涉及 2 700 家私营企业和 148 家国有企业,主要集中于制造业和服务业,涵盖了包括食品业、纺织业、服装业、化工业等 19 个行业。该调查的问卷所包含的变量十分丰富,除了利润、劳动力成本、雇员人数、资产规模等常规信息以外,还有企业创新行为、ICT 技术使用情况等。需要注意的是,尽管数据调查方声称该数据调查涵盖了 2011 年到

2013 年的企业状况,但是实际上数据中反映的主要信息仅集中在 2011 年,因此本章用以实证研究的数据是 2011 年的截面数据。

二、变量的选取及处理

本研究的被解释变量是企业的创新决策。基于不同的研究目的,现有文献使用不同的变量来度量企业的创新行为,这些变量包括研发投入(或人数)、专利申请或授予数目(Jaffe,1989)、新产品种类和数目(Audretsch,1988)、新产品产值或出口额(周维,2014)。这些度量有其各自侧重的方面:研发投入和人数常常被用于度量企业在研发方面投入的资金和人力资本;专利数目被用于度量企业研发成果;新产品种类和产值被用于度量创新绩效。由于本章希望了解租金分享对于企业创新决策的影响,因此我们根据问卷调查数据,将有创新投入的企业设为 1,没有创新投入的企业设为 0,定义为 rd。

本研究的核心解释变量是租金分享。曾有文献使用利润、Toin's q (Van Reenen. J, 1996)等作为租金的度量,这些度量的问题在于可能会产生内生性问题(Van Reenen. J, 1996)。在本章中,我们引入阿博德和勒米厄(Abowd and Lemieux, 1993)提出的准租金概念来度量企业的租金分享。准租金意指人均销售额与行业平均工资之差,表示当企业生产成本处于行业平均水平时,现有销售收入可为企业带来的利润水平上升,因此准租金与企业真实租金存在正相关关系。阿博德和勒米厄(Abowd and Lemieux, 1993)认为,相较于其他度量办法,基于以下原因,使用准租金的度量方法能够较好地缓解内生性问题。第一,劳动合同约束有效时,人均准租金是关于企业支付能力的较为准确的度量标准。准租金取决于企业的销售额和替代性工资,更容易测量。当雇佣量的产出弹性或者劳动替代弹性为常数时,准租金的系数无法通过人均销售额和替代性工资之差的变化来识别,重要的是,较大产品市场的冲击无法有效地转化为企业准租金的变化。第二,企业准租金系数可能与人均准租金的多少相关。第三,企业并不总是对与工会之间的讨价还价做出反应,当劳动需求几乎为常数时,真实的租金几乎不对产品市场的变化做出反应。第四,经证明(证明过程略),当有效合同假设放松时,对准租金系数的估计具有标准内生性,结果也是不一致的。

另一个核心解释变量是租金分享的另一方面:根据之前给出的租金定义,企业租金将以留存收益和劳动力成本的方式进行分配。依照国际劳工组织的定义,劳动力成本是指企业因雇佣社会劳动力而支付的费用,其范围不仅包括以货币形式表现的工资和薪金,还包括以物质或非物质形式表现的福利,如实物发放、社会保障、技术培训等。我们使用员工收入对劳动力成本进行度量。本研究询问了企业在调查年度包括工资、薪金、福利、社会保障支出等的劳动力总支出,因此与现有研究相比较,能够对企业的劳动力支出进行更加精确的度量。

本研究还确定了以下控制变量:

一是技术型工人占比。伊登和盖格(Maya Eden, Paul Gaggl, 2014)按照是否可以运用计算机技术进行替代将企业员工分为常规劳动力和非常规劳动力,其中常规劳动力指的是可以被计算机技术所替代的劳动力,非常规劳动力指的是不能被计算机技术替代的那部分劳动力。企业创新活动除了需要投入资金外,还需要投入足够的人力资本,技术型人才就显得尤为重要(Machin, 2001; Machin, Van Reenen, 1998)。此外,在租金分享的过程中,技术型人员往往会比非技术型人员有着更强的议价能力(Juhn, 1993)。以中国为例,研究者们经常将低技术工人受教育水平低、不了解如何进行议价作为中国工人议价能力低的原因之一(王忠,2007)。本次问卷调查提供了被调查企业中技术型工人的占比,我们也将其作为对企业创新决策的影响因素之一,之后还将把这一变量作为影响机制之一加以讨论。

二是盈利能力。如前所述,现有文献认为,现金流、留存收益等内源融资是企业创新活动的主要融资来源,而盈利能力则在是形成企业内源融资来源的一个重要途径,因此我们也对其加以控制。我们用调查数据中的企业利润总额除以员工人数,作为对企业的盈利能力的度量。

三是企业规模。自从熊彼特早期关注企业规模对企业创新行为的影响之后(Schumpeter,1934,1942),研究者在考察企业创新行为的决定因素时,大都会引入规模这一因素。如沃利(Worley,1961)、泽特(Soete,1979)发现企业规模与研发投入之间存在正向关系。科恩和克莱珀(Cohen and Klepper,1996)将这一正向关系解释为大企业所具有的较大生产规模和较高市场集中度能为研发活动带来成本分散(cost spreading)效应。谢勒(Scherer,1965)指出,企业规模可以用总资产、年销售收入或者职工人数来表示。在本章中,我们使用员工人数并对其取自然对数,来度量企业规模。阿吉翁(Aghion,2006)认为,尽管企业规模和创新之间存在正向关系,但当规模超出规模经济范围时,管理难度的加大以及效率的降低会使得企业创新能力有所下降,因此两者之间的关系可能表现为倒 U 型。考虑到这一点,我们同时还引入了企业规模变量的二次项。

四是资本密集度。现有文献将技术创新分为资本偏向型和劳动偏向型两种,企业的要素禀赋分布会影响技术创新是否发生以及如何发生。对于一个资本密集度较高的企业而言,假如潜在的技术创新是资本偏向的,那么较高的资本密集度会有利于这类创新的发生,反之反是。本章采用通行的度量办法,用企业资产规模除以员工人数,并对其取自然对数。

除此之外,本研究还控制了诸如行业、地区和所有制等因素。我们以食品行业作为基准,设定行业哑变量;将 25 个城市按照所在省份划分成东、中、西三个地区,以中部地区作为基准,设定地区哑变量;本数据将企业按所有制分成了国有、私营和外资三类,我们以国有制作为基准,设定所有制哑变量。

上述变量的描述性统计如表 5.1 所示。

表 5.1　有关变量的描述性统计

变量含义	变　量	观测值	均　值	标准误	最小值	最大值
人均创新投入	Rdper	2 608	103.32	1 353.50	0	60 000
劳动成本	Laborcost	2 648	12 200 000	169 000 000	200	8 400 000 000
人均利润	profitper	1 148	22.46	91.81	−369.33	1 605.28
技术型工人数	skilledproductionworkers	1 680	96.43	463.07	0	11 000
生产工人数	productionworkers	1 691	224.59	942.58	2	15 000
销售额	Sale1	2 694	161 000 000	1 320 000 000	100	40 000 000 000
企业规模	scale	2 699	180.46	1 048.61	0	30 000
资本密集度	capitalintensity	1 384	10.22	21.90	0	427.30

资料来源：2011 年世界银行对中国制造业企业的投资环境调查数据。

三、计量模型构建

本章的被解释变量为企业创新决策 0—1 哑变量，因此我们将选择 probit 二值响应模型进行估计。方程设定如（1）式所示：

$$P(Y=1/X_i)=\beta_0+\beta_1 QR+\beta_2 LI+\beta_3 SW+\beta_i\_F+\mu \qquad (1)$$

其中，方程左边的 $P(Y=1\mid X_i)$ 表示当解释变量为 X_i 时，Y 发生的概率。在方程右边，QR 表示准租金，LI 表示劳动力成本，SW 表示技术型工人占劳动力总人数的比例，F 指包括资本密集度、利润、企业规模、出口、所有制哑变量、地区哑变量以及行业哑变量等其他控制变量，μ 为残差项。

第四节　租金分享影响企业创新决策的实证检验

一、基本回归结果

表 5.2 报告了用 probit 二值模型对式（1）进行估计的结果。第一行为

被解释变量:企业的人均创新投入意愿,为哑变量。该表格将所有制成分、地区和行业因素处理成为控制变量。

表 5.2　probit 模型估计结果:租金分享和企业的创新投入意愿

VARIABLES	rddummy
quasirent	0.133 *
	(0.074)
laborcost1	0.008 **
	(0.004)
skilledproductionworkerratio	0.363 **
	(0.156)
lnscale	1.141 ***
	(0.248)
lnscale2	−0.085 ***
	(0.029)
profitpercapita	−2.356 *
	(1.364)
lncapitalintensity	0.255 ***
	(0.034)
地区因素	控制
所有制因素	控制
行业因素	控制
Constant	−2.412 **
	(1.224)
Observations	1 028

注:报告在系数值下括号中的为标准误,＊、＊＊、＊＊＊分别表示在 10%、5%、1% 的置信区间上显著。

如表 5.2 中所示,准租金对企业的创新决策存在正向影响,且在 10% 的置信水平上显著。准租金每增加 1 个单位,企业的创新投入意愿增加 13%。根据准租金的定义,这表明相对于行业平均工资而言,企业收益越高,企业的超额利润越大,企业投入创新的概率也越大。这一结果使得内源融资渠道有利于企业从事创新的结论从准租金的角度得到了支持。此外,从租金分享的另一个视角来看,我们发现,员工收入对企业创新决策也存在正向影响,且在 5％的水平上显著。这说明员工收入越高的企业,其投入创新的可能性也越大。

　　对于其他控制变量,我们发现,技术性工人占比对企业创新决策也存在正向影响,在 5％的水平上显著,这说明技术型人力资本越高的企业更倾向于创新。企业规模对企业的创新决策具有正向影响,并且在 1％的水平上显著,说明企业规模也影响着企业的自主创新能力,表明大规模企业具有更强的创新能力,这与之前沃利(Worley,1961)、泽特(Soete,1979)以及科恩和克莱珀(Cohen and Klepper,1996)的发现一致,规模的二次项呈负数,并在 1％的水平上显著,同时也支持了阿吉翁(Aghion,2006)发现的企业规模与创新之间的倒 U 型关系的结论。资本密集度的系数同样显著为正,这说明具有较高固定资产规模的企业更加倾向于从事创新,资本密集度越高的企业,企业人均资本水平越高,企业员工的创新意识和动力就越足。利润对企业的创新投入影响显著为负,这与现有文献大多得到的创新主要由包括利润在内的内源融资支持的结论并不相符,我们猜测这可能是控制了准租金之后导致的结果。

二、"人力资本激励创新说"成立吗？

　　如文献回顾中所述,员工收入的增加可能为企业用于创新的人力资本积累带来正向激励,从而有利于企业从事创新活动(Van Reneen,1996)。有充分的证据表明,从 1980 年开始,大约 20 年的时间内,在美国和英国,对技术工人的需求已经超过了供给,对技术工人的需求不断增大也使得技术工人的工资相对上涨,推高了劳动力成本,同时企业也更加愿意进行创新投入以应对不断上升的劳动成本(Machin,2001;Machin and Van Reenen,1998;Nickell and Bell,1995)。在这一部分,我们尝试构建准租金和技术型工人占比之间的交互项,并将其放入方程进行估计,这一交互项表示为 rentskilled,结果报告在表 5.3 中。

表 5.3　准租金与技术型人力资本的交互项

VARIABLES	(1) rddummy
quasirent	0.127*
	(0.074)
laborcost1	0.008**
	(0.004)
skilledproductionworkerratio	0.673***
	(0.221)
rentskilled	0.022**
	(0.011)
lnscale	1.145***
	(0.249)
lnscale2	−0.086***
	(0.029)
profitpercapita	−2.484*
	(1.352)
lncapitalintensity	0.256***
	(0.034)
地区因素	控制
所有制因素	控制
行业因素	控制
Constant	−2.549**
	(1.224)
Observations	1 028

注:报告在系数值下括号中的为标准误,*、**、*** 分别表示在 10%、5%、1%
的置信区间上显著。

　　我们可以看到,在表 5.3 中,准租金与技术工人占比的交互项系数为
0.022,且在 5% 的水平上显著。这表明,在准租金高的企业中,技术型工人
占比越大者更加倾向于从事创新。已有研究表明,技术型工人占比高可能
从两个途径影响企业创新:一是通过增加人力资本增强企业的创新能力,从
而直接促进创新(Nickell and Bell, 1995);二是技术型工人的增加同时也推
高了企业劳动力成本,间接促使企业通过创新提高产出,抵销劳动力成本增

加带来的负面效应（David，1975）。一方面，在企业内部，企业中积累的技术工人也在用自身优势推动企业进行创新，这部分工人比例越大，企业存在的创新文化和潜在的创新能力会促进其进行创新投入，企业也乐于雇佣这部分工人进行创新，以实现企业的转型或结构升级。另一方面，劳动成本的不断上升迫使企业去进行创新以节约劳动成本。我们的研究为上述结论提供了补充，即技术型工人要对创新形成积极影响，需要企业本身具备一定条件，如有能力在市场上获得足够多的超额利润。我们还发现，当交互项显著为正时，准租金和技术型工人各自的回归系数依然显著为正。

为了对技术性工人的研究进行补充，我们加入对劳动者受教育年限因素的分析，将样本企业内的工人按受教育年限分为高技能劳动力和低技能劳动力。平均受教育年限在 12 年及 12 年以下的工人，大部分为高中毕业及以下学历，我们将其设为中低技能劳动力；平均受教育年限在 12 年及以上的，多为大学及以上学历，将其设为高技能劳动力。如前面所说，企业中受教育年限长的工人人数越多，就越会促进企业的创新决策，而企业中受教育年限短的工人人数越多，就会对企业的创新决策产生负面影响。回归结果如表 5.4 所示。

表 5.4　按受教育年限划分技术型劳动力

	创新意愿 rd （1）受教育 12 年以上	创新意愿 rd （2）受教育 12 年及以下
quasirent	0.58**	0.06
	(0.29)	(0.08)
Skilledproductionworkers/ productionworkers	0.64	0.80***
	(0.42)	(0.30)
rentskilled	0.02	0.03*
	(0.02)	(0.01)
laborcost	0.01	0.02**
	(0.01)	(0.01)
profitpercapita	−3 565.98	−3 244.49
	(4 300.74)	(2 154.56)

	创新意愿 rd (1)受教育 12 年以上	创新意愿 rd (2)受教育 12 年及以下
lnscale	0.46	1.74***
	(0.42)	(0.39)
lnscale2	0.01	−0.16***
	(0.05)	(0.05)
capitalintensity	0.26***	0.30***
	(0.06)	(0.05)
直接出口	控制	控制
所有制份额	控制	控制
行业 industry	控制	控制
地区 location	控制	控制
观察值个数	340	995

注:报告在系数值下括号中的为标准误,*、**、*** 分别表示在 10%、5%、1% 的置信区间上显著。

从表 5.4 中我们可以看出,在工人平均受教育年限在 12 年以上的企业中,准租金对企业创新决策存在正向影响,准租金每增加一个单位,企业的创新意愿就增加 0.58,并且在 5% 的水平上显著。而工人受教育年限在 12 年以下的企业,租金分享对企业的创新意愿影响虽然为正,但是系数只有 0.06,影响相对很小,且不具有显著性。该结果验证了我们之前所说的,高技能工人较多的企业,企业需要支付更高的劳动成本,要降低劳动成本,企业就更加容易进行创新活动。

第五节　稳健性检验和扩展分析

一、工具变量检验

上述对租金分享影响企业创新决策的讨论可能存在内生性,这种内生性的来源之一是企业的自选择行为:如果企业本身就注重创新,更加愿意进行创新投入,那么这样的创新决策就并非由租金分享所致。在尝试解决这一内生性时,由于使用的是截面数据,我们无法像现有文献那样通过对租金变量取滞后变量来作为工具变量(周维,2014),因此将通过在问卷调查变量中寻找与租金分享相关、与创新不直接相关的变量来作为工具变量。

根据问卷中提供的变量,我们选择小时工资(hourly wage)、安保费用(total annual cost of security)和其他生产费用支出(Other cost of production)(意指除用地与建设支出和劳动成本支出以外的其他生产性支出)作为准租金(quasirent)的工具变量。根据定义,准租金是一种对企业所获超额利润的近似度量,而企业当中各类成本费用的支出必然会对超额利润水平造成影响,其中小时工资仅为员工收入的一部分,而这三项与企业是否进行创新投资的意愿并不存在直接关系。我们使用两阶段最小二乘法(2SLS)进行估计,结果报告在表5.5中。

表5.5 内生性检验:2SLS估计结果

	第一阶段	第二阶段
准租金 Quasirent(被工具变量)		0.188** (0.073)
小时工资 lnhourlywage(工具变量1)	−0.025 (0.064)	
其他生产费用支出 Othercostofproduction(工具变量2)	2.850*** (5.590)	
年度总安保费用 totalannualcostofsecurity(工具变量3)	2.110 (1.460)	
劳动成本 Laborcost1	0.000 2 (0.002)	0.001 (0.000 7)

	第一阶段	第二阶段
技术工人占比	0.094	0.123*
skilledproductionworkerratio	(0.145)	(0.058)
规模	0.305	0.240***
lnscale	(0.206)	(0.090)
规模二次项	−0.031	−0.014
lnscale2	(0.023)	(0.010)
人均利润	18.175***	−3.512****
profitpercapita	(0.382)	(1.351)
资本密集度	0.069**	0.063***
lncapitalintensity	(0.031)	(0.015)
所有制	控制	控制
行业	控制	控制
地区	控制	控制
观测值	847	
不可识别工具变量检验 Anderson canon. corr. LM statistic	34.872($p=0.000\,0$)	
弱工具变量检验 Cragg-Donald Wald F statistic	11.751	
过度识别检验 Sargan statistic	2.992($p=0.224$)	
DWH 检验	7.418($p=0.006\,6$)	

注:报告在系数值下括号中的为标准误,*、**、*** 分别表示在 10%、5%、1% 的置信区间上显著。

如表 5.5 所示,在第一阶段回归中,其他生产费用支出(Other cost of production)的系数为 2.85,在 1% 的置信水平上显著。在第二阶段回归中,准租金系数为 0.188,在 5% 的水平上显著。员工收入在第二阶段回归中也在 10% 的置信水平上显著为正。DWH 检验值为 7.418,p 值为 0.006 6,小于 0.05,在 1% 的置信水平上拒绝变量为外生变量的假设,故可以认为准租金为内生解释变量。不可识别工具变量检验 p 值为 0.000 0,强烈拒绝工具变量不可识别假设,说明之前的模型存在内生性。弱工具变量检验值

Cragg-Donald Wald F statistic 显示为 11.751，对于名义显著性水平为 5％
的检验，其真实显著性水平不会超过 10％，因而拒绝存在弱工具变量的原
假设。过度识别检验的 Sargan 值为 2.992，不能拒绝原假设，认为所选工具
变量与扰动项不相关，表明了所有工具变量均为外生的。综上，上述检验较
好地解决了内生性问题，证实了准租金对企业创新决策存在正向影响这一
结论是稳健的。

二、租金对不同规模企业创新行为的影响

实际上，不同规模企业的创新活动存在显著异质性，通常大企业拥有更
强的资金实力去承担研发项目费用，并且具有消化失败、承担风险的能力，
但规模不经济导致的复杂官僚体制也会对企业创新产生不利影响。相比，
中小企业往往更具灵活的创新机制、良好的政策支持和勇于冒险的企业家
精神，但是它们却存在技术、资金、人才和信息等创新资源不足的问题。因
此，规模不同的企业在面对劳动力成本上升、租金分享程度加大的问题时，
其创新行为是不同的。已有文献表明，不同规模的企业在创新行为上存在
差异。我们希望发现，在不同规模的企业创新决策中，租金分享是否起到了
作用？接下来，我们将 2 700 个工业企业分为规模以上企业和规模以下企
业，规模以上企业是指年度主营业务收入在 2 000 万元以上的企业，现有数
据中有 1 241 家企业，企业数量占全部企业的 46％，销售额占全部企业的
98％，而规模以下企业是指年度主营业务收入在 2 000 万元以下的企业，现
有数据中有 1 459 家企业，企业数量占全部企业的 54％，销售额占全部企业
2％。回归结果报告在表 5.6 中。

如表 5.6 所示，在第(1)列基准回归中，准租金在规模以上企业子样本
中的系数在 5％的置信水平上显著为正，在规模以下企业子样本中的系数
为负，但并不显著。由此可以看出，劳动力成本上升、租金分享程度加深会
有效激励企业进行创新投入。有研究表明，规模较大的企业更加倾向于从

表 5.6 租金分享对大、小规模企业创新行为的影响

VARIABLES	(1)		(2)	
	规模以上企业 rddummy	规模以下企业 rddummy	规模以上企业 rddummy	规模以下企业 rddummy
quasirent	0.157**	−0.065	0.150*	−0.124
	(0.080)	(0.564)	(0.079 9)	(0.570)
laborcost1	0.011**	−0.023	0.022 8	0.014 0
	(0.005)	(0.080)	(0.018 2)	(0.015 4)
skilledproductionworkerratio	0.303	0.547**	0.011 3**	−0.015 1
	(0.231)	(0.226)	(0.004 86)	(0.080 2)
Skilledrent			0.609*	0.750**
			(0.336)	(0.317)
lnscale	1.517***	0.925	1.498***	0.919
	(0.569)	(0.582)	(0.569)	(0.583)
lnscale2	−0.130**	−0.082	−0.128**	−0.082 1
	(0.056)	(0.083)	(0.055 6)	(0.083 4)
profitpercapita	−3.317**	3.161	−3.414**	3.538
	(1.560)	(9.947)	(1.526)	(10.02)
lncapitalintensity	0.291***	0.153**	0.289***	0.158**
	(0.044)	(0.062)	(0.044 0)	(0.062 5)
地区因素	控制	控制	控制	控制
所有制因素	控制	控制	控制	控制
行业因素	控制	控制	控制	控制
Constant	−3.318*	−3.223	−3.571**	−3.014
	(1.815)	(8.293)	(1.667)	(5.817)
Observations	520	508	520	508

注:报告在系数值下括号中的为标准误,*、**、*** 分别表示在 10%、5%、1% 的置信区间上显著。

事创新(Worley,1961;Soete,1979;Cohen and Klepper,1996)。我们的研究则为这一结论提供了新的视角。规模较大的企业占有的市场份额高,市场垄断程度强,从而获得的超额利润也越多。这使得企业有更强的能力应对创新带来的潜在风险,也更有利于企业在未来分摊创新成本。以本数

据调查为例,尽管规模以上企业数量少于规模以下企业,但规模以上企业的销售额占总销售额的98%。可以想象,规模以上企业的市场份额远远高于规模以下的企业。此外,在规模以上的企业子样本中,员工收入的系数也显著为正,这表明在规模较大的企业当中,较高的员工收入能为用于创新的人力资本提供正向激励,或对企业从事创新形成倒逼机制,最终有利于企业做出创新决策。这与内生增长观点和已有文献结果相符。在规模以下企业子样本中,员工收入系数同样为正,但是并不显著。

表5.6的第(2)列显示,引入准租金和技术型工人占比的交互项后,在规模以上企业子样本中,准租金依然在10%的置信水平上显著为正,准租金与技术型工人占比的交互项也在10%的置信水平上显著为正;而在规模以下企业子样本中,准租金系数为负,但并不显著,它与技术型工人占比的交互项在5%的置信水平上显著为正。这表明,无论在何种规模水平的企业中,准租金越高的企业雇佣更多的技术型工人都有利于促进企业创新。同时我们也发现,在引入交互项后,尽管都为正,但员工收入的系数在两种规模水平的企业子样本中都不再显著。

通过上述研究,我们知道,规模以下企业中员工收入系数虽然为正,但是对企业创新活动的影响并不显著。我们对规模以下企业的数据进行统计后,发现以下三点,或许能够解释为什么规模以下企业的创新动力不足:第一,规模以下企业中,高技能型劳动力比例过小;第二,规模以下企业中,工人接受日常培训状况较差;第三,公共部门对不同类型企业创新投入具有不均衡性。

首先,如表5.7所示,我们仍将调查数据中的生产工人划分为高技能劳动力和低技能劳动力。可以看出,中小企业劳动技能结构中,低技能劳动力所占比重明显偏大,缺乏相应高技能劳动力的充足供给,从而阻碍了企业的创新行为。

表 5.7　不同规模企业高低技能劳动力集中情况

	高技能劳动力企业占比	低技能劳动力企业占比
中小企业	0.09	0.20
大企业	0.12	0.20

资料来源:2011 年世界银行对中国制造业企业的投资环境调查数据。

其次,企业通过增加创新研发投入应对租金分享压力的上升,有赖于员工素质的提高,职业培训作为一种促进企业专用型人力资本积累的方法,对企业创新行为具有积极影响。我们使用调查数据中生产工人接受日常培训的百分比来进行研究,将规模以上企业和规模以下企业中生产工人 100% 接受日常培训的样本挑选出来,并将统计结果展示在表 5.8 中。可以看出,规模以下企业劳动力接受日常培训的情况相对较差,其比例显著低于规模以上企业,这导致规模以下企业难以通过改善其自身人力资源质量来增强创新能力、增加创新活动。

表 5.8　不同规模企业劳动力接受培训情况

	生产工人接受培训情况	非生产工人接受培训情况
中小企业	0.19	0.15
大企业	0.22	0.17

资料来源:2011 年世界银行对中国制造业企业的投资环境调查数据。

最后,我们调查了数据中规模以上企业和中规模以下企业的人均研发投入状况以及两种类型的企业获得国有银行或者政府部门借款的百分比数据。如表 5.9 所示,规模以下企业在创新研发投入方面远弱于规模以上企业,创新活动所需要较高的成本难以得到有效分散,规模以上企业的创新投入大约是规模以下企业的 24 倍。同时,在规模以下企业中,从国有银行或者政府部门的借款的企业仅占 7.74%,规模以上企业中从国有银行或者政府部门获得借款的企业占 15.67%,仍是远高于规模以下企业的。因此,公共部门创新投入向规模以上企业的偏倚进一步加剧了规模以下企业抵抗租金分享压力能力的不足,制约了中小企业的创新速度和创新投入。

表5.9 不同规模企业创新资金投入状况

	中小企业	大企业
研发投入均值(元)	9.22	217.02
获得国有银行或政府部门借款占比(%)	7.74	15.67

资料来源:2011年世界银行对中国制造业企业的投资环境调查数据。

三、租金分享对企业创新的影响存在地区差异吗?

区间差异是中国经济发展的一大特征,处在不同经济发展水平的地区的企业所面临的经营和创新环境也有着较大不同,因而可能会使得租金分享对不同地区的企业的创新行为产生不同的影响。问卷调查报告了企业所处地区,将企业区位划分为东、中、西三个地区,由于中部和西部地区的企业数量较少,所以我们将两个地区的企业情况合并,将企业样本按照所在地划分为东部地区企业和中西部地区企业两个子样本,并分别对之进行估计,结果报告在表5.10中。其中第(1)列为分地区基准回归结果,第(2)列为加入准租金和技术型工人占比交互项后的回归结果。

在表5.10中的第(1)列中,东部地区准租金对企业创新决策的影响更大,准租金系数为0.152,且在10%的水平上显著;在中西部地区的子样本回归结果中,准租金系数为0.58,虽然也为正,但并不显著。这表明,准租金的提高有利于促进企业创新这一效应在东部地区企业较为明显,在中西部地区并不明显。东部地区和中西部地区的企业在生产条件上就面临很大差异,实证分析结果显示,环境创新水平从东向西呈递减态势,东部地区环境创新弹性最高,中部和西部次之,中西部相差不大,全国的弹性反而比三者都低(宋立义,2013)。中西部地区的租金分享不能成为影响企业创新的主

表 5.10　分地区子样本回归

VARIABLES	(1)		(2)	
	东部地区 rddummy	中西部地区 rddummy	东部地区 rddummy	中西部地区 rddummy
quasirent	0.152*	0.579	0.141*	0.603
	(0.083)	(0.518)	(0.083 3)	(0.525)
laborcost1	0.006	0.011	0.006 04	0.011 5
	(0.005)	(0.090)	(0.004 83)	(0.009 11)
skilledproductionworkerratio	0.376**	0.295	0.765***	0.480
	(0.174)	(0.410)	(0.245)	(0.580)
rentskilled			0.026 8**	0.015 1
			(0.012 0)	(0.033 7)
lnscale	1.101***	1.394**	1.116***	1.383**
	(0.283)	(0.588)	(0.284)	(0.592)
lnscale2	−0.079**	−0.106	−0.080 9**	−0.105
	(0.033)	(0.065)	(0.033 3)	(0.065 4)
profitpercapita	−2.007	−12.71	−2.177	−13.33
	(1.351)	(10.27)	(1.351)	(10.44)
lncapitalintensity	0.223***	0.425***	0.222***	0.432***
	(0.038)	(0.089)	(0.037 7)	(0.090 9)
所有制因素	控制	控制	控制	控制
行业因素	控制	控制	控制	控制
Constant	−1.884	4.218	−2.008*	1.284
	(1.361)	(7.680)	(1.070)	(5.453)
Observations	765	263	765	263

注:报告在系数值下括号中的为标准误,*、**、*** 分别表示在 10%、5%、1% 的置信区间上显著。

要因素,技术和交通对企业创新的影响更大。东部地区企业中技术型工人的积累对企业创新投入的影响较大,因为东部地区本来就是人力资本较为集中的地区。第(2)列中,东部地区子样本回归结果的准租金与技术型工人占比系数在 5% 的置信水平上显著为正,而这一交互项在西部地区子样本中为正,但不显著。这表明,准租金越高的企业吸纳更高比例的技术型工人这一结论也在东部地区得到了支持。然而，员工收入这一变量在两个地区子样本中虽然均为正，但都不显著。

四、所有制差异影响了租金分享的创新效应吗？

考虑到经济转型因素，中国企业的另一大特征在于所有制差异带来的影响。奈特和李（Knight and Li，2005）发现，在中国国有企业中企业与职工之间存在着租金共享，企业盈亏是解释职工工资差距的重要因素。林等（Lin et al.，2010）研究发现，私有企业和合资企业比国有企业有更高的研发投资趋向。中国学者吴延兵（2014）比较分析了我国不同所有制企业的技术创新能力差异及其原因后发现，混合所有制企业的技术创新能力最强，国有企业的技术创新能力最弱，私营企业具有专利创新优势但整体创新能力有待提高，外商投资企业创新投入少但在新产品和劳动生产率上拥有显著优势，产权性质差异是导致国有企业、私营企业和混合所有制企业技术创新能力差异的主要原因。因此，我们按照企业所有制类型区分子样本，并分别进行估计，结果报告在表 5.11 中。需要说明的是，由于国有企业样本数据缺失较为严重，表 5.11 中仅报告了私营企业和外资企业的估计结果。

可以看到，与外资企业相比，私营企业中租金分享对企业进行创新投入的激励更大，私营企业子样本的基准回归中，准租金系数为 0.286，在 5% 的置信水平上显著。而在外资企业子样本的基准回归中，准租金系数为负，但不显著。在加入交互项的回归结果中，准租金与技术型工人占比的交互项的系数在私营企业子样本中为正，在 10% 的置信水平上显著，但在外资企业子样本中为正而并不显著。员工收入在两种所有制类型的企业子样本中都为正，但都不显著。综合来看，准租金对于私营企业的创新决策有积极作用，但在外资企业中并不明显。我们认为，导致这种差异的原因可能是外商投资企业依赖于母公司的技术转移是导致其在租金分享程度加深时减少创新投入，而非企业自身的创新活动所致（吴延兵，2014）。

表 5.11　分所有制子样本回归

VARIABLES	(1)		(2)	
	私营企业 rddummy	外资企业 rddummy	私营企业 rddummy	外资企业 rddummy
quasirent	0.286**	−0.558	0.277**	−0.796
	(0.118)	(0.486)	(0.116)	(0.520)
laborcost1	0.006	0.114	0.006 29	0.110
	(0.004)	(0.087)	(0.003 84)	(0.089 9)
skilledproductionworkerratio	0.360**	0.626	0.636***	2.356**
	(0.164)	(0.643)	(0.230)	(1.181)
rentskilled			0.019 3*	0.127
			(0.011 4)	(0.080 4)
lnscale	1.180***	−0.980	1.185***	−0.057 9
	(0.251)	(2.149)	(0.251)	(2.244)
lnscale2	−0.086 2***	0.128	−0.086 7***	0.019 6
	(0.029)	(0.286)	(0.028 8)	(0.298)
profitpercapita	−4.942**	25.81*	−4.998**	25.36*
	(2.112)	(15.28)	(2.057)	(15.01)
lncapitalintensity	0.273***	0.381**	0.274***	0.320*
	(0.035)	(0.178)	(0.035 7)	(0.184)
地区因素	控制	控制	控制	控制
行业因素	控制	控制	控制	控制
Constant	−1.138	−2.980	−1.285	−7.799
	(1.311)	(6.743)	(1.297)	(7.375)
Observations	972	77	972	77

注:报告在系数值下括号中的为标准误,*、**、***分别表示在10%、5%、1%的置信区间上显著。

通过上文的分析,本章发现,劳动力成本上升压力、租金分享程度大的企业更具有进行创新活动的意愿,其中技术型劳动力成本的上升、对企业租金的分享是导致企业进行创新活动的主要原因。规模以上企业、私营企业、东部地区的企业在面临劳动力租金分享的压力时,能够积极地进行企业创新,作为总结,表5.12展示了东部地区的规模以上私营企业中租金分享对企业创新决策的影响，可以看出，与表 5.2 相比，准租金的系数有了明显提高，从 0.13 上升到了 0.53，在 5% 的水平上显著，显著性也有明显提高，从 10% 提高到 5%。劳动成本的系数虽为正但是并不显著。这一结果为中国实施有差别的创新激励政策提供了一定参考。

表 5.12　东部地区大规模私营企业租金分享对创新行为的影响

	创新意愿 rd
quasirent	0.53**
	(0.31)
laborcost1	0.01
	(0.01)
skilledproductionworkerratio	0.31
	(0.31)
profitpercapita	−8 131.56**
	(4 012.44)
lnscale	1.99***
	(0.73)
lnscale2	−0.17**
	(0.07)
capitalintensity	0.33***
	(0.06)
直接出口	控制
所有制份额	控制
行业 industry	控制
地区 location	控制
观察值个数	315

注：报告在系数值下括号中的为标准误，*、**、*** 分别表示在 10%、5%、1% 的置信区间上显著。

五、租金分享产生的创新效应会影响全要素生产率吗？

上述研究说明了租金分享会影响企业的创新决策，创新的目的是推动技术进步,全要素生产率是衡量技术进步的重要指标。科学合理的创新决策对提高我国生产率回报率具有重要的现实意义。基于以上研究,我们也想进一步知道研发投入对我国制造业企业全要素生产率是否有显著的促进作用。接下来,我们将研究企业通过租金分享产生的创新效应对全要素生产率的影响。基于现有的计算全要素生产率的文献,本章基于扩展的柯布-道格拉斯生产函数,将研发生产函数设定为如下形式:

$$y_{it} = A_{it}F(L_{it}, K_{it}) \tag{2}$$

其中 t 表示时间,i 表示企业个体,y 表示企业总产出,文中选取数据中企业的销售总额来表示;L 和 K 分别表示劳动和资本投入,本章中劳动力投入 L 选用企业的劳动力人数来表示,资本投入 K 选用 2011 年末企业固定资产的账面净值表示;A 表示全要素生产率,A 不仅受研发投入的影响,还受到企业年龄、所有制、行业、地域的影响。根据式子(2)可以得到,

$$\ln(y_{it}) = \ln A_{it} + \alpha \ln(L_{it}) + \beta \ln(K_{it}) \tag{3}$$

所以,

$$\ln(TFP) = \ln(y_{it}) - \alpha \ln(L_{it}) - \beta \ln(K_{it}) \tag{4}$$

利用 OLS 对式子(3)得估计结果如下:

表 5.13　企业产出、劳动投入、资本投入之间的关系

	ln y
ln L	0.78 ***
	(0.02)
ln K	0.27 ***
	(0.02)
_cons	9.25 ***
	(0.23)

注:报告在系数值下括号中的为标准误,*、**、*** 分别表示在 10%、5%、1% 的置信区间上显著。

从表 5.13 可知,劳动投入的弹性为 0.78,资本投入的弹性为 0.27,要素投入之和为 1.04,接近于 1,满足规模报酬不变。本章研究研发投入与企业全要素生产率之间的关系主要基于 OLS 方法。我们选取企业年龄(age)、所有制因素、地区因素和行业因素作为控制变量,从而研发投入与全要素生产率之间的关系估计结果如下:

表 5.14　研发投入与全要素生产率之间的关系

	TFP
R&D	94.82 ***
	(28.74)
Age	0.02
	(0.003)
所有制因素	控制
地区因素	控制
行业因素	控制
观测值	1 163

注:报告在系数值下括号中的为标准误,* 、** 、*** 分别表示在 10%、5%、1% 的置信区间上显著。

表 5.14 显示,企业的研发投入对制造业企业存在正向作用,系数为 94.82,并且在 1% 的水平上显著,证明了之前文献中企业研发投入对企业全要素生产率具有正向促进作用的结论(Griliches,1980;Goto and Suzuki,1989;Wang and Szirmai,2003;Guellec,2004;Dolores,2007)。

根据上文得知,租金分享对企业的研发投入具有积极的影响,勒宁(Reneen,1996)也指出,租金可以作为企业研发投入的一个很好的工具变量,接下来我们用准租金作为企业研发投入 rd 的工具变量来进一步研究企业研发投入和企业全要素生产率之间的关系。2SLS 估计结果如下:

表 5.15　以准租金作为工具变量的估计结果

	TFP (1)	TFP (2)
R&D		1 248.96 ***
		(122.36)
Age	0.000 1 ***	−0.007
	(0.000 1)	(0.005)
Qusirent	0.000 2 ***	
	(0.000 01)	
所有制因素		控制
地区因素		控制
行业因素		控制
DWH 检验		$p=0.000\ 0$
不可识别检验 Anderson canon.corr. LM statistic		150.80 ***
弱工具检验 Cragg-Donald Wald F statistic		170.77
观测值		1 146

注:报告在系数值下括号中的为标准误,*、**、***分别表示在 10%、5%、1% 的置信区间上显著。

表 5.15 中第(1)列表示第一阶段估计结果,准租金对企业的研发投入具有正向作用,系数为 0.000 2,且在 1% 的水平上显著。第(2)列表示第二阶段估计结果,可见研发投入对企业全要素生产率存在正向影响,准租金系数为 1 248.96,且在 1% 的水平上显著,说明在超额利润水平较高的企业,研发投入越多,就越会促进全要素生产率的提高。可见,较高的租金水平是激励企业提高全要素生产率、合理利用和分配资源、促进经济增长的关键因素。DWH 检验结果显示 p 值小于 0.05,故可以认为 rd 为内生解释变量。而且不可识别工具变量检验 p 值为 0.000 0,强烈拒绝工具变量不可识别假设,说明之前的模型存在内生性问题。弱工具变量检验值为 170.77,因而拒绝存在弱工具变量的原假设。说明我们得到的结果基本上是稳健的。

同时，我们也对不同地区的全要素生产率进行了划分。表 5.16 显示了不同地区企业研发投入对企业全要素生产率提高的影响，仍以准租金作为工具变量。东部地区企业的研发投入对企业全要素生产率的影响是积极的，且在 1% 的水平上显著。中西部地区的企业的研发投入对全要素生产率的影响虽然为正，但是并不显著。结果表明，不同地区企业的研发投入对企业全要素生产率的影响具有差异性。我们认为这是因为东部地区的租金水平比中西部地区普遍较高。

表 5.16　划分地区的基础上研发投入对全要素生产率的影响

	TFP 东部地区	TFP 中西部地区
R&D	922.32***	38 047.96
	(95.16)	(156 655.6)
Age	−0.01	0.02
	(0.01)	(0.22)
所有制因素	控制	控制
行业因素	控制	控制
观测值	854	292

注：报告在系数值下括号中的为标准误，*、**、*** 分别表示在 10%、5%、1% 的置信区间上显著。

六、替代创新变量稳健性检验

为了验证结果的稳健性，我们用"企业是否有引进高新技术和设备"代替"企业是否有研发投入"，作为模型的被解释变量。企业是否有引进高新技术和设备的解释为，过去三年，企业参与创新活动的类型，为了产品和生产过程创新参与创新活动，是否引进高新科学技术和设备。我们设哑变量，引进高新技术和设备设为 1，没有引进高新技术和设备设为 0。回归结果如表 5.17 所示。

表 5.17　probit 模型估计结果：租金分享和企业引进新技术和新设备的意愿

	是否有引进高新科学技术和设备
准租金	0.33**
quasirent	(0.08)
劳动成本	0.01
laborcost	(0.002)
技术工人占比	−0.03
Skilledproductionworkers/productionworkers	(0.15)
人均利润	−4 674.18**
profitpercapita	(2 085.15)
规模	0.56***
lnscale	(0.21)
规模二次方	−0.03
lnscale2	(0.03)
资本密集度	0.31***
capitalintensity	(0.04)
直接出口	控制
所有制份额	控制
行业 industry	控制
地区 location	控制
观察值个数	1 022

注：报告在系数值下括号中的为标准误，*、**、*** 分别表示在 10%、5%、1% 的置信区间上显著。

可以看出，替换被解释变量以后的回归结果与上文第一阶段回归结果保持一致，准租金对企业引进高新技术和设备的意愿影响为积极的，租金分享系数为 0.33，较之前所得到的结论有所提高，并在 5% 的水平上显著。结果证实，企业租金水平越高，企业更加愿意进行创新活动。劳动力成本对企业创新决策的影响为正，但是并不显著。结果仍然支持，规模对企业的创新活动决策存在正向影响，并在 1% 的水平上显著，说明规模越大的企业越趋向于进行创新活动，只是规模二次方的系数与之前结论相反，并不再显著。

资本密集度对企业进行创新活动的影响为正并在 1% 的水平上显著。由于本研究所使用的调查数据所限，替代被解释变量的稳健性检验的结论基本符合我们之前所得出的研究结果。

第六节　本章小结

创新是一个民族进步的灵魂，企业是经济发展的主体，科技进步、宏观经济结构的转型都离不开企业的创新活动。一方面，企业进行创新，就必须有超额利润的支持，越来越多的研究证实，为了避免正外部性和不确定性，企业的内源融资成为企业进行创新活动投入的主要来源，超额利润越来越成为企业进行创新决策的关键因素。但另一方面，随着中国人口结构发生新的变化，劳动力数量供不应求，劳动力成本不断上升，社会劳动保障体系不断健全，加上工人对自己权益保护意识增强，使得企业的一部分留存收益受到侵占，为适应发展需要，企业对高技能劳动力需求的增多，更是加剧了对留存收益的挤占，继而会导致影响到企业的创新决策和全要素生产率的增长。本章通过使用 2011 年 12 月至 2013 年 2 月世界银行对 2 700 个中国制造业企业实施的投资环境调查数据，引入准租金概念，对工人与企业之间的租金分享是否会对企业的创新投资决策产生影响进行了深入研究。我们可以得出以下主要结论。第一，准租金高的企业更加倾向于从事创新活动，这表明企业获取的超额利润越多，就越趋向于进行技术研发等创新投入。第二，员工收入高的企业也更加倾向于创新。这是因为员工收入的提高一方面能够为企业员工提供激励，以便积累更多可用于创新活动的人力资本，另一方面，较高的员工收入增加了企业的成本支出，倒逼企业投入创新。第三，准租金越高的企业通过雇佣更多的技术型工人，也能够促进企业从事创新。这是结论二的一个推论，即准租金较高的企业能够通过向技术型工人支付较高的报酬来吸收更多的技术型工人,从而更有可能从事创新。第四,规模越大的企业越容易从事创新。在控制行业等因素后,企业规模与企业创新意愿呈显著的正相关关系。东中西部受到创新环境不同的影响,租金分享对企业的创新投入的影响依次递减,在东部地区影响最大,在中西部地区影响较小。租金水平较高的私营企业创新投入意愿更强,外资企业创新投入意愿弱且租金分享对其有负向影响,我们认为这是产权性质差异导致的,且外资企业因为母公司的技术转移而减少创新投入。第五,通过租金分享进行的企业创新研发投入的增加会促进企业全要素生产率的提高,企业研发投入是企业全要素生产率提高的主要驱动因素。分区域研究证实,不同地区企业的研发投入对企业全要素生产率的影响具有不平衡性,我国东部地区企业的研发投入对企业全要素生产率的提高具有显著的积极影响,而在中部地区影响则不显著。

上述研究结果表明,在创新激励政策的制定时,应针对不同规模企业、不同地区企业和不同类型企业,采取差异化的激励政策措施。为促进中国制造业转型升级和结构调整以及顺利实施创新驱动发展战略,本研究提出如下建议:

第一,企业创新收益分享关系到经济共享性、工资收入差距和创新投入可持续性的重要问题。本章探讨国内企业劳动力市场的情况,在验证之前研究的基础上,得出以下结论:一方面租金分享会影响企业的创新投入意愿;另一方面,劳动力成本上升,尤其是技术型劳动力成本的上升,使得租金分享程度加大,影响到了企业的创新投入意愿。同时,正是租金分享比例日渐上升迫使企业不断寻找降低劳动力成本的方法,通过创新取代过快增长的劳动力成本支出。企业劳动力成本的提高主要来自技术型劳动工人工资的提高,技术型劳动工人与非技术型劳动工人之间的劳动收入差距将进一步扩大,应当加大对非技术工人的教育和培训力度,大力提高非技术型劳动工人的工资收入。

　　第二，从微观层面而言，制造业为劳动密集型产业，迫于人工成本的压力，将不得不进行竞争力调整，这种调整可以分为两个方向：一是不断提高劳动生产率，以弥补劳动力供给不足和工资上涨带来的生产负效应；二是注重创新能力的提升。同时，企业也将不断调整生产经营方法，在注重获得超额利润的同时增加创新科研投入，以技术创新来弥补劳动力成本上升带来的影响，同时也要平衡工资与利润之间的租金分享问题，严格租金分享机制，租金分享制度透明化，激励企业家创新投入，保持员工积极参与创新，激发工作热情，员工参与创新收入的分享有助于创新效率及生产率的提高，这种效率的提高需要足以抵消员工分享收益对创新投入的扭曲作用。随着我国经济的发展，工业企业生产过程中的要素投入成本也在不断增加，单纯依靠廉价的要素投入获取利润的方式已经难以持续，未来只有依靠技术创新、提高企业的创新才可以在激烈的竞争中获利。

　　第三，加强中小企业工人的劳动培训，提高中小企业工人的劳动技能，企业劳动力结构对企业进行研发投入的激励效果有显著的影响，为了促进中小企业的创新活动，就必须提高劳动力的技能水平，鼓励劳动者提高自身技能、参与技能培训，政府应加大技能培训投入，提高劳动者接受教育的意识。应制定直接面向中小企业的创新补贴政策，鼓励中小企业加大创新投入，设定专门为中小企业创新项目提供支持的补贴和优惠政策，切实帮助中小企业改善创新活动资金不足的问题。

　　第四，不断改善中西部创新环境，需要为中西部创新提供便利条件，这样才能缩小地区差异。规范东部地区的租金分享机制，激励东部地区的企业进行创新活动，完成企业的转型和升级。利用中国经济发展不平衡性特点，加强中西部地区产业承接的能力，加强中西部地区的基础设施建设，使得东部地区技术含量低但对经济发展仍有重要支持作用的劳动密集型企业向中西部地区转移，因为这样不但可以优化东部地区的产业结构，还可以促进中西部地区经济的发展。

第五，为提升我国不同所有制企业的技术创新能力，应该继续深化国有企业改革、优化私营企业的经营环境，激励跨国公司在我国建立研发基地。对于具有一定竞争性特征的国有企业，应当适当引入竞争机制，降低相关财政补贴，依靠市场机制加强国有企业的自生能力和创新能力，同时，对民营企业、一部分中小企业融资难的问题，政府应加强政策制定，使得民营企业能够与国有企业一同竞争，促进企业创新活动。

第六，进一步加强企业的研发投入活动。企业的研发投入是促进企业生产效率提高的关键，对东部地区研发投入高的企业制定进一步发展的优惠政策，对东部高新技术企业放宽优惠限制，大力支持其发展；对于中西部地区企业，政府应鼓励其进行创新投入，促进企业的产业升级及转型，引导更多的企业到中西部地区进行投资，鼓励中西部地区企业走以第三产业为主的高新技术发展之路，促进企业生产效率的提高。政府也可以仿照美国等国建立重大研发活动的事后补助基金，当一些企业在产业创新活动取得重要成绩或者在某一产业科技领域取得重大突破时，政府可给予其比较大的时候补偿或者奖励，政府也应该在企业将重大创新成果转化为实际生产率时进行事后补偿。

本研究对已有文献是一个较好的补充。现有文献或讨论留存收益等内源融资对于企业创新的影响，或讨论劳动报酬对企业创新活动的影响，缺乏对将两者联系起来的机制的探讨。当前，中国经济正在面临转型，企业一方面有技术创新和产业升级的需要，另一方面也要面临经历了"刘易斯拐点"后劳动力相对短缺、劳动力成本上升的现实。如果按照现有研究结论，劳动力成本上升将挤占企业本来可以用于创新的内源融资来源。本章的研究结论认为，对于在市场上能够获得准租金的企业有可能兼顾这两方面的目标，将准租金在企业和员工之间进行分配，一方面为企业提供创新所需资金，另一方面为技术型员工提供正向激励，为企业投入创新活动和实现产业升级创造条件。

　　此外,本研究的不足之处也是明显的。首先,本研究使用的是截面数据,这使得我们在验证准租金与企业创新决策之间的因果关系时存在一定局限性。尽管我们通过内生性检验验证了结论的稳健性,但是由于我们无从知晓变量发生变化的先后次序,因此相关结论还有待更加完善的数据来加以进一步验证。其次,我们的研究结论认为,准租金的存在能够同时解决企业用于创新的资金问题和人力资本问题。但是,这一结论仅适用于有能力获取这一准租金的企业,对于还不具备获得准租金能力的小型企业而言,如何为这部分企业提供创新激励仍然需要进一步研究。

第六章
贸易结构变化对我国劳动议价的影响

第一节 导 言

自中国推行改革开放以来,随着国际贸易规模的不断扩大和 FDI 流入的持续增长,中国经济的全球化水平获得了极大的提升。根据《中国统计年鉴》,我国外贸依存度从 1978 年的 9.8% 跃升至 2007 年的 62.5%,进出口贸易总额也从 206.4 亿美元上升到 21 765.7 亿美元(唐东波,2012)。虽然近年来增幅放缓,2018 年外贸依存度降至 33.7%,但进出口总额仍高达 30.51 万亿美元。在我国的对外贸易当中,加工贸易无疑是主力军。1981 年,我国加工贸易进出口额为 26.4 亿美元,仅占我国进出口贸易总额的 6%。1995 年,加工贸易进出口比重首次超过一般贸易,并保持了快速增长。截至 2012 年,虽然加工贸易所占比重有所回落,加工贸易进出口总额仍旧高达 12 621.5 亿美元,占进出口总额的 27.3%。

一方面,对外贸易,尤其是加工贸易的飞速发展,为数以亿计的农业人口提供了就业机会,劳动力的大规模流动带来了中国历史上最大规模的城市化(赵明亮,2011)。另一方面,中国的劳动关系也经历了一段恶化的时期,日益加剧的劳企矛盾呈现出难以调和之势(蔡昉,2012)。正如夏小林(2004)所述,"开放的经济在发展过程中也再生产和扩大再生产了与自身相适应的存在内在矛盾的劳动关系"。近年来,随着我国经济社会的发展,尤其是在"小康型"社会建设全面推进过程中,劳企之间的矛盾日益激化,各类劳企纠纷极端事件日益增多,已成为影响社会稳定的重要因素之一(王明亮,2013)。

在可预期的未来,我国对外贸易程度将进一步加深。同时,由于经济全球化的发展导致越来越多外企进入中国等发展中国家,国内企业不但面临内部市场竞争,还要面对激烈的国际竞争,SA8000 等国际标准的普及将在无形中加速国内劳动关系的紧张趋势。对此,我们希望通过深入分析对外贸易结构,尤其是其中的加工贸易变化对我国劳动关系产生的影响,加深对开放条件下的劳动关系的理解,寻求通过贸易结构的改善来缓解劳动争议,构建和谐的劳动关系。

本章后面的结构安排如下:第二节为文献综述,对国内外当前劳企争议研究进行梳理;第三节交代本章使用的变量、数据来源与计量模型构建;第四节分析计量结果;第五节对之前估计结果的稳健性进行检验;第六部分是小结。

第二节　对外贸易及其结构影响劳动关系的文献综述

一、对外贸易影响劳动关系的相关文献

随着全球化的纵深发展,各国的学者开始将研究的方向着眼于劳动权利保护的问题。然而,在贸易开放同劳动权利之间存在何种影响以及通过何种机制的问题上,学界并没有达成一致的结论(Gallagher,2005;Hafner-Burton,2005)。一些学者(如 Kucera and Sarna,2004;Gelleny,& Sacko 2001)认为贸易对劳工标准具有显著的促进作用,有助于提升劳动者的地位,保护劳动者的权益,改善劳动者的处境,提升福利以及工资,有助于缓和

劳企矛盾,减少劳企争议,对劳动权利具有"螺旋上升"的正效应。从 20 世纪 80 年代起,发展中国家通过大力发展对外贸易来拉动经济,贸易开放通过增加消费、促进长期的经济增长等实现劳动权利的提升,从而对发展中国家劳动标准的提升作出非常大的贡献(Garrett,2000)。

现阶段,对劳企争议的研究,主要从贸易的宗主国与东道国的异质性来探讨其对国内劳企争议的影响。这一研究方向主要从两个角度来着手:一是"发达国家同发展中国家的贸易对发达国家的劳企争议的作用机制"(Eric Neumayer and Indra de Soysa,2007);二则是强调"发展中国家同发达国家开展贸易对发展中国家劳动争议的影响"。归根结底,这类研究主要为南北贸易分别对南方和北方国家国内的劳企争议产生何种影响。

克里什纳和森西斯(P. Krishna and M. Z. Senses,2012)指出,南北贸易中,发达国家由于较高经济发展水平所引致的高劳动工资、较强的工会议价所带来的高劳工待遇与更短的劳动时间,从而使得劳动力成本居高不下,面对发展中国家低劳动成本生产的产品所带来的冲击,传统行业尤其是制造业,或被迫降低劳工成本以求生存,或诉诸技术创新以求成本降低,或被淘汰而濒临破产。在竞争倒逼传统企业改革的过程中,处于利益相对面之间的劳企双方的矛盾日益激化,以工会为首的劳工组织不断付诸谈判、发起抗议乃至掀起罢工。巴斯(Busse,2004)在其研究中,采用美国非政府组织自由之家所测度的公民权利作为强制劳动和工会权利的代理变量进行研究得出,人均 GDP、教育水平同劳动权利的保护呈正相关,但是贸易依存度同以公民权利为代理变量的劳动标准却呈负相关,简而言之,贸易开放损害了公民的权利。

对于南北贸易中的发展中国家来讲,经济水平的落后加之强大的人口基数,带来劳动力成本的低下,在国际贸易的竞争中,形成了明显的人力成本优势,有鉴于此,巴斯(Busse,2002)发现,一个国家中非熟练劳动密集型产品的出口占总产品出口的比重越高,折射出这个国家在劳动力成本上的更大的相对优势,社会中强制性劳动就越普遍、工会化程度往往越低,劳动权利的保护越匮乏。

莫斯利和乌诺(Mosley and Uno,2005)借鉴库塞拉(Kucera,2002)的研究中所采用的方法与测度标准,将样本所覆盖的范围扩大至 90 个国家,同时将数据时间跨度也扩大至 1985—2002 年的 18 年。他们发现,全球化对劳动权利的保护影响效应并不一致。贸易依存度的增加并没有促进劳动权利的改善,相反却起着抑制作用。

当然,全球化对劳动权利的保护也具有负面的效应。跨国公司之所以选择外包生产,主要是为了降低劳动成本,那么为了实现对自身成本的控制,跨国公司必然会倾向于选择劳动成本较低的国家,这会使得国家间为吸引资金的流入而激烈竞争,抑制工会开展工作,打击集会活动,使得劳动权利得不到保障,劳企之间的矛盾不断激化(Drezner,2001)。在跨国实证研究中,罗德里克(Rodrik,1997)的结果也表明,国家为了吸引外资、提升自身的国际竞争力,往往以牺牲劳动福利为代价,损害劳动者的基本权利,劳动争议不断。此外,有研究(Layna Mosley & Saika Uno,2007)从集体劳动权利入手,通过国家间的面板数据得出以下结论,即经济的开放程度与集体劳动权利呈现显著的负效应,进出口的增长似乎并未惠及劳动权利的提高;此外,在加入地区间竞争指标后再次度量的结果显示,竞争同集体劳动权利的保护也呈现出负效应,国家在追求国际竞争力的同时,往往以牺牲劳动权利为代价,形成了"竞次"(race to the bottom)的局面,劳企之间作为对立的主体,似乎难以实现双赢。

从 20 世纪 70 年代开始,随着劳动力成本的逐步提高,制造业资本从欧美发达国家和新兴工业化地区,通过"外包制造"的方式涌向劳动力资源丰富的亚洲、拉美和非洲的发展中国家。建立出口加工区,并提供税收优惠、廉价的劳动力,弱化政府对"劳动体制"的干预,成为这些国家吸引外资流入的主要方法。虽然这些国家竭力解决劳企争议,缓和劳企矛盾,但是效果甚微(Kuruvilla,2002)。资本在全球流动追求利润最大化的活动造成了工作条件和劳工利益的"竞次"(Ross & Chan,2002;Chan,2003;Aguirre & Reese,2004)。在欧美发达国家大量雇佣移民工的行业和在发展中国家的出口加工区中的重现集中反映了这一趋势。强迫性劳动增加、就业歧视(Eric Neumayer and Indra de Soysa,2007)、使用童工问题严重,结社和集会权利受到抑制,工作条件恶劣、无报酬加班、职业伤害和职业病、工资过低等问题成为学者广泛关注的"血汗工厂"问题,劳企争议频发,为社会所诟病。

作为影响劳企争议的重要因素,国内外学者都对工会同劳企争议进行了广泛的研究。库拉维加(Kuruvilla,2002)考察了亚洲七国 20 世纪 90 年代劳动关系的变化,试图找出亚洲发展中国家与西方发达工业化国家劳动关系的异同。库克(Cooke,2002)对改制企业的案例研究表明,国企产权的变化使得劳企双方的利益鸿沟日益扩大,加大了劳动争议发生的可能性。巴德(Budd,2010)强调了工会覆盖率等指标对劳动关系的影响。周业安、赵坚毅和宋紫峰(2007)从我国转型时期劳动权评估和保障的角度对劳动市场的状况进行了比较细致的研究。徐晓红(2009)借鉴国外劳动争议发展的历史情况,假设我国劳动关系变化趋势遵循发达国家的演化路径,同时将影响劳动争议的因素进行了分类。王湘红(2010)等对影响劳动争议案件的原因进行了定量分析,认为工会覆盖率与失业率等指标都对劳动争议产生影响。

二、国内对于劳动关系影响因素的研究综述

国内对于劳动关系影响因素的研究多着眼于劳动争议案件的数量,较少从贸易的视角着手。总结起来,目前国内学者在劳企争议研究中的贡献主要集中于以下几点:

第一，经济全球化下的外商直接投资。这种观点认为，资本全球性流动以及全球性生产体系的形成加剧了劳动者对资本的依赖性，强化了资本力量对劳动者的控制。资本在全球流动追求利润最大化造成了工作条件和劳动者权益的"向下竞争"。从李向民（2009）的研究中可以看出，政府的政策、实际 GDP 及实际工资水平对外商直接投资进入中国具有实质性的影响，由于工会力量缺失，其对外商直接投资的影响不显著。但外商直接投资对工会力量、劳企争议数量却有显著影响，随着外商直接投资的不断增加，工会专职干部比例减少，产均劳企争议则呈扩大趋势。但是由于研究中产均劳企争议变量的数据较少，为了不影响检验功效，在检验劳动关系对外商直接投资区位影响时，该研究舍去该变量，仅对工会会员密度、工会专职人员比例和影响外商直接投资的其他因素进行分析，因此其结果并不能有效地评估外资的流动对劳动争议的影响。

第二，城乡间差异。中国经济的城乡二元结构使得中国的劳企矛盾问题更趋复杂化。中国的劳企争议不仅在不同所有制企业中存在各自的特征和区别，而且在不同身份的工人之间也存在不容忽视的差异（李强，2002）。这种观点指出，由于农村劳动力剩余和城市企业冗员同时存在，进城农民工与城市劳动者，特别是那些非熟练工人之间存在竞争关系，因此，城市政府以户口状况作为合法依据和识别手段，对农民工采取实用主义的态度，对城市居民就业进行保护。蔡昉等（2001）通过经验研究发现，根据城市就业压力的周期性变化，城市政府对农民工交替采取默许接受和明确排斥的政策。姚先国等（2004）在 Mincer 工资决定方程的基础上增加性别、培训作为人力资本解释变量，增加劳动合同、工会会员、企业规模以及企业所有制性质作为企业特征解释变量，运用 Blinder-Oaxaca 分解方法将城市工与农民工之间的劳动关系户籍歧视计算出来。其结果发现，中国劳动力市场上不仅存在相当大的工资收入城乡户籍差异，而且在就业岗位、福利待遇、工作条件、劳动合同、工会参与等劳动关系各方面也是如此。在劳动力无限供给的二元经济发展阶段,城乡居民之间仍然存在较强烈的利益对峙。城市居民所具有的较强的谈判能力或政策影响力,使其在利益博弈中处于优势地位,这也是城乡劳动争议发生的重要原因之一(Wang & Cai, 2010)。

第三,地方政府的资本偏好。这种观点认为,地方政府追求经济增长压低或压倒了协调劳动关系的公共管理目标与行为,政府向自身利益和雇主利益倾斜,导致劳企关系失衡。李亚雄(2006)的研究指出,在完全市场作用下,资方或管理方本身就具有较强的力量与权力。这种力量与权力无疑需要法律、政府的劳工政策、工会等因素的制衡。但是,在加工贸易企业中的普遍现象却是,资方具有权力-关系双优势,地方政府保护投资优先于保护弱势群体的权益,工人具有市场与结社力量的双重弱势,这样就很容易形成对外贸易企业失衡的劳动关系模式。

第四,民营企业的劳动制度不规范。劳动关系的不平衡实际上反映了双方力量及资源的不平衡。常凯(2005)认为,劳企力量对比极端不平衡是劳动关系失衡的深层原因。我国劳动者,特别是私营企业的劳动者,在资本面前尚未形成有组织的社会力量。夏小林(2004)对浙江省私营部门劳动关系进行研究后发现,存在严重的雇主单方支配工资和劳动条件的"垄断因素"的劳动关系,反映了劳动市场由买方雇主主导的特征,私营部门中的许多雇工,在面对劳动合同、工资、劳动时间、工作安全条件、社会保障等方面的权益时,议价能力非常之低。随着民营经济的发展,劳企矛盾日益凸显,姚先国(2005)基于对浙江省民营企业数据的研究,描述了劳动关系的基本态势,阐述了劳企纠纷的若干特点,分析了劳企冲突产生的内在机理。该研究指出,在经济转型时期,民营企业的劳动关系,与其说是"强资本、弱劳动",不如说是相对的弱资本与绝对的弱劳动,在劳动关系中,劳动者始终处于绝对的弱势地位,权利难以得到保障。

第五,综合因素论。这种观点认为,全球化生产、国家制度安排、地方性实践。蔡昉(2012)使用31个省市1999年至2008年宏观和微观两方面的数据,来研究影响中国劳动争议的主要因素。在文章中,蔡昉主要探讨了人均GDP以及出口份额对劳动争议的作用,通过建立模型进行分析研究得出以下结论:人均GDP和出口份额对劳动争议具有显著的正效应。文章指出,在出口份额较高的地区,人民有更多的就业机会,劳动者的议价能力相对较强,此外,劳动者对劳动法律以及规则有更为充分的了解,在遭遇就业歧视或者待遇不公平现象时,更倾向于付诸劳动维权而非简单的辞职,劳动争议的发生率也更高。另外,蔡昉的研究中还发现,在出口型导向型企业中,劳动者普遍享有更高的工资水平以及福利待遇。

另外,蔡昉(2012)的研究还将城乡差异、性别、年龄、受教育水平、劳动合同、行业、企业的类型以及地区因素加入模型,探讨这些因素对劳动争议是否存在显著的影响作用。结果显示,城乡差异、性别、年龄、是否有劳动合同、劳动者所处的行业、企业的类别等对劳动争议并不存在显著的作用,但是,劳动者的教育水平对劳动争议存在显著正效应,劳动者教育水平越高,越懂得维护自身权益,从而劳动争议的发生率更高。

此外,刘林平(2011)基于对珠三角和长三角地区外来工的问卷调查,从微观的角度考虑工资、劳动合同与工作环境等变量,并且加入最低工资等制度性的因素,进行深入研究后发现,社会、文化、制度等因素的不同,也同样会影响不同经济区域的劳动关系,因而指出,研究劳动关系应该有"地域—社会—文化"的思路。但是,这种研究既不属于宏观也不属于微观,对于研究我国现阶段的劳动争议只有参考意义。

综合以上各方面的研究,我们可以看到,更多的学者将研究的重点放在工资、工会、私营企业等方面,对于贸易与劳动争议的研究则少之又少。本章将研究的重点着眼于全球化对我国劳企争议的影响。

第三节　数据、变量与模型

一、数据来源

本研究着眼于对外贸易与加工贸易对劳企争议的作用,所采用的数据主要是由《中国统计年鉴》《中国劳动统计年鉴》《中国工会统计年鉴》《中国贸易外经统计年鉴》以及各省统计年鉴整理而成的省际面板数据。其中,加工贸易的数据是从分省统计年鉴中提取而来的。由于分省的加工贸易数据在 1998 年之前存在不同程度的缺失,此外,来自劳动统计年鉴的劳动争议发生的案件数在 1998 年前后的统计口径不一致,故而我们的数据期为1998—2018 年。另外,为保证数据口径的相对一致性,西藏、海南、重庆不包括在内。

二、变量设定

本研究的被解释变量为劳动争议发生率。劳动争议反映了劳企双方矛盾激化的结果,是劳动标准、劳动条件以及工资等影响劳动关系诸多因素综合作用的直接体现。在本章中,劳动争议的数据提取自《中国劳动统计年鉴》中"劳动争议当期受理案件数"的相关数据。在本章的度量中,采用劳动争议发生率而非劳动争议所涉案件的绝对数,主要是考虑到随着就业人数的增加,劳动争议的数量也水涨船高,因此绝对数并不能体现劳动争议随时间变化的趋势,因此使用劳动争议发生率可以剔除掉就业人口增加所带来的影响(蔡昉,2012)。其中,劳动争议发生率的计算如下:

$$\text{pdispute}_{i,t} = \frac{\text{劳动争议案件中所涉及劳动者人数}_{i,t}}{\text{就业总人口数}_{i,t}} * 100 \tag{1}$$

其中，pdispute$_{i, t}$代表i省在t年的劳动争议发生率。就业总人口数来自《中国统计年鉴》的劳动力就业人口总数。

本章重在研究贸易对劳企争议的影响，基于此，本章的核心解释则为对外贸易依存度指标（openness），通过计算某个地区进出口总额占GDP的比重，衡量一个国家对贸易的依存程度。正如前面所说，对外贸易同劳动争议之间的关系存在非常大的不确定性。莫斯利和乌诺（Mosley and Uno, 2007）的研究指出，贸易对劳动权利之间存在负的效应，对贸易依赖程度更高的国家，为了维持在国际市场上的出口地位，其劳动标准往往呈现出降低的趋势。而不久前，诺伊迈耶和德索伊萨（Neumayer and de Soysa, 2006）的研究结果却恰恰相反：贸易不仅可以促进劳动标准的提高、改善工人的处境，还有助于调和劳企之间的矛盾、降低劳企争议的发生。那么，对贸易依存程度非常大的中国，贸易对劳企争议的影响又是如何呢？这也是我们本章的研究中所试图解决的重要问题。

计量模型中还包含如下控制变量。

第一，工会化程度（union）。工会在维护劳动权益、解决劳企纠纷中的作用不言而喻。根据我国当前的制度安排，劳企双方在因为利益关系出现分歧时，首先应当通过工会的渠道进行调解，如若工会调解劳企双方达成一致，分歧得以解决，那么本研究中的劳企争议就不会形成。相反，如若工会没能发挥缓解劳企双方矛盾纠纷的作用，那么矛盾得不到解决，劳动者就会继续申诉，劳企争议由此产生。于米（2012）通过考察工会会员人数、工会组建率等衡量工会化程度的指标对劳企争议的影响得出，随着工会组建率的提高，劳企争议反而增加。这项研究认为，劳动争议的发生很大程度上归因于工会覆盖率的提高所带来的工人"声张"权利的成本降低的影响。但是，这一说法并未得到广泛认同。根据我国当前工会存在的现状，工会在某种程度上仍旧属于企业的一个职能部门，工会的独立性仍旧受到企业管理层的制约，并不能有效发挥维护劳工合法权益的作用（Chen, 2004）。随着我国开放化程度的进一步提升,工会也在逐步同国际接轨,吸收国际工会的工作经验。在这一过程中,工会是否对缓解劳企争议起到积极的作用,这也是本章关注的重点之一。在本章的研究中,我们采用参加工会的人数占总劳动人口的比重来度量工会化程度指标。

第二,经济发展水平(lnpcgdp)。我们在模型中用 lnpcgdp 表示人均GDP 的自然对数值,并以 1998 年作为基期对之进行了调整。考虑到可能存在的非线性特征,我们还加入了 lnpcgdp 的平方项。

第三,工资(wage)。工资是影响劳动关系的核心因素,也是导致劳企争议发生的焦点。近年来,随着我国对外贸易开放水平的稳步提升,出口企业员工工资水平并没有因此而改善,反而持续处于较低水平,增长缓慢或者多年不增长成为常态。工资作为劳动关系运行的重要内在变量,直接影响劳动争议的发生。张绍平(2012)通过对我国 1996—2009 年劳企争议情况及实际工资总额、实际平均工资建立模型分析后得出,劳动争议同实际劳动工资总额及平均工资呈正相关,并且结果显著。同时构建"劳动收入分配"这一变量,得出现阶段的劳动者更加关注工资的绝对数量胜过工资分配的公平性。因此,在本章的研究中,我们使用当年平均工资水平较上年平均工资水平的增长幅度作为工资增幅,引入到模型中,以期探讨工资的增长对劳企争议发生率的影响效应。

第四,人均外商直接投资流入(fdi_flowpc)。自改革开放以来,无论是从规模还是覆盖的行业来看,外商直接投资都有进一步扩大的趋势。但是,从现阶段外商直接投资流入的行业特性来分析,这些投资主要集中于劳动密集型的制造业部门为典型代表的第二产业,相较于以农林牧渔为代表的第一产业及以服务业为代表的第三产业来讲,其劳动关系往往更趋于紧张,属劳企争议频发的行业。外商直接投资多集中于劳动密集型行业,技术水准以及工资水平双低,劳工标准较差,并且企业管理上相对较混乱,缺乏对劳工的保障,劳企争议频发(常凯,2005)。此外,李向民(2009)的研究发现,

外商直接投资对产均劳企争议有显著性影响,随着外商直接投资规模的扩
大,产均劳企争议将会增加。因此,在本章的研究中,我们加入人均外商直
接投资流入作为控制变量,来反映在外商直接投资流入过程中对劳企争议
的影响效应。

　　第五,劳动力增幅(labor)。劳动力绝对数的增长是致使劳企争议增加
的最直接因素。在本章的研究中,我们虽然采用劳企争议发生率来规避劳
动力增长绝对数对劳企争议的干扰,但是仍然要考虑到劳动力增幅的变动
对劳企争议发生率的效应。因此,在本章中,我们通过使用当年劳动力人口
数较上年的同比增长率的指标来度量劳动力增幅的水平。

　　第六,城镇化水平。自改革开放以来,从计划经济体制转型到以开放和
市场经济为导向的经济结构过程刺激了以加工贸易为主的对外贸易的迅速
开展,催生了诸多第二、三产业的蓬勃发展,吸引了大量的农村剩余劳动力
向城镇转移,以雇佣关系为主的新型劳动关系逐步取代了原有的农业生产
关系。在提升我国城镇化水平的同时,大量农村劳动力的涌入也必然引致
纷繁复杂的劳企纠纷,推高劳企争议的发生。因此,在本章的研究中,我们
使用城镇人口总数比总人口数量的指标来度量城镇化率(urban)。

三、基准计量模型

　　在现有的开放条件下劳企争议研究文献(Cai,2012 等)的基础之上,本
章引入贸易依存度(openness)作为核心解释变量,设定如下解释劳企争议
发生率的计量模型:

$$\text{pdispute}_{it} = \alpha + \beta \cdot \text{openness}_{it} + \varphi \cdot X_{it} + \theta_i + \mu_t + \varepsilon_{it} \qquad (2)$$

　　式(2)中,i 代表省份,t 代表年份,pdispute_{it} 为劳动争议发生率,open-
ness 为贸易依存度,X_{it} 代表影响劳企争议发生的其他控制标量,θ_i 和 μ_t 表
示非观测的地区及时间特定效应。ε_{it} 代表随机误差项。

表 6.1 所有变量描述性统计

	释　义	最大值	最小值	平均值	p50	标准差	N
pcdispute	劳企争议发生率	0.735 881	0.000 798	0.057 627	0.027 806	0.096 113	420
openness	开放程度	1.799 131	0.032045	0.326 431	0.125 296	0.417 356	420
process_gdp	加工贸易占比	1.454 013	0.000 526	0.190 258	0.030 754	0.298 314	420
union	工会化程度	0.783 191	0.004 841	0.260 955	0.240 366	0.131 43	420
wage	工资增幅	0.284 179	0.025 76	0.139 91	0.137 741	0.042 221	420
fdi_flowpc	人均外商直接投资流入	0.876 652	0.000 754	0.086 628	0.036 453	0.122 918	420
ln_capitalstock_pc	人均固定资本	2.871989	−2.818 34	0.565 415	0.506 467	0.880 989	420
ln_pcgdp	人均 GDP	11.688 95	7.760 727	9.747 934	9.737 71	0.897 6	420
labor	劳动力增幅	0.355 422	−0.989 72	0.012 949	0.012 918	0.061 343	420
urban	城镇化率	0.893 041	0.207 9	0.462 641	0.435 432	0.157 824	420

第四节　计量结果及分析

一、基准模型估计结果

表 6.2 的(1)—(3)列报告了面板固定效应与随机效应的估计结果。豪斯曼检验在 1% 的显著性水平上拒绝零假设,即固定效应模型更具有适用性,故下述分析均基于第(1)列中 FE 的结果进行。另外,劳动争议的增加会导致企业处理劳企争议的成本增加,给企业带来了负面的成本,在一定程度上抑制了企业国际贸易的开展,基于此,我们针对可能存在的贸易内生性问题,使用系统 GMM 方法进行处理,消除内生性对估计结果的影响。

表 6.2　基本模型估计结果

	(1) FE	(2) RE	(3) Sys-GMM
L.pcdispute			0.785***
			(0.003 53)
openness	0.102***	0.098 0***	0.023 1***
	(0.022 4)	(0.013 3)	(0.000 999)
union	0.212***	0.145***	0.121***
	(0.062 0)	(0.053 1)	(0.005 53)
wage	−0.181***	−0.184***	−0.017 8**
	(0.057 6)	(0.059 2)	(0.008 38)
fdi_flowpc	0.350***	0.255***	0.062 4***
	(0.044 2)	(0.041 6)	(0.009 57)
ln_capitalstock_pc	−0.032 2***	−0.011 9	−0.000 037 0
	(0.011 7)	(0.010 2)	(0.000 491)
ln_pcgdp	0.019 4**	0.013 7*	−0.004 11***
	(0.008 54)	(0.007 67)	(0.000 814)
labor	0.022 9	0.049 3	−0.015 6***
	(0.039 6)	(0.040 6)	(0.000 867)

	(1) FE	(2) RE	(3) Sys-GMM
urban	0.007 50	0.013 2	−0.023 5***
	(0.016 4)	(0.016 4)	(0.001 37)
_cons	−0.210***	−0.142**	0.027 0***
	(0.077 4)	(0.071 9)	(0.005 93)
N	420	420	392

注：*、**、***分别表示在10%、5%与1%的显著性水平上显著，括号内为标准误。

随着贸易依存度的进一步深化，在出口压力和贸易摩擦加剧的复杂形势下，以牺牲劳工权益换取经济增长的粗放式发展模式在带来贸易增长的同时，难免会激化劳企之间的矛盾。表6.2报告的结果印证了这一想法，当贸易水平提高1%时，劳动争议的发生率相应地提高0.102%，并且其结果在1%的置信水平上显著，贸易依存度对劳企争议发生率具有显著的正效应，这同蔡昉(2012)的研究相吻合。此外，通过系统GMM的结果，我们可以看到，控制变量对外贸易依存度无论是在方向还是显著性上都具有稳健性。

此外，加工贸易是我国对外贸易的主力军，是我国参与国际贸易分工的主要形式，而加工贸易涉及外商直接投资的流入，在外资流入过程中，"强资本"与"弱劳动"之间的矛盾始终难以实现平衡，资本在追求利润最大化的过程中，难免会损害劳工权益，致使劳企矛盾趋紧(Mark Gertler，2009)。表6.2的结果中，控制变量人均外商直接投资流入对劳企争议具有显著的正效应，从另一方面佐证了贸易使得劳企争议增加的假设。

另外，工会化程度对劳企争议的影响也是正向的，工会化程度越高，劳动争议发生率就越高。这一结论正和蔡昉(2012)的结果相吻合，我们认为工会在缓解劳企纠纷过程中并没有发挥到积极的作用。其他控制变量外商直接投资流量、人均 GDP、劳动力增速、城镇化水平作用效果均同预期一致。其中,作为引起劳企争议的重要因素之一,工资增幅对劳动争议发生率的影响是负向的,和工资的增长在一定程度上能够缓解劳企矛盾有关。

二、加入贸易依存度同工会交互项的结果

根据表 6.2 的结果,对外贸易对劳企争议存在一种正的影响效应,那么我们也试图对贸易对劳企争议影响进行更深一步的研究。考虑我国当前阶段的制度安排,劳企双方产生矛盾时,首先要通过工会的渠道进行调解,在工会调解无果的情况下,才会诉诸外部途径来解决,从而形成本章中的被解释变量——劳企争议。那么按照这种制度安排,工会作为沟通劳企双方的重要桥梁和纽带,在调解劳企纠纷中发挥着无可比拟、难以替代的作用。我们通过借鉴国外的研究经验(Saha,Bibhas,K. Sen,and D. Maiti,2010;Eric Neumayer,2005)可以看出,在影响劳企争议的诸多因素中,随着一个国家开放程度的不断提升,工会不断吸取发达国家的经验,采取了更多保护劳工权益的措施,劳企矛盾出现时,劳动者拥有更多声张权利的途径,从而使得劳企争议在工会层面得到解决(Krishna and Senses,2012),引申到企业外部的劳企争议发生率就会下降。

考虑到以上两方面的因素,我们在本章的研究中,考虑加入贸易依存度和工会化程度的交互项,以期检验在开放条件下,工会是否发挥了其调解劳动纠纷、缓解劳企矛盾的作用。

基于模型(2),加入贸易依存度和工会化程度交互项后构建如下模型:

$$\text{pdispute}_{it} = \alpha + \beta \cdot \text{openness}_{it} + \gamma \cdot \text{union}_{it} + \delta \cdot \text{openness}_{it} \times \text{union}_{it}$$
$$+ \varphi \cdot X_{it} + \theta_i + \mu_t + \varepsilon_{it} \tag{3}$$

表 6.3 报告了加入贸易依存度和工会化程度交互项的估计结果。根据表 6.3 中列(1)的结果可以看到,交互项 openness* union 的系数为 0.494,在

贸易依存度既定的前提下,工会化程度越高,劳企争议的发生率随之增加,呈现出正向的效应,依此结果,开放条件下的工会在促进劳工维权、组织劳工运动中的积极的作用并没有体现出来。尤其是近年来劳企争议频发,工会在维护劳工权益上的作用也受到相当大的质疑。

表 6.3　加入贸易依存度同工会交互项的估计结果

	(1) FE	(2) RE	(3) Sys-GMM
L.pcdispute			0.750 ***
			(0.005 59)
openness	−0.122 ***	−0.051 3 ***	−0.044 1 ***
	(0.036 3)	(0.019 3)	(0.005 39)
union	−0.187 **	−0.191 ***	−0.097 9 ***
	(0.078 4)	(0.054 2)	(0.016 6)
openness * union	0.494 ***	0.448 ***	0.215 ***
	(0.065 4)	(0.047 5)	(0.013 3)
wage	−0.169 ***	−0.174 ***	−0.040 0 ***
	(0.053 9)	(0.057 0)	(0.009 04)
fdi_flowpc	0.253 ***	0.117 ***	0.038 3 ***
	(0.043 3)	(0.037 3)	(0.012 5)
ln_capitalstock_pc	−0.036 3 ***	0.002 38	0.003 31 ***
	(0.010 9)	(0.008 43)	(0.000 519)
ln_pcgdp	0.051 4 ***	0.029 6 ***	0.007 56 ***
	(0.009 03)	(0.007 06)	(0.001 01)
labor	0.031 1	0.083 8 **	−0.013 3 ***
	(0.037 0)	(0.039 1)	(0.002 17)
urban	−0.003 67	0.015 3	−0.016 7 ***
	(0.015 3)	(0.015 8)	(0.000 971)
_cons	−0.387 ***	−0.211 ***	−0.031 7 ***
	(0.076 0)	(0.064 7)	(0.010 9)
N	420	420	392

注: * 、** 、*** 分别表示在 10%、5% 与 1% 的显著性水平上显著,括号内为标准误。

　　自改革开放以来,我国工会从国有企业普及到私营、民营企业及外资企

业中,工会组织的自身定位也从关心工人的工资福利等单一的功能向关注
工人在企业内的发展、地位、权益等综合性功能转变,并且逐步建立起劳工
的维权体系和机制,在协调劳企之间的矛盾、改善劳动关系等方面都发挥了
相当大的积极作用。然而,在现阶段的大多企业中,工会组织仍旧属于企业
管理层的附属,行动及组织都受制于企业决策层的影响,难以实现独立运
作,无法真正代表员工的利益。当劳企双方产生纠纷时,工会并不能作为客
观公正的第三方予以调解,相反很多时候仍旧基于企业的利益来控制事态。
在经济日益发展的今天,劳企争议已经成为社会和学界关注的焦点问题,工
会在其中的作用不言而喻,如何充分发挥工会缓解劳企纠纷的作用、让工会
的职能按照市场化经济的要求转变成为缓解劳企争议的当务之急。

三、使用加工贸易占比替代对外依存度的估计结果

根据赫克歇尔—俄林定理(H-O 理论),"一个国家出口用其相对富足
的要素密集生产的那些物品,进口该国相对稀缺的要素密集生产的那些物
品"。自改革开放以来,在全球产品内分工变化过程中,以来料加工、进料加
工为主的加工贸易成为我国参与全球产品内分工的主要形式,外企的资金
及技术的涌入同国内廉价的剩余劳动力结合起来,使加工贸易得到了蓬勃
发展(王怀民,2009)。尽管近年来,我国对外贸易结构不断被优化,但加工
贸易仍旧占据相当大的比重,价格低廉的商品迅速占据国际市场,带动我国
贸易出口额连年刷新。

我国加工贸易的快速发展内生于改革开放后实行的比较优势发展战
略。首先,比较优势发展战略是在国内资金非常短缺的情况下实行的,这就
要求企业尽可能利用外部资金,所以利用外商直接投资是实施该战略的必
然结果。其次,作为微观经营主体,外资企业必然要在传统的行政或计划手
段之外,通过市场来配置劳动力资源。因此,政府出于社会稳定的考虑,有
时可能会限制农民工进入国有和城镇集体企业,以避免对城市就业造成冲

击,但同时又必须允许农村剩余劳动力进入次要劳动力市场,以满足外资经济对劳动力的需求,同时达到解决农村剩余劳动力就业的目的。再次,投资加工产业是外资企业的理性选择,因为我国是人口大国,劳动密集型产品是比较优势产品,外资企业的资金、技术和市场优势与我国丰富廉价的劳动力资源优势相结合,使我国加工贸易活动获得了强大的生命力。尤其是在次要劳动力市场农民工相对收入更低的情况下,劳动密集型产品以及以资本或技术密集型加工装配为主的产品成为我国对外贸易的比较优势产品就是必然结果。

国际外包越来越成为当前发展中国家融入国际产品制造产业链、参与国际竞争、和发达国家之间开展贸易活动的主要方式。它不仅关乎一国产业间和产业内的劳动力就业分配,还会对不同人力资本水平的劳动力需求产生重大影响,从而拉大或缩小不同层次劳动力之间的相对收入水平差距。因此,外包不仅改变了贸易的结构,使得发展中国家主要处于外包承接方的地位,而且对贸易双方的劳动力市场结构产生了深远的影响。

由于我国加工贸易生产的主要都是一些低附加值的产品,产品的利润相对较低,所吸收的劳动力绝大部分都是低技能的工人,工人的议价能力较低(唐东波,2012),因此,在加工贸易中,企业对低技能、低议价能力工人的压迫、强制劳动等现象更容易出现,这种现象在现阶段我国的代工企业中更是屡见不鲜。根据赫克歇尔-俄林模型的逻辑,由于发展中国家的低技能劳动力相对丰富,其比较优势主要体现在劳动密集型行业,贸易自由化将会增加该国对低技能劳动力的相对需求。然而,众多经验证据表明,相对于高技能工人而言,全球化贸易并未使发展中国家低技能工人的就业状况得到显著改善(唐东波,2012)。在以加工贸易方式参与国际分工过程中,中国的贸易相对收益份额持续萎缩,贸易摩擦不断。在出口加工区内,"专制性工厂体制"又为资本在生产领域降低劳动力成本、提高劳动生产率、追求利润最大化提供另一种可能性,即通过延长劳动时间和加大劳动强度来提高产能,通过无报酬加班、克扣工资和福利、弹性用工制度来降低劳动力成本,等等。劳动者的权利不断受到侵犯,不得不通过"声张"来维权,致使劳企争议发生率不断提高。

基于以上分析,我们考虑引入控制变量加工贸易进出口总额占 GDP 的比重(process_gdp)替代对外依存度,研究其对劳企争议的影响,并基于此构建如下模型:

$$\text{pdispute}_{it} = \alpha + \beta \cdot \text{process\_gdp}_{it} + \varphi \cdot X_{it} + \theta_i + \mu_t + \varepsilon_{it} \qquad (4)$$

$$\text{pdispute}_{it} = \alpha + \beta \cdot \text{process\_gdp}_{it} + \gamma \cdot \text{union}_{it} + \delta \cdot \text{process\_gdp}_{it} \times \text{union}_{it}$$
$$+ \varphi \cdot X_{it} + \theta_i + \mu_t + \varepsilon_{it} \qquad (5)$$

表 6.4 报告了以加工贸易占比为控制变量的计量结果。其中,列(1)—(3)为模型(4)的结果,列(4)—(6)为模型(5)加入加工贸易占比与工会化程度的交互项后的结果。为了考虑到存在互为因果关系的内生性问题,我们仍然采用系统 GMM 方法使用加工贸易占比滞后一期作为工具变量,消除模型所存在的内生性。同时,豪斯曼检验的结果在 1% 的置信水平上拒绝原假设,固定效应更有效,因此仍旧以固定效应计量的结果作为分析的标准。

表 6.4　以加工贸易为关键解释变量的估计结果

	(1) FE	(2) RE	(3) sys-GMM	(4) FE	(5) RE	(6) sys-GMM
L.pcdispute			0.771***			0.799***
			(0.013 9)			(0.025 3)
process_gdp	0.132***	0.121***	0.010 8**	−0.235***	−0.168***	−0.063 6**
	(0.035 0)	(0.028 2)	(0.004 94)	(0.057 6)	(0.049 0)	(0.029 8)
union	0.482***	0.358***	0.209***	0.162*	0.101	0.022 5
	(0.081 2)	(0.078 5)	(0.014 8)	(0.098 1)	(0.092 2)	(0.037 8)
process * union				0.549***	0.508***	0.183***
				(0.104)	(0.100)	(0.054 6)
wage	−0.274***	−0.261***	−0.059 3***	−0.280***	−0.270***	−0.052 6**
	(0.075 8)	(0.081 3)	(0.007 60)	(0.071 9)	(0.076 8)	(0.021 4)

续　表

	(1) FE	(2) RE	(3) sys-GMM	(4) FE	(5) RE	(6) sys-GMM
fdi_flowpc	0.359***	0.327***	0.063 9***	0.279***	0.279***	0.060 2***
	(0.052 3)	(0.052 8)	(0.011 7)	(0.051 8)	(0.051 2)	(0.013 2)
ln_capitalstock_pc	−0.054 2***	−0.030 6**	−0.009 13***	−0.048 5***	−0.029 6**	−0.001 22
	(0.013 7)	(0.013 8)	(0.001 72)	(0.013 0)	(0.013 1)	(0.001 80)
ln_pcgdp	0.009 55	0.008 50	−0.003 18	0.030 8***	0.026 4**	0.002 24
	(0.009 91)	(0.010 2)	(0.002 03)	(0.010 2)	(0.010 3)	(0.003 07)
labor	−0.011 6	0.008 75	−0.019 7***	−0.004 56	0.010 8	−0.027 9***
	(0.043 3)	(0.046 5)	(0.004 85)	(0.041 1)	(0.043 9)	(0.003 71)
urban	−0.015 6	−0.006 57	−0.029 3***	−0.015 9	−0.004 76	−0.018 4***
	(0.021 9)	(0.023 2)	(0.002 84)	(0.020 8)	(0.021 9)	(0.003 78)
_cons	−0.119	−0.093 1	0.014 8	−0.228**	−0.191**	−0.001 73
	(0.091 9)	(0.096 4)	(0.017 5)	(0.089 6)	(0.093 4)	(0.022 3)
N	420	420	389	420	420	389

注：*、**、*** 分别表示在 10%、5% 与 1% 的显著性水平上显著,括号内为标准误。

根据表 6.4 中的结果,我们可以看到,相较于使用贸易依存度作为控制变量,我们使用加工贸易占比作为控制变量后的结果,无论是从显著性还是符号的角度来看均没有发生变化。但是根据第(1)列中的结果,加工贸易占比的系数为 0.132,并且在 1% 的置信水平上显著,相较于表 6.2 中贸易依存度的系数 0.102 增加了相当的幅度,在只考虑加工贸易的情况下,对劳企争议的影响确实增大。也就是说加工贸易对劳企争议的影响效应更大一些。

四、对东部地区子样本的估计结果

根据我国目前贸易的区域性结构,加工贸易主要集中于东部沿海地区。这主要归因于以下几方面。首先,从政府层面来讲,中央政府率先给予东部地区大量的税收优惠政策、产业鼓励政策及其他扶持政策,带动东部沿海地区外商直接投资的大量流入,外资企业在东部沿海地区开工设厂,从而使得东部地区的加工贸易发展有了先行优势。其次,从区位优势上来讲,东部地区不仅毗邻日、韩等国家和港、澳、台地区,并且完全符合加工贸易所独有的"两头在外"的属性,海外运输的便利条件使加工贸易企业的运输成本低廉。再次,从产业集群效应上来讲,由于东部地区率先开展加工贸易,周边上下游产业相对来讲较为健全,企业在日常生产过程中可以随时根据生产需求进行采购,避免大库存带来的存货风险。同时,采购的便利性可以为企业节约时间成本及运输成本,保证企业经营的持续性,这些都是中西部地区所难以比拟的。

鉴于我国加工贸易主要集中于东部沿海地区,那么研究东部地区的情况更加具有典型性,其结果更能反映出加工贸易同劳企争议之间的关系。在本章的研究中,我们考虑只采用东部地区加工贸易的子样本进行计量,计量结果报告于表 6.5。

表 6.5　对东部地区加工贸易子样本的估计结果

	(1) FE	(2) RE	(3) sys-GMM	(4) FE	(5) RE	(6) sys-GMM
L.pcdispute			0.776 ***			0.750 ***
			(0.045 8)			(0.046 4)
process_gdp	0.145 ***	0.122 ***	0.021 5 ***	−0.217 **	−0.079 8	−0.088 1 **
	(0.049 0)	(0.035 0)	(0.018 4)	(0.082 9)	(0.065 6)	(0.041 1)
union	0.558 ***	0.364 ***	0.140 **	0.158	−0.319 **	−0.055 7
	(0.137)	(0.125)	(0.073 1)	(0.173)	(0.142)	(0.097 4)
process * union				0.544 ***	0.478 ***	0.275 ***
				(0.154)	(0.147)	(0.092 3)
wage	−0.578 ***	−0.470 **	−0.174	−0.609 ***	−0.429 *	−0.227 **
	(0.162)	(0.210)	(0.114)	(0.155)	(0.221)	(0.115)
fdi_flowpc	0.342 ***	0.038 4	0.061 3	0.249 ***	−0.021 7	0.054 9
	(0.093 5)	(0.093 8)	(0.061 9)	(0.093 1)	(0.087 3)	(0.061 6)
ln_capitalstock_pc	−0.062 6 ***	0.039 0 *	−0.000 216	−0.048 4 **	0.068 0 ***	0.001 94
	(0.021 4)	(0.023 6)	(0.012 5)	(0.020 8)	(0.023 0)	(0.012 5)
ln_pcgdp	0.010 3	0.048 0 **	−0.000 470	0.034 0 *	0.070 7 ***	0.007 97
	(0.018 5)	(0.020 6)	(0.012 4)	(0.018 9)	(0.021 1)	(0.012 7)

	(1) FE	(2) RE	(3) sys-GMM	(4) FE	(5) RE	(6) sys-GMM
labor	−0.017 3	0.080 4	−0.023 8	−0.003 39	0.113	−0.026 2
	(0.063 7)	(0.083 3)	(0.034 7)	(0.060 9)	(0.088 2)	(0.034 5)
urban	−0.003 29	0.032 2	−0.026 8	−0.005 89	0.037 2	−0.017 1
	(0.037 5)	(0.047 1)	(0.024 6)	(0.035 8)	(0.049 8)	(0.024 7)
_cons	−0.101	−0.429**	0.009 55	−0.195	−0.573***	−0.006 69
	(0.169)	(0.202)	(0.117)	(0.164)	(0.207)	(0.116)
N	137	137	131	137	137	131

注：*、**、***分别表示在10％、5％与1％的显著性水平上显著,括号内为标准误。

　　表6.5中所报告的对东部地区加工贸易计量的结果进一步支持了加工贸易刺激了劳企争议的结论。这一计量结果较全样本数据的结果更加显著,加工贸易占比对劳企争议影响的系数为0.145,并且在1％的水平上显著,较使用全样本数据时的系数0.132更大,因此在东部地区,加工贸易占比对劳企争议发生率的影响更大。

　　加工贸易引起的东部地区劳动关系紧张,也可以从外资在中国的发展中得以辅证。第一,从外商直接投资的行业特征上看,从中国实施对外开放政策开始,外商直接投资就始终集中在第二产业,尤其是制造业部门,并且多以劳动密集型的轻纺工业和加工制造业为主,这种格局20多年一直没有发生大的变化。该行业同服务业和农林牧渔业相比,往往是劳企冲突多发的行业。第二,从外商直接投资的来源地看,来自港澳台地区的投资一直占主导,并将在较长时期内保持较大比重。其投资大部分集中于广东、福建等东南沿海地区,主要集中在劳动密集型产业,且以加工贸易方式为主,产品多用于出口。相对于欧美跨国公司而言,港台企业一般规模较小,技术水平和工资标准较低,工作环境较差,并且多实行"家长制"管理,对成立工会常持抵制态度,因此劳动纠纷的发生也比较频繁(常凯,1995、2005)。第三,从外商直接投资的区位分布上看,几乎从一开始,中国的外资政策就伴随着强烈的地区倾向,外商在华投资主要集中在东部地区,其所占比例从来没有低于85%。在东部地区内部,外商直接投资则主要集中在广东、江苏、福建、山东和上海等地。相关研究表明,在外商直接投资比重高的东部地区,由外商直接投资引起的劳企冲突也要远远多于中西部地区。

在本章中,我们首先对以贸易依存度为核心控制变量的基本模型进行估计,得出贸易依存度对劳企争议存在显著正效应的结论,即随着贸易依存度的上升,劳企争议呈现增长的态势。然后考虑到工会在劳企矛盾调解过程中的重要作用,我们引入贸易依存度同工会化程度的交互项 openness * union 后发现,交互项的系数为正,在开放程度既定的条件下,工会化程度的提高反而使得劳企争议发生率增加,工会在缓解劳企纠纷、解决劳企矛盾的作用并没有体现出来。再次,考虑到我国主要以加工贸易的方式参与国际分工,我们使用加工贸易占 GDP 的比重作为解释变量,来研究贸易对劳企争议的作用效应。计量结果显示,相较于使用贸易依存度作为控制变量,使用加工贸易占比作为控制变量后,对外贸易对劳企争议依然存在正的影响效应,并且系数变大,说明以加工贸易为控制变量时对外贸易对劳企争议的影响效应更大。最后,由于我国加工贸易主要集中于东部地区,我们使用东部地区加工贸易的子样本进行计量,计量结果进一步支持了前面的结论,较全样本的计量结果来看,对外贸易对劳企争议的影响更大。

第五节　稳健性检验

一、基于 GMM 的内生性检验

我们研究所关注的自变量贸易依存度同被解释变量劳动争议发生率很

可能存在高度的双向因果关系。在前面的研究中,我们使用系统 GMM 的方法消除内生性。在进一步的研究中,我们考虑使用工具变量法来对内生性进行处理,对前面的结果进行稳健性检验。在对外贸易影响劳企之间关系的国际性研究过程中,存在对外贸易内生于劳企矛盾的可能性,所以构建对外贸易的工具变量非常有必要。

根据弗兰克尔和罗默(Frankel and Romer,1999)的假设,地理位置因素(如两国之间的距离)等决定对外贸易流量,但是同各国的劳动争议发生率并不存在直接的关联。因此,在本章的研究中,我们借鉴黄玖立和李坤望(2006)的做法,选用海外市场接近度(fma)作为贸易开放度的一个工具变量,取各省区省会城市到海岸线距离的倒数再乘以 100 作为海外市场接近度。

其中,由于沿海省份特殊的位置关系,其距海岸线的距离设定为该省的内部距离 D_{ii},取其为地理半径的 2/3,$D_{ii} = \frac{2}{3}\sqrt{S_i/\pi}$,其中 S_i 为第 i 省的陆地面积(Redding and Venables,2004)。

$$FMA_i = \begin{cases} 100 D_{ii}^{-1}, & i \in C; \\ 100(\min D_{ij} + D_{ij})^{-1}, & i \notin C, j \in C \end{cases} \tag{6}$$

根据这样的安排,北京、上海等直辖市及其他陆地面积相对较小的省份,内部距离也较小,较其他省份具有更大的内部地区市场,从而可以在一定程度上节约运输成本。其中,省会城市之间的距离按照公式 across$(\cos(\alpha_m - \alpha_n)\cos\beta_m\cos\beta_n + \sin\beta_m\sin\beta_n) \times R$ 计算得出,α_m、α_n 分别为第 m 和 n 个省会城市的经度,β_m、β_n 分别为第 m 和 n 个省会城市的纬度,R 为地球大圆半径。由于在大样本的条件下增加工具变量通常会得到更加有效的估计结果(Wooldridge,2002),我们还选取 1978 年各省市的外贸依存度(YCD1978)作为贸易依存度的另一个工具变量。考虑到由于海外市场接近度和 YCD1978 两个变量都不随时间变化,为了使其具有动态特征,我们借鉴黄玖立、李坤望(2006)的做法,使用 1978—2012 年的人民币对美元的名义汇率分别与两个变量相乘,分别得到交互项 fmaexrate 和 YCD1978exrate,并将它们作为贸易依存度的工具变量,从而使其扩充为省际面板数据。鉴于名义汇率①的贬值能够促进出口份额的提高,吸引外资的流入,促进对外贸易的规模。

之所以选取 fmaexrate 和 YCD1978exrate 作为贸易依存度的工具变量主要是基于以下考虑:一是从外生性的角度来看,海外市场接近度是由自然地理因素决定的,它显然都是外生的,不会对当前劳企争议发生率产生影响;二是从与内生自变量的关系看,接近国际市场可以降低运输成本,从而有利于出口,而历史上外贸依存度高的地区往往具有更好的发展贸易的基础设施与技能经验。综上,fmaexrate 和 YCD1978exrate 是贸易依存度较理想的工具变量。

表 6.6 报告了使用工具变量法进行的两阶段最小二乘法(2SLS)估计结果。其中,(1)—(2)列报告了贸易依存度作为内生变量的结果。此外,考虑到使用当期的工会的运动具有一定的滞后性,一些劳企争议可能是上一期工会调解未果所致,因此我们将前置一期的工会化程度作为控制变量报告于(3)—(4)列,以进一步完善结果。

同时,考虑到工具变量的有效性会直接影响到估计和推断的一致性,我们采用多种统计检验进行评判。第一,为了考察工具变量与内生变量的相关性,计算了斯托克和约戈(Stock and Yogo, 2002)使用的最小特征值统计量(minimum eigen value statistic)。最小特征值统计量为 237.963,大于其对应 10%水平上的临界值 19.93,因此拒绝"弱工具变量"的零假设,这说明所选取的工具变量与内生变量之间具有较强的相关性。第二,Kleibergen-Paap rk LM 检验在 1%的水平上拒绝工具变量识别不足的零假设,Kleibergen-

---

① 名义汇率,即官方名义汇率,取年度均值。

Paap Wald rk F 统计量为 120.892,大于 Stock-Yogo 检验 10% 水平上的临界值 19.93,因此拒绝工具变量是弱识别的假定,而 Anderson-Rubin Wald 统计量在 1% 水平上拒绝内生回归系数之和等于零的零假设,这进一步说明了工具变量与内生变量之间具有较强的相关性。第三,Sargan-Hansen 过度识别检验的相伴随概率为 0.111 3,不能在 10% 的显著性水平上拒绝工具变量是过度识别的零假设,因此我们所选取的工具变量是外生的。

表 6.6　ZSLS 估计结果

	(1)	(2)	(3)	(4)
	openness 内生		union 滞后一期	
openness	0.110***	−0.029 8	0.108***	−0.045 7**
	(0.012 4)	(0.020 0)	(0.012 3)	(0.019 3)
union	0.103**	−0.151***		
	(0.041 8)	(0.046 7)		
openness * union		0.398***		
		(0.045 6)		
L_union			0.102**	−0.168***
			(0.039 8)	(0.044 7)
openness_L.union				0.439***
				(0.046 1)
wage	−0.163**	−0.159***	−0.154**	−0.165***
	(0.067 7)	(0.059 8)	(0.067 5)	(0.058 4)
fdi_flowpc	0.100**	0.049 6	0.100**	0.058 3
	(0.041 3)	(0.036 5)	(0.041 7)	(0.036 1)
ln_capitalstock_pc	0.016 0**	0.014 7**	0.017 8**	0.019 8***
	(0.008 12)	(0.007 17)	(0.007 71)	(0.006 67)
ln_pcgdp	0.002 19	0.021 7***	0.001 92	0.019 5***
	(0.007 03)	(0.006 60)	(0.007 03)	(0.006 36)
labor	0.099 6**	0.109***	0.063 4	0.005 38
	(0.046 5)	(0.041 0)	(0.047 7)	(0.041 7)
urban	0.029 5	0.023 2	0.029 9	0.024 4
	(0.018 8)	(0.016 6)	(0.018 8)	(0.016 3)

续　表

	(1)	(2)	(3)	(4)
	openness 内生		union 滞后一期	
_cons	−0.036 3	−0.153**	−0.033 4	−0.127**
	(0.067 5)	(0.061 1)	(0.067 4)	(0.059 1)
Durbin-Wu-Hausman 内生性检验	4.386***	4.132***	3.896***	7.762 1***
最小特征值统计量	237.963	117.566	247.545	123.233
	{19.93}	{16.87}	{19.93}	{16.87}
Kleibergen-Paap rk LM statistic	61.497***	63.546***	61.305***	76.332***
Kleibergen-Paap rk Wald F statistic	120.892	77.332	127.281	78.216
	{19.93}	{7.56}	{19.93}	{7.56}
Cragg-Donald Wald F statistic	237.963	117.566	247.545	123.233
Hansen J statistic	[0.111 3]	[0.237 3]	[0.133 7]	[0.246 1]
N	420	420	420	420

注：*、**、***分别表示在10%、5%与1%的显著性水平上显著,括号内为标准误。

根据表6.6所呈现的工具变量结果,开放程度对劳企争议存在正效应,并且这一结果在1%的水平上显著。同时,我们可以看到,贸易依存度对劳企争议的影响系数为0.110,相较于基本模型结果的系数有所增大,由于内生性的存在,贸易对劳企争议的影响效应确实在一定程度上被低估了。

二、使用产均劳企争议发生率作为被解释变量

由于我国现行统计制度将农村农业部门的劳动人口全都计入就业人口,然而农村农业部门的生产方式主要以家庭为作业单位,不形成雇佣和被雇佣的劳动关系,因而也就不存在劳动争议问题。因此,我们忽略第一产业中现代农业企业的就业人口,将第二、第三产业就业人口之和作为就业人口数量,并以此构建产均劳企争议发生率作为被解释变量,进行稳健性检验。具体的构建方法是计算各省当年劳动争议案件受理数与该省当年第二、三产业就业人口数量之比:

$$\text{induspcdispute}_{i,t} = \frac{\text{劳动争议案件中所涉及劳动者人数}_{i,t}}{\text{第二、三产业就业总人口数之和}_{i,t}} * 100 \quad (7)$$

其中，$\text{induspcdispute}_{i,t}$ 代表 i 省在 t 年的第二三产业劳动争议发生率。第二、第三产业就业总人口数来自《中国统计年鉴》的劳动力就业人口总数。

劳动争议案件受理数在我国东、中、西部三个地区的变化趋势相似，同一时期基本保持同样的上升或下降的趋势，但是在劳动争议的发生频率（劳均劳动争议数和产均劳动争议数）上，这三个地区存在较大的差异。郭金兴（2008）以1999—2004年的省际面板数据，采用产均劳动争议和劳均劳动争议两个变量作为衡量劳动关系的指标，分析了劳动争议的省际差异。他的研究表明，经济转型，尤其是经济结构转型，是影响各省产均劳动争议案件数的重要因素；城市化水平、劳动者整体教育水平的提高会增加产均劳动争议案件数。在本章中，我们使用产均劳企争议发生率 induspcdispute 作为被解释变量进行稳健性检验，结果报告于表6.7。

表6.7　以产均劳企争议发生率为解释变量的估计结果

	(1) FE	(2) RE	(3) sys-GMM	(4) FE	(5) RE	(6) sys-GMM
L.induspcdispute			0.703***			0.690***
			(0.008 41)			(0.024 5)
openness	−0.111***	−0.030 8	−0.033 2**			
	(0.040 8)	(0.022 9)	(0.013 0)			
union	−0.148*	−0.146**	−0.046 6	0.158	0.101	0.192***
	(0.088 1)	(0.064 1)	(0.029 1)	(0.108)	(0.100)	(0.059 9)
openunion	0.447***	0.386***	0.174***			
	(0.073 5)	(0.055 7)	(0.033 8)			
process_gdp				−0.230***	−0.139***	−0.044 0
				(0.063 6)	(0.053 1)	(0.045 2)
processunion				0.517***	0.452***	0.120
				(0.115)	(0.110)	(0.080 2)
wage	−0.176***	−0.185***	−0.028 9	−0.308***	−0.297***	−0.112***
	(0.060 5)	(0.063 6)	(0.018 0)	(0.079 4)	(0.084 7)	(0.018 8)

续　表

	(1) FE	(2) RE	(3) sys-GMM	(4) FE	(5) RE	(6) sys-GMM
fdi_flowpc	0.226***	0.102**	0.033 4	0.266***	0.269***	0.076 3*
	(0.048 6)	(0.042 9)	(0.027 1)	(0.057 3)	(0.056 1)	(0.041 0)
ln_capitalstock_pc	−0.049 2***	−0.008 98	−0.009 08***	−0.062 0***	−0.039 8***	−0.029 2***
	(0.012 3)	(0.009 89)	(0.002 19)	(0.014 4)	(0.014 4)	(0.003 33)
ln_pcgdp	0.071 5***	0.046 8***	0.018 7***	0.050 2***	0.043 5***	0.018 1***
	(0.010 1)	(0.008 16)	(0.002 55)	(0.011 3)	(0.011 3)	(0.002 56)
labor	0.038 2	0.086 6**	0.037 7***	0.006 77	0.024 3	0.032 1***
	(0.041 6)	(0.043 6)	(0.003 98)	(0.045 4)	(0.048 4)	(0.006 34)
urban	−0.017 4	0.001 49	−0.026 9***	−0.031 4	−0.017 6	−0.041 0***
	(0.017 2)	(0.017 6)	(0.002 07)	(0.023 0)	(0.024 2)	(0.005 64)
_cons	−0.549***	−0.348***	−0.132***	−0.370***	−0.320***	−0.154***
	(0.085 4)	(0.074 4)	(0.021 2)	(0.099 0)	(0.103)	(0.025 4)
N	420	420	392	420	420	392

注：*、**、***分别表示在10%、5%与1%的显著性水平上显著，括号内为标准误。

根据表6.7报告的结果我们可以看出，无论从系数上看，还是从显著性来看，以产均劳企争议发生率作为被解释变量的结果相较于以劳企争议发生率作为解释变量的结果均具有稳健性。

三、分地区子样本估计计量

鉴于中国东、中、西地区对外贸易的开展情况存在非常大的差异，在本章的研究中，我们将按照东部地区、中部地区、西部地区三类对总样本进行划分并分别进行估计，以期探讨不同地区的贸易对劳企争议的影响效应是否也存在区域之间的差异性，并检验其作用效应在区域间的稳健性。因此，我们使用面板固定效应对东、中、西三个地区的子样本分别进行估计，结果报告于表6.8中。

表 6.8　分地区估计结果

	东部地区 FE	中部地区 FE	西部地区 FE
openness	−0.170**	−0.125*	−0.172**
	(0.066 4)	(0.070 9)	(0.080 6)
union	−0.560***	−0.059 1*	0.082 8**
	(0.202)	(0.031 7)	(0.041 2)
openness * union	0.635***	0.511**	0.809***
	(0.130)	(0.215)	(0.259)
wage	−0.524***	−0.011 5	0.009 03
	(0.158)	(0.015 1)	(0.021 2)
fdi_flowpc	0.099 8	−0.132***	−0.176**
	(0.097 7)	(0.040 2)	(0.069 8)
ln_capitalstock_pc	−0.010 4	0.004 60	−0.005 88
	(0.022 2)	(0.006 68)	(0.010 8)
ln_pcgdp	0.084 4***	0.016 7***	0.013 8
	(0.020 3)	(0.005 34)	(0.008 77)
labor	0.066 0	−0.010 8	0.043 7
	(0.066 2)	(0.015 7)	(0.038 0)
urban	0.007 96	−0.012 7**	0.005 68
	(0.036 8)	(0.005 04)	(0.006 29)
_cons	−0.556***	−0.112**	−0.120
	(0.166)	(0.046 6)	(0.079 4)
N	150	135	135

注：*、**、***分别表示在 10%、5% 与 1% 的显著性水平上显著,括号内为标准误。

从表 6.8 的结果中可以看出,从方向和显著性上来看,东、中、西部地区的结果都同表 6.2 中的结果具有一致性,openness * union 交互项的系数均显著为正,估计结果具有稳健性。从区域上来讲,东部地区贸易对劳企争议的影响要高于中部地区,贸易依存度较高的地区,其对劳企争议的影响效应也越大。但是,西部地区的系数相对来讲最大,可能和我们排除掉西藏、重庆等地区的样本所带来的差异有关。

综上所述,本章从三个方面对估计结果的稳健性进行检验:第一,使用工具变量解决内生性问题;第二,使用产均劳企争议解决修正劳企争议度量有效性的问题;再次,使用分地区子样本解决劳企争议区域间差异性的问题。根据稳健性检验的结果可以看到,无论是在符号还是显著性上,对外贸易对劳企争议的作用效应始终没有发生变化,呈现出显著的正效应。

第六节　本 章 小 结

本章使用 1998—2012 年省际面板数据,就对外贸易对我国劳企争议的影响效应进行了研究。我们使用"劳企争议发生率"作为被解释变量,用"贸易依存程度"来度量对外贸易情况。研究发现,贸易依存度显著提高了劳企争议发生率。随后,我们加入贸易依存度同工会的交互项,以期检验作为缓解劳企纠纷重要环节的工会是否发挥了调解劳企纠纷的作用。然而我们发现,交互项结果显著提升了劳企争议的发生率,这说明在开放条件下,工会并没有发挥解决劳企纠纷的作用。

考虑到我国主要以加工贸易的方式参与国际贸易分工,并且加工贸易主要集中在东部沿海地区,在后面的研究中,我们使用"加工贸易占 GDP 的比重"作为控制变量,分别使用各省的全样本和东部沿海地区省份的子样本,从两个角度考察我国以加工贸易为主的特殊贸易结构对劳企争议的影响效应。计量结果发现,在单纯考虑加工贸易的情况时,对外贸易对劳企争议仍旧呈显著的正效应,并且相较于使用贸易依存度来讲,对劳企争议的影响效应更大。在后面的研究中,我们使用三种方式对计量结果进行稳健性检验,检验结果无论是在方向还是显著性上均具有稳健性。

本章的政策含义在于揭示以下结论:在我国通过大力发展对外贸易进一步融入全球化的过程中,尤其是以加工贸易参与国际贸易分工的过程里,劳企双方作为利益的对立面,容易因工作环境、工资、待遇、沟通等问题产生相对较多的劳企争议。同时,现存的劳企争议解决协调机制并不完善,在缓解劳企矛盾中可能无法有效发挥作用,同世界上其他的发展中国家的情况相似,追求利润最大化与成本最小化的企业在处理同劳动者之间劳企争议过程中力不从心,

在改善劳动关系时,下面几个问题应当给予关注。首先,从源头上来讲,在招商阶段就应当约定外商的进入或者内资企业的涉外均应以改善国内劳动环境为前提,不能通过损害劳工权益来获取利益。其次,应当进一步完善国内劳动保护法律体系,使劳动者维护自身权利时有法可依。再次,应当推进工会在中国劳工维权中的作用,进一步提高工会的独立性,让工会在维护劳动者的权益过程中发挥积极效应。最后,加工贸易是我国参与国际分工的重要形式,主要集中在劳动密集型的制造业,这一行业本身就是劳企争议高发的行业,资本密集型行业中的劳动关系则相对较为融洽,因此,推动我国对外贸易产业升级、向资本密集型产业转型势在必行。

受到数据方面的限制,本章的不足之处在于:第一,在研究工会是否发挥调解劳企争议作用的过程中,由于缺乏数据,我们无法从集体劳动争议的角度进行检验;第二,本研究本应从东部、中部、西部三个地区的加工贸易入手进行稳健性检验,但是由于中西部地区部分加工贸易数据的缺失,这一工作难以顺利完成,有待于获取新的数据资源后进行深入的研究。

第七章
外资企业与内资企业的工人议价
地位比较研究

第一节　导　　言

　　自 20 世纪 90 年代以来,新一轮全球化给世界各国的经济发展带来了深远影响。与之前以国际贸易为主要形式不同,本次全球化的突出特征在于跨国企业出于降低成本和绕开贸易壁垒等目的在本土以外的国家或地区直接投资设厂。作为一个发展中的人口大国,中国因此受到大量跨国资本的青睐,成为了吸引各国投资者纷至沓来的"世界工厂",对此已有大量文献就外国直接投资进入中国后在资本形成、技术外溢和就业等方面所起的作用进行了研究(沈坤荣和耿强,2001;江锦凡,2004 等)。但是,尽管低廉的劳动力成本是吸引许多外商直接投资进入中国的重要原因,经济学者却较少关注进入中国后的外商直接投资对于劳动者本身,尤其是与劳动者权益密切相关的劳动者议价地位的影响,这部分研究主要来自社会学和法学界(常凯,2002、2003;冯同庆,2002 等)。时至今日,中国正经历经济结构调整,其作为"世界工厂"的局面悄然发生变化,部分外资企业正在调整经营策略或重新布局,这导致与外资企业相关的劳动争议事件仍时常出现。因此,对这一问题的关注能够加深当前我们对于转型时期全球化如何影响中国劳动力市场的理解。

现有研究者通常从两个截然相反的角度来看待外商直接投资对工人议价的影响:第一种观点认为,外商直接投资追逐经济利益的特质倾向于压制工人议价,从而恶化了劳动关系。尤其对于劳动力市场发育程度不足的发展中国家而言,外资企业追逐利润的行为会损害劳工利益,加上东道国政府单纯追求经济发展,导致欠发达国家忽视对工人权益的保障,在用工标准上出现"竞次"(Evans,1979;Maskus,1997;Madami,1999;Neumayer and de Soysa,2006,等等);第二种观点认为直接投资将发达国家处理劳资纠纷问题的经验传播到其他国家,促进这些国家完善劳动制度、规范议价行为,从而通过"逐优"(climbing up to the top)改善了劳工环境(OECD,2002;Moran,2002;Brown, et al.,2004;Gallagher,2005,等等)。然而,现实情况可能远比这样的两分法所揭示的复杂,即便在同一东道国中也会出现外资来源地、企业规模、行业因素等差异导致不同外资企业对待工人的态度不同的现象。正如考尔菲尔德(Caulfield,2004)所指出的,外商直接投资对于工人议价地位的影响在很大程度上取决于不同的国家和企业之间存在的异质性。

经历了国有企业改革、引进外资和发展私营企业之后,与计划经济时代相比,中国的企业类型结构变得更加复杂。由于在议价制度基础、劳动部门监管力度等方面存在差异,不同所有制企业间的工人议价地位有着较大差异,我们根据现有统计资料计算了 2004 年的三个相关指标,以资比较:一是签订工资协议①的企业占该所有制企业总数比例;二是签订集体协议②的企业占该所有制企业总数比例;三是成立工会的企业占该所有制企业总数比

① 根据 2000 年颁布的《工资集体协商试行办法》,工资协议是指专门就工资事项签订的专项集体合同。已订立集体合同的,工资协议作为集体合同的附件,并与集体合同具有同等效力。

② 集体协议又称集体合同,根据《劳动合同法》,集体合同是工人与企业就劳动报酬、工作时间、休息休假、劳动安全卫生、保险福利等事项,通过平等协商达成的书面协议,涵盖范围较工资协议更广。

例,结果绘制在图 7.1 中。如图 7.1 所示,总体而言,非国有企业的三个指标水平均落后于国有企业。其中,成立了工会的外资企业比例为 17.9%,与港澳台资企业水平接近,稍高于私营企业。但是,签订了集体协议与工资协议的外资企业比例分别仅为 10.3% 和 5.5%,低于港澳台资企业和私营企业。由此可见,虽然外资企业的三个指标均低于国有企业,但是与其他内资非国有企业之间的差别并不十分明显。经过大规模产权改革之后,国有企业数量及其吸纳的就业量急剧减少,这使得工人议价地位的差异更具代表性地体现在包括外资企业和私营企业的非国有企业之间。

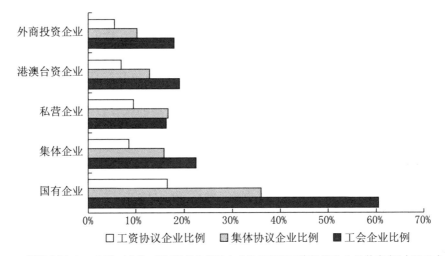

资料来源:2004 年的工会数、签订集体协议的企业数和签订工资协议的企业数来自《中国工会统计年鉴 2005》,不同所有制企业的分类和数量来自《中国经济普查年鉴 2004》。[1]

图 7.1　2004 年外资企业与其他所有制企业的议价制度比较

针对非国有企业工人议价制度的发展水平滞后于国有企业的事实,中国各级劳动监管部门自 20 世纪 80 年代起即出台了一系列集中于协调外资

---

[1]　之所以只报告 2004 年的数据并进行相关比较的原因在于,经济普查统计了不分大中小型类型的所有企业单位数,而其他年鉴,如中国统计年鉴、中国工业统计年鉴等,均只报告规模以上的企业单位数。且由于本章后面的企业调查数据发生在 2005 年,相比较而言,2004 年经济普查数据与之更加接近。

企业和私营企业劳动关系的措施。其中全国层面的相关法规包括《中外合资经营企业劳动管理规定》(1980)、《关于加强外商投资企业和私营企业劳动管理切实保障职工合法权益的通知》(1994)、《外商投资企业劳动管理规定》(1994)、《私营企业劳动管理暂行规定》(1989)等。与中央政府出台的相关法规相呼应,地方政府也出台了针对外资企业和私营企业的地方性劳动法规,如吉林省出台的《关于外商投资企业、私营企业和个体工商户劳动用工实行劳动合同制度有关问题的通知》(1994)和《吉林省外商投资企业、私营企业工会条例》(1995)、江苏省出台的《江苏省外商投资企业劳动管理办法》(1987 年出台,后经 1993 年、1994 年、1997 年数次修订)、河南省出台的《河南省外商投资企业和私营企业工会条例》(1994)等。虽然上述法规最终大多因《劳动法》《工会法》等更高等级的全国性法规出台而被废止,但却反映了各级劳动监管部门对非国有企业中劳动关系给予的特别关注。

在上述事实背景下,本章使用中国制造业企业的调查数据,就外商直接投资对中国工人议价地位的影响进行实证分析,重点回答以下问题,即外资企业的工人议价地位是否与内资企业存在显著差异。考虑到外资企业与内资私营企业在某些特征上的相似性,以及劳动监管部门对这两类企业的重点关注,我们特别希望知道外资企业的工人议价地位与内资私营企业之间是否有显著差异。此外,作为议价的组织基础,工会的存在是否影响外资企业的工人议价地位?而作为三方议价的重要力量之一的政府劳动监管在改进工人议价地位方面是否起到了积极作用?当前,中国经济正在经历结构调整和产业升级,具体体现在企业通过关停、重组以及迁徙等方式实现调整。在这一过程中,劳动争议大量出现,沿海地区受出口需求影响较大的外资企业是争议发生的主要领域。因此,本章的研究对于理解当前中国经济转型过程中工人议价地位在不同所有制企业里受到的影响及其机制也将有所助益。

本章后面的安排如下:第二部分从文献角度总结和述评外商直接投资

对工人集体议价行为的影响；第三部分对本章使用的数据和计量方法进行描述；第四部分讨论计量结果；第五部分进一步检验结果的稳健性，并分析工会和劳动监管在外资企业中对工人议价地位的影响；第六部分是结论。

第二节　外商直接投资影响工人集体
议价的文献述评

无论东道国是发达国家还是发展中国家，外商直接投资的流入均会对工人的议价地位产生影响。尽管发达国家的企业通常具有较高水平的资本积累和先进的技术装备，从而在全球化当中经常占据主动地位，但由于产品生产过程的各个环节对劳动力技术水平的要求存在差异，因此，当这些企业在全球范围内配置资源时，它们的行为会对不同技术水平的劳动者造成不同影响。奥斯特里（Ostry，1997）认为，全球化背景下，在发达国家的制造业，具备较高流动能力的高技术工人能很快转移到技术含量较高的新兴行业中，低技术水平工人则要遭受较大程度的冲击。而且，在发达国家之间，全球化带来的影响也不尽相同。奥斯特里（Ostry，1997）发现，全球化使得工人议价地位在瑞典、新西兰、澳大利亚和英国等被弱化，在挪威、意大利和葡萄牙则得到增强。

本章的研究更加关注外商直接投资对发展中国家工人议价地位的影响。诺伊迈耶和德索伊萨（Neumayer and de Soysa，2006）认为，无论经济发展水平如何，开放程度越高的国家中的企业会更好地遵行劳工标准。有研究表明，产业资本从发达国家流入发展中国家有可能改善东道国工人的权益。如阿加沃尔（Aggarwal，1995）使用跨国数据研究后发现，吸收更多外商直接投资的国家的劳工标准并不一定低。支持这一观点的还有经济合作与发展组织（OECD，1996）、库塞拉（Kucera，2002）和巴斯（Busse，

2003)。现有研究认为,外商直接投资可以通过以下三个途径改善工人权益:第一,跨国公司在东道国设厂生产产品,会给东道国带去保护工人权益方面的实践经验(OECD,2002);第二,跨国公司会敦促东道国政府出台相关法律法规,以保护弱者,并在社会服务和基础设施等方面加大投入(Richards et al.,2001);第三,为了降低工人跳槽的可能性以确保生产的稳定,跨国公司对工人素质的关注程度会高于对劳动力成本的关注,因此不至于过度压低劳动报酬,甚至还有可能给予工人一定的工资溢价(Moran,2002;Gallagher,2005;Aggarwal,1995;Busse,2003;Rodrik,1996)。

然而,我们有理由怀疑上述改善工人议价地位的机制在现实中的实施效果,这主要基于以下理由。第一,提高工人议价地位的直接结果之一是工人工资福利的改善,而跨国公司出于降低成本以追求利润最大化,缺乏敦促东道国政府出台保护劳工权益措施的激励。第二,从监管的角度看,东道国政府为了吸引外资,可能会迁就对跨国公司的用工监管。虽然跨国公司在保护工人权益方面有着一定的实践,但脱离了原有的制度约束环境后,这些公司也可能不再恪守相关原则。第三,当跨国公司仅需要低技能劳动力,且东道国的低端劳动供给量较大因而无须担心工人的流动性时,跨国公司也没有改善工人议价地位的动力。

事实上,与外商直接投资有助于东道国劳动关系"逐优"的观点相比较,经验也表明,外商直接投资给东道国工人带来的并不总是高工资与和谐的劳动关系。莫斯利和乌诺(Mosley and Uno,2007)认为,全球化对于发展中国家议价制度的影响不仅取决于其整体开放程度,也与该国在全球生产网络上所处的位置有关,处在全球价值链低端的国家的工人议价地位往往较低。一方面,促使外商直接投资进入东道国的动因通常是跨国资本寻求较低的劳动力等生产要素成本(Schneider and Frey,1985;Wheeler and Mody,1992);另一方面,由于发展中国家往往具备低劳动力成本优势,而且这些国家出于吸引资本、增加就业和谋求技术外溢效应等目的,也愿意接受外国直接投资。以亚太国家和地区为例,麦克唐纳(Macdonald,1997)将这一区域的劳动关系特征总结为:第一,劳动关系制度整体相对落后;第二,强调劳动关系在消除企业劳资冲突的作用;第三,缺乏独立和强有力的工会组织。在出口导向型经济的早期阶段,这些国家的劳动关系政策重点在于保证劳动力流动并以足够的低成本来吸引外国投资者,以维持出口产品在国际市场的竞争力,因而倾向于忽视对本国劳动者权利的保障。

跨国公司迫于竞争压力以寻求更低的生产成本,会通过克扣加班工资和保险等方式降低劳动报酬,从而损害劳动者权益。分包、外包等形式使得跨国公司可以将生产环节委托给东道国本地企业,本地企业出于成本竞争的压力也会压制工人权利。地方政府有时会出于保护投资者利益的考虑,选择不引进国际劳工标准,以压制工人权利(Evans,1979;Maskus,1997)。此外,为了促进对外贸易,发展中国家往往会建立以制造业为主的出口加工区,工人在这里从事的工作以低技能为主,他们的权利时常受到侵害(Madami,1999;Moran,2002)。再者,全球化带来的生产方式和组织模式的转变促使企业开始调整劳动管理方式,实施所谓的人力资源管理(Human Resource Management,HRM),通过加强生产过程当中的合作来弱化工会力量(Macdonald,1997)。贾沃西克和斯帕塔里亚努(Javorcik and Spatareanu,2004)使用公司层面的数据发现,在东欧国家,遵照劳动标准程度越低的国家能够从西欧吸引到更多的外资。纳帕索恩和查普拉特普(Napathorn and Chanprateep,2011)也发现,2008年以来的经济危机使得在外资企业工作的泰国工人面临更低的社会保障和更多安全性问题。而根据阿里(Ali,2005)的总结,发展中国家为了融入全球化,在诸如下岗政策、集体议价安排和劳动安全政策等方面都开始出现相似化的趋势,此即所谓"竞次"。

在微观层面的研究中,研究者们主要关注外资企业中的工人议价行为和议价组织结构是否与其他所有制企业存在显著差异。外资企业可能受到其母公司所在地的议价传统影响,在东道国成立的企业中也倾向于选择与其母国相类似的议价模式,如迪顿和博蒙特(Deaton and Beaumont,1980)使用 970 家制造业企业的数据发现,在英国投资的美资企业就偏好工人议价能力较弱的单个企业议价的集体合同。布思(Booth,1989)也发现,外资企业更加倾向于选择分散型议价模式,以便弱化工人的议价力量。施纳贝尔等(Schnabel, et al.,2005)同时对英国和德国企业中内外资所有制差异对议价结构的影响做了分析,发现在英国和原西德地区,外资企业偏好分散型议价,而在原东德地区,外资企业却不愿意选择分散型议价的方式。之前提到的几篇文献使用的均为截面数据,迪斯尼等(Disney, et al.,1995)使用 1980—1990 年英国企业数据,对体力劳动者工会参与率的决定因素进行了研究,同样发现外资所有制对体力劳动者工会参与率存在显著为负的影响。但需要注意的是,以上研究均以发达国家,其中主要是英国和德国作为研究对象,针对如中国这样的发展中国家的研究还很少。

作为发展中国家中的一员,进入中国的外资企业有着与其他发展中国家相似的劳动关系特征。周长城(2000)较早对进入中国的外资企业劳动关系进行了实地调查,发现外资企业雇主不尊重工人的情况较为严重,中外合资企业中的劳资冲突有日益表面化的趋势。佟新(2005)对中国南方的外资企业进行抽样调查后认为,外资企业劳动关系现状由中国的要素禀赋特征及其在全球生产价值链上所处的位置决定,存在"冲突型""谈判—契约型"与"利益—致型"等数种方式,政府应在培育"谈判—契约型"的外资企业劳动关系上做出努力。佟新(2006)以中国劳动监管当局推动沃尔玛工会组建为案例,分析了在外资企业推行工资议价存在的问题,认为在中国,外资企业、地方政府、工人等多方利益相关者对工会缺乏普遍的"信任",因而需要对中国的劳工控制体系进行反思和重构。茅寅慧等(2007)对上海及周边地区的外资企业进行了调查,发现母国国别、企业规模、资金和技术水平等均是影响外资企业劳动关系的因素。规模较大的国际知名企业能较好地执行中国出台的劳工法律,尊重和保障职工加入工会、休假、劳动安全等权利,一些规模较小、技术含量较低的外资企业则存在劳动管理不规范、阻碍成立工会等问题,因而劳资关系较为紧张。上述研究关注的是进入中国的外资企业中的工人议价状况,大多基于典型案例和小规模抽样,就一些重要问题进行了阐发,但是由于样本数量较少,且缺乏与其他所有制类型企业的比较,对作用机制的讨论也显不足,因此本章将进一步加以讨论。

第三节　数据与模型

一、数据来源

我们使用世界银行国际金融公司在 2006 年 6 月开展的企业问卷调查对外资影响中国工人议价地位进行研究。该调查由世界银行国际金融公司委托国家统计局实施,共涉及北京、长春、丹东、淄博、丰镇、石家庄、西安、吴江、杭州、十堰、重庆和佛山等 12 个地市的 1 268 家企业,主要集中于制造业行业。本次调查针对年销售收入在 500 万元以上的企业,在对企业样本进行随机抽取时采取了分层抽样的办法:第一层为所有制,根据不同所有制企业在某一城市中的所占比例进行抽取;第二层为企业规模,根据不同规模企业在某城市中所占比例进行抽取。调查数据反映的年份为 2005 年,涵盖了包括企业的劳动管理、企业社会责任、经营环境、环保状况等在内的多项内容。此外,数据库还配合了国家统计局提供的同期被调查企业规模、固定资产规模、利润、雇员人数等截面信息。删除数据缺失样本后,进入估计的样本企业总数为 830 家,包括外资企业 166 家、私营企业 401 家、国有企业 84 家和国有改制企业 179 家。

二、变量与模型

在这一部分,我们基于现有研究和本章关注的重点问题建立计量模型。本章旨在发现外商直接投资对工人集体议价地位的影响,因此工人集体议价地位为被解释变量。我们使用问卷调查对以下两个问题的作答来度量工人集体议价地位:第一,"是否签订了集体合同?";第二,"是否允许集体议价?"。根据我国的有关法律规定,这两种度量的侧重点和制度支持有所差异。首先,集体协议又称集体合同,是"工人与企业就劳动报酬、工作时间、休息休假、劳动安全卫生、保险福利等事项,通过平等协商达成的书面协议"。根据《劳动合同法》第五十四条,"依法订立的集体合同对用人单位和劳动者具有约束力"。因此,签订集体合同是一项正式的制度安排,合同一旦订立后将受到相关法律的约束,一旦出现纠纷,合同订立双方可以根据合同内容诉诸法律,因而约束力较强。其次,"是否允许集体议价"是一个定义较为宽泛的度量,包括正式和非正式的集体议价。企业可能由于不愿意受到正式制度的约束,选择不与工人签订集体合同,但是为了避免或缓解由此引起的劳资纠纷而允许工人进行议价,此时便可能出现没有正式合同约束的集体议价。这种情况在工会和集体协议覆盖尚不普遍的发展中国家较为常见。中国的集体协议覆盖主要是通过政府推动来实现,这种"自上而下式"的议价制度推进方式容易造成集体协议的数量快速增加、但是工人集体议价的地位并未有实质性提高的情况。因此,我们将侧重制度度量的"是否签订集体协议"和侧重事实度量的"是否发生集体议价"这两个指标分别作为本章的被解释变量引入估计方程,将两者均设定为0—1变量,即签订了集体协议或允许集体议价者为1,否则为0。

这里的核心解释变量为外商直接投资,现有基于微观企业调查的研究通常使用企业的外资所有制性质来加以度量(Deaton and Beaumont,1980;Booth,1989;Disney, et al.,1995;Schnabel, et al.,2005)。调查数据报

告了企业所有制类别,我们通过界定企业所有制性质是否为外资企业来度
量外商直接投资,将外资企业所有制定义为1,其他所有制企业所有制定义
为0。由于缺乏有关外资在企业资本中所占份额的信息,因此我们只能通
过设定哑变量来比较外资企业和内资企业中工人工资议价地位之间存在的
差异。根据本次问卷调查对企业所有制的划分,这里的内资企业包括国有
企业、国有改制企业和内资私营企业三类。在后面,考虑到国有企业和国
有改制企业的特殊性,我们会专门讨论外资企业和内资私营企业之间的
差异,在那时我们将外资企业所有制定义为1,内资私营企业所有制定义
为0。

　　由于本研究的被解释变量是集体议价,而工会是集体议价赖以实施
的制度基础,是否有工会对于工人集体议价必然有着重要影响。根据现
有法规条文,集体协议是指"企业职工一方与用人单位就劳动报酬、工作
时间、休息休假、劳动安全卫生、保险福利等事项,通过平等协商达成的书
面协议"[①]。集体谈判在国际劳工组织《促进集体谈判公约》第2条中的定
义为,"以雇主或雇主组织为一方,一个或数个工人组织为另一方,双方就
以下目的进行的所有谈判:(1)确定工作条件和就业条件;(2)调整雇主与
工人之间的关系;(3)调整雇主组织与工人组织之间的关系"。工会则是
指由工人出于共同利益自发形成的社会团体,能够代表工人与企业订立
集体协议或进行集体谈判。根据《工会法》,在中国,雇员人数达25人以上
的企业应当成立工会[②],工人需要通过与企业谈判以签订集体协议,在与企
业进行集体议价时也需要通过工会组织。当然,上述情况并非绝对,对那些
没有工会的企业,也可以通过选举职工代表的形式与企业订立集体协议和

---

① 劳动与社会保障部:《中华人民共和国劳动合同法》第五十一条,http://www.molss.gov.cn/gb/
news/2007-06/30/content_184630.htm。
② 中华全国总工会:《中华人民共和国工会法》第十条,http://www.acftu.org/template/10001/
file.jsp?cid=69&aid=691。

进行集体议价。①由此可见,集体协议、集体谈判和工会三者间的关系是:集体协议是将集体谈判正式化的制度形式,工会则是组织集体谈判和签订集体协议的议价组织基础。问卷报告了企业是否成立了工会。我们将其处理为哑变量,有工会的定义为1,没有工会的定义为0。

对于影响工人集体议价地位的控制变量,我们主要基于参与议价的企业和工人各自的特征来予以选择。在企业方面,除了上述的企业所有制性质外,现有文献通常加以控制的一个因素是使用雇员数量来度量的企业规模(Deaton and Beaumont,1980;Beaumont,et al.,1982;Schnabel,et al.,2005)。施纳贝尔等(Schnabel,et al.,2005)认为,规模越大的企业更倾向于进行更加集中的议价,这是因为当企业雇员人数越多时,组织议价时所需要的沟通和协调成本就越高,更为集中的议价能降低沟通和协调成本。考虑到企业可以通过增加资本投入来替代劳动,以弱化工资议价的力量(Freeman and Medoff,1982;Maki and Meredith,1987),有研究者关注资本密集度变化对集体议价的影响(Guertzgen,2009)。Hendricks and Kahn(1982)使用美国制造业数据研究后指出,使用资本替代劳动力将导致集体议价的分散化,最终工人的集体议价地位将被削弱。结合上述观点,在本章中,我们将企业的固定资产规模与企业雇员人数相结合,用固定资产规模除以企业人数计算出资本密集度,并对其取自然对数来度量企业规模。当资本密集度较高时,企业更多地依赖资本而非劳动力,因而会导致工人集体议价地位较弱。

在企业特征方面,我们还关注企业劳动力成本和利润对工人集体议价地位的影响。从成本最小化和利润最大化来看,这两个方面对于企业而言似乎仅是同一硬币的两面,但是,现有研究对之采取的视角还是有所差异。

---

① 根据《工资集体协商试行办法》第九款,“工资集体协商代表应依照法定程序产生……未建工会的企业由职工民主推举代表,并得到半数以上职工的同意”。

企业的劳动力成本对于工人而言即为工资,因此当劳动力成本发生变化时,企业和工人都将做出反应。梅森和贝恩(Mason and Bain,1993)对英国工会会员数量变化的决定因素进行了分析,发现在20世纪70年代后期,工资的下降趋势使得大量白领工人选择加入工会,以便保证其收入水平能够得以维持。对于企业一方,亨德里克斯和卡恩(Hendricks and Kahn,1982)认为劳动力成本对集体议价力量的影响可能是双向的:一方面,高工资意味着高成本,因此企业有动力限制集体议价;另一方面,高工资往往对应较高的劳动需求弹性,这就能为企业提供足够的劳动力来源,从而使企业对集体议价采取更为宽容的态度。我们以工人工资水平来度量劳动力成本。调查数据报告了月均工人工资、工人每天工作小时数和每月工作周数,我们据此计算出工人的平均小时工资,并对其取自然对数(wage)。

对于利润,已有研究认为其对于工人集体议价的影响较为复杂。艾迪生等(Addison,et al.,1997)讨论了利润是否影响德国企业成立工会,他们认为利润对工会成立的影响有可能是双向的:一方面,基于寻租行为的考虑,企业的高利润有可能导致工人更有成立工会的动力,以便在工资议价中获取更多利益,这使得利润对工会的成立有着正向的影响;另一方面,利润较差的企业也有可能需要通过成立工会来和工人沟通,以便在对工人实施社会补偿计划时处于相对有利的位置。他们的实证结果证实了后者,即企业盈利对工会的成立有着负面的影响。然而,尼恩赫瑟和霍斯菲尔德(Nienhueser and Hossfeld,2007)使用德国企业的调查数据却发现,利润对工会议价能力的影响显著为正。在后面的研究中,我们用当年利润除以雇员人数得到人均利润水平,用以度量企业的盈利水平(profitper)。

对于工人特征,现有研究大多尝试控制与工人人力资本相关的变量。通常认为,低技能雇员自身较为缺乏从事集体议价的意识,同时由于企业能够较容易地在劳动力市场上找到低技能劳动力的替代者,因此在低技术水平劳动者越多的企业,工人开展集体议价的可能性会更低(Hendricks and

Kahn，1982；Schnabel，et al.，2005）。调查问卷中没有对工人技术水平进行直接度量，但是提供了工人受教育程度（education）的数据。该调查在询问具有初中学历以上的工人比例时，给出了4个比例区间供被调查者选择，分别是0—20％、20％—40％、40％—60％和大于60％，我们对这4个区间分别赋值为1、2、3、4，将其作为工人受教育程度的度量。工人的技术水平也与其工作经验有关。迪顿和博蒙特（Deaton and Beaumont，1980）认为，工作经验越多的劳动力更难被替代，因而就会拥有较强的议价能力。因此，我们也对工人工作经验（experience）进行控制，调查数据报告了工人在该企业工作的平均年限，对其取自然对数可得到工人的工作经验度量。

此外，企业培训也可能会影响到工人议价行为。扬和芬勒特（Young and Findlater，1972）较早关注了企业培训对于劳动关系的影响，认为作为一种知识的学习，培训有利于管理层和工人之间的沟通，因而会赋予工人更高的议价地位。梅钦和伍德（Machin and Wood，2005）则将培训纳入人力资源管理（Human Resource Management）的内容中，讨论了人力资源管理的引入和工会之间是否存在相互替代的关系，结果发现引入人力资源管理在有工会和没有工会的企业间并不存在显著差异。尼恩赫瑟和霍斯菲尔德（Nienhueser and Hossfeld，2007）还发现，参加培训的工人比例越高，则工会的议价能力越强。本次问卷调查了企业培训费占销售额的比例，被调查者可在以下4个比例区间内选择：0.1％以下；0.1％—0.3％；0.3％—0.5％；0.5％以上。我们同样对这4个区间分别赋值为1、2、3、4，将其作为企业培训投入的度量。

本章还控制了地区哑变量，我们按照惯例将12个城市划分为东、中、西三个部分，其中属于东部地区的城市有北京、丹东、淄博、吴江、杭州和佛山，中部地区的城市包括长春、丰镇、石家庄和十堰，西部地区包括西安和重庆。我们将这三个地区处理成哑变量，并以中部地区为基准，控制地区因素。表7.1对上述部分变量的基本情况进行了描述。

表 7.1 描述性统计

变量名	含义	观测值	均值	标准差	最小值	最大值
lnwage	工人工资	830	1.683 5	0.403 6	0.174 4	3.912 0
capitalper	资本密集度	830	3.911 2	1.227 7	−2.639 1	7.586 2
profitper	人均利润	830	20.610 0	46.036 7	−166.618 0	357.067 0
experience	工作经验	830	1.459 2	0.799 4	0	3.401 2

本研究旨在发现内外资所有制企业中工人议价地位的差异,对于被解释变量工资议价采取了 0—1 变量的度量,因此我们将使用二值响应模型 probit 模型对之进行估计,本章使用的基准模型如式(1)所示:

$$P(collective\ bargaining = 1 \mid x_i) = \beta_0 + \beta_1 foreign_i + \beta_2 union_i + \beta_j x_i' + u_i \tag{1}$$

式(1)中,$collective\ bargaining$ 为企业工人工资议价,分别以是否允许议价和是否签订集体协议等虚拟变量来度量,$collective\ bargaining = 1$ 表示该企业签订了集体协议或允许议价。$P(collective\ bargaining = 1 \mid x_i)$ 表示当解释变量为 x_i 时工资议价发生的概率。$foreign_i$ 表示是否为外资企业的关键解释变量,$union$ 为该企业是否成立工会,x_i' 代表其他企业和工人特征变量,β_j 为相应的回归系数,u_i 为误差项。

第四节　回归结果分析

一、外资企业与内资企业的工人议价地位差异

表 7.2 报告了用 probit 模型对式(1)进行估计的结果。第一行对应工人集体议价地位的度量:是否签订集体合同(contract)和是否允许议价(bargaining)。

表 7.2 probit 模型估计结果：外资企业与内资企业的工人议价地位差异

解释变量 / 被解释变量		(1) 是否签订集体合同 (contract)	(2) 是否允许议价 (bargaining)
外资	Foreign	**−0.090 6****	**−0.119 2*****
		(0.038 1)	**(0.045 5)**
工人受教育水平	education	0.005 8	0.002 2
		(0.017 1)	(0.018 6)
工人工作经验	experience	0.047 2**	0.047 2**
		(0.023 8)	(0.023 4)
培训水平	train	0.145 6***	0.122 9**
		(0.038 5)	(0.050 1)
工人工资	wage	0.041 7	−0.002 3
		(0.047 1)	(0.051 7)
资本密集度	capitalper	0.002 8	0.002 8
		(0.015 1)	(0.015 2)
利润水平	profitper	0.000 4	−0.000 1
		(0.000 3)	(0.000 4)
地区哑变量	location	控制	控制
观测值个数		830	830

注：系数值下括号中的数值为标准误差，*、** 和 *** 分别表示在 10%、5% 和 1% 的水平上显著。

使用不同的指标度量工人议价时，外资企业哑变量表现出不同的影响。当被解释变量为"是否允许议价"和"是否签订集体合同"时，外资企业哑变量系数均为负，并分别在 1% 和 5% 的水平上显著。这一结果支持了埃文斯（Evans，1979）、莫兰（Moran，2002）和诺伊迈耶和德索伊萨（Neumayer and de Soysa，2006）等的研究结论，说明与内资企业相比，进入中国的外资企业允许工资议价和签订集体合同的可能性都更小，因此并未导致工人拥有更高的议价地位。上述结论支持了文献中关于外商直接投资的流入压制了东道国工人议价地位、从而出现"竞次"情况的结论。如前所述，外资企业有充分的动机和条件排斥工资议价的发生。首先，从主观上看，外资企业经常出于降低生产成本的考虑而在东道国进行投资，工资议价导致的结果很可能导致工资上涨,从而增加生产成本。其次,就客观环境而言,外资企业在进入东道国时,脱离了原来所处的法律环境,而相关法律基础较为薄弱的东道国往往很难给予外资企业足够的约束。此外,中国地方政府面临着激烈的区域间竞争,因而可能为了达到招商引资的目的主动放松对外资企业的劳动监管,这也会使外资企业在促进工人议价时缺乏足够的主动性(Gallagher,2005)。

对于其他解释变量对工人集体议价地位的影响,我们发现工作经验和企业培训水平对两种集体议价度量的系数均显著为正,这说明平均工作经验越多的企业工人更有可能形成集体议价,且培训投入较高的企业能够促进工人集体议价的发生。另外,回归结果没有发现盈利能力、资本密集度和企业区位等企业特征对工人集体议价地位存在显著影响。

二、外资企业与内资私营企业的工人议价地位差异

上面的研究结论对工人集体议价地位在外资企业和内资企业中的差异进行了比较。然而在中国,即便是内资企业的劳动关系状况在不同所有制企业间也存在较大差异:国有企业承袭了计划经济时期的劳动管理架构,工人的社会保障和福利制度较为完善,工会等议价制度基础也较好;国有改制企业的劳动管理制度在改制过程中受到了冲击,但仍具备一定的议价制度基础。唯独内资私营企业的劳动制度经历了从无到有的过程,其劳动关系状况也时常受到诟病。因此,更具针对性的问题在于,与外资企业比较,同样不具备国资背景的内资私营企业工人议价地位处于怎样的水平?

为了检验这一差异,我们在外资企业哑变量之外,对内资企业中的两种非私营所有制类型(即国有企业和国有改制企业)设定为哑变量 1 并将之纳入估计方程,这样一来外资企业哑变量系数反映的即是外资企业与内资私营企业之间的差异。之后,重新使用 probit 模型进行检验,结果报告在表 7.3 中。

表 7.3　**probit** 模型估计结果:外资企业与内资私营企业的工人议价地位差异

解释变量	被解释变量	(1) 是否签订集体合同 （contract）	(2) 是否允许议价 （bargaining）
外资哑变量	**foreign**	**−0.297****	**−0.331*****
		(0.135)	**(0.123)**
私营企业	nonfdiprivate	0.079 6	−0.018 2
		(0.109)	(0.104)
工人受教育水平	primaryra	0.029 9	0.013 5
		(0.050 3)	(0.046 4)
培训水平	train	0.507 ***	0.320 **
		(0.149)	(0.128)
工资水平	lnwageper	0.270 **	0.076 8
		(0.135)	(0.126)
资本密集度	lnfixper	−0.016 7	0.007 04
		(0.040 6)	(0.038 0)
利润水平	profitper	0.000 825	−0.000 429
		(0.001 03)	(0.001 00)
地区哑变量	地区	控制	控制
常数项	Constant	−1.323 ***	−0.301
		(0.305)	(0.277)
观测值	Observations	830	830

注:系数值下括号中的数值为标准误差,*、** 和 *** 分别表示在 10%、5% 和 1% 的水平上显著。

表 7.3 中,在以"是否签订集体协议"和"是否允许议价"度量工人议价地位时,外资企业哑变量系数都为负,且"是否签订集体协议"的系数在 5% 的水平上显著,"是否允许议价"在 1% 的水平上显著。这一结论表明,内资私营企业的工人议价地位要好于外资企业。同时,比较表 7.2 和表 7.3 的估计结果可知,表 7.3 中"是否签订集体协议"和"是否允许议价"系数值的绝对值均大于表 7.3 中两者系数的绝对值,说明工人议价地位在外资企业和内资私营企业间的差异程度大于外资企业与所有内资企业间的差别。

　　我们认为,导致外资企业工人议价地位低于内资私营企业的主要原因在于两者面临的经营环境存在较大差异。除了给予外资企业在税收、土地等方面优惠政策的"超国民待遇"之外,地方政府为了吸引和留住外资,还在用工等政策方面为外资企业提供隐性优惠,如为外资企业用工发布用工信息、政府出面招募工人、为工人提供培训等①,这种赋予外资企业的特殊关爱在一定程度上弱化了地方劳动监管部门对外资企业用工的监管力度,使得外资企业可以采取各种规避手段来抵制相关劳动政策的推行。②与外资企业相比较,内资私营企业长期处于被歧视的边缘化状态,享受到的各类优惠政策较少。尽管内资私营企业也有动力逃避本该履行的责任,但地方劳动监管部门的相关政策在这里实施的阻力较弱,从而导致工人议价地位略好于外资企业。③

第五节　外资企业中的工人议价:进一步讨论

一、外资所有制性质影响工人议价地位的内生性检验

　　之前我们验证了,与内资企业相比,外资企业对工人议价地位的影响存在显著差异。但是,我们仍然有理由对上面的结果表示怀疑,这是因为,工人有可能出于自身原因选择是否进入外资企业。由于外资企业在中国投资设厂的一个重要原因是中国低端劳动力成本相对低廉,由于这部分劳动力

---

① 湖南省商务厅:《怀化市外商投资企业现状调查报告》,2009 年,http://huaihua.hunancom.gov.cn/swdy/99680.htm。

② 一个著名的例子是著名美资超市沃尔玛成立工会的曲折历程:1995 年沃尔玛进入中国市场,此后 2001 年至 2002 年间,中华全国总工会深圳机构多次与沃尔玛总部沟通,要求其成立工会,但一直未果,直至 2004 年沃尔玛做出让步,并于 2006 年在福建晋江成立了第一家分店工会。

③ 加勒格尔(Gallapher,2005)还发现,在 20 世纪末到 21 世纪初这段时间中,官方统计数据和公开媒体报道频率均显示,外资企业中劳动争议发生的数量高于内资私营企业。这从另一个侧面表明外资企业中的工人议价地位低于内资私营企业。

供给相对丰裕,且工人多为低技能劳动者,受到的教育水平也较低,缺乏必要的维权意识和对相关政策的了解,因此其议价能力较弱。考虑到这一点,如果是进入外资企业的工人自身议价能力较弱导致了其议价地位低下,那么工人议价地位的高低就与企业性质是否为外资的关系不大。

在这一部分,我们通过寻找工具变量来尝试解决这一内生性问题。根据工具变量必须满足的性质以及问卷提供的信息,本章使用企业对供应商提供的原材料环保要求作为外商直接投资的工具变量。之所以从这方面考虑外商直接投资的工具变量,是由于对企业原材料的环保要求应国际标准化组织于 1993 年 6 月制定的环境管理国际标准 ISO14000(认证标准 ISO14001 制订于 1995 年)而提出,该标准将环境管理贯穿于企业的原材料、能源、工艺设备、生产、安全、审计等各项管理(蔡守秋,1999)。欧美等发达国家的一些企业在 20 世纪 80 年代率先建立了企业内部的环境管理模式,并最终倡导形成了这一国际标准。由于许多跨国企业总部设在以高标准实施 ISO14001 的国家或地区,因此这些企业在进行对外直接投资时也会倾向于要求其供应商获得相应的环境认证(Prakashand Potoski,2006)。在针对中国的研究中,克里斯曼和泰勒(Christmann and Taylor,2001)使用 1999 年亚太经合组织实施的企业调查的数据,发现外资企业在促进采纳 ISO14000 标准时的作用显著为正。宏观层面,张三峰和卜茂亮(2015)使用 2004—2011 年中国省际面板数据研究后发现,外商直接投资和正式环境规制之间的交互作用与企业采纳 ISO14001 存在显著的正相关关系。因此,有理由认为,外商直接投资与供应商提供的原材料的环保要求之间存在关联,相比其他所有制类型的企业,外资企业更有可能对供应商及其提供的原材料提出环保要求。根据该标准的条文,ISO14001 的内容只与环境管理有关,并不涉及对企业用工方面的要求,因此,原材料环保要求与工人的集体议价能力无直接联系。综上,我们认为在本章中,原材料是否符合环保要求适用于作为外商直接投资的工具变量。本次调查问卷设置了两个相关问题：一是"是否对供应商有环保要求"；二是"是否检查供应商提供的原材料符合环保标准"。我们认为这两个指标都能够满足工具变量要求，将其处理成哑变量，具体设定为：将对供应商有环保要求的企业设定为1，否则为0；将对供应商提供的原材料进行环保标准检查的企业设定为1，否则为0。我们使用两阶段最小二乘法（2SLS）进行估计，结果报告在表7.4中，为了节省篇幅，表中仅报告了工具变量和被工具变量的系数。

表 7.4　内生性检验：2SLS 估计结果

		2SLS	
		第一阶段	第二阶段
被解释变量为集体协议：			
外资所有制	foreign		−0.092 5**
	（被工具变量）		（0.748 8）
对供应商环保要求	supplierre	0.025 9	
	（工具变量 1）	（0.040 3）	
原材料环保性	rawmaterial	0.096 1**	
	（工具变量 2）	（0.041 3）	
	ALN 最小卡方值	0.02(p=0.886 3)	
	Wald 外生性检验卡方值	1.53	
被解释变量为集体谈判：			
外资所有制	foreign		−0.263 4
	（被工具变量）		（0.311 6）
对供应商环保要求	supplierre	−0.015 3	
	（工具变量 1）	（0.031 0）	
原材料环保性	rawmaterial	0.122 0***	
	（工具变量 2）	（0.035 9）	
	ALN 最小卡方值	2.25(p=0.215 6)	
	Wald 外生性检验卡方值	0.84	

　　注：系数值下括号中的为标准误，*、** 和 *** 分别表示在10%、5%和1%的水平上显著。

　　如表7.4所示，当被解释变量为集体协议时，在 2SLS 的第一阶段检验中,原材料环保性的系数值为 0.096 1,在 5%的水平上显著;对供应商环保要求的系数值为 0.025 9,但不显著。过度识别检验得到的 ALN(Amemiya-Lee-Newey)最小卡方统计量为 0.02,p 值为 0.886 3,因此不能拒绝工具变量与误差项不相关的原假设,从而表明所选工具变量是合适的(Finlay,Magnusson,Schaffer,2013)。在第二阶段,外资企业哑变量的系数仍然在 5%的水平上显著为负。然而,Wald 外生性检验的卡方值为 1.53,p 值为 0.215 6,因而不能拒绝不存在内生性的原假设。当被解释变量为集体谈判时,2SLS 的第一阶段检验显示原材料环保性的系数值为 0.122 0,在 1%的置信区间上显著;对供应商环保要求的系数值为 -0.015 3,统计上不显著。ALN 最小卡方统计量为 2.25,同样不能拒绝工具变量与误差项不相关的原假设。第二阶段中的外资哑变量系数仍然为负,但是不再显著。而 Wald 外生性检验结果同样显示不能拒绝不存在内生性的原假设,即支持外资企业哑变量在本方程中是外生变量。因此,我们倾向于接受之前常规 probit 的估计结果。

二、外资企业工人集体议价地位为何较弱:一个基于微观议价组织的解释

根据以上检验,外资企业中的工人议价地位弱于整体内资企业,同时也弱于内资私营企业。然而,一个可以追问的问题是,什么原因导致了这样的结果?本章接下来引入工会这一微观议价组织,从集体协议、集体谈判和工会三者之间的关系入手加以分析。

根据现有制度对以上三者的界定,一个合理的推论是,如果工会在维护工人权益方面发挥了有效作用,那么在已成立工会的企业中,集体协议和集体谈判应当更加普遍。目前,对于中国劳资议价的一个普遍质疑在于,即便企业成立了工会,工会能在多大程度上代表工人向企业争取工人权益。鉴于之前提到的外资企业与内资不同所有制企业间的可比性,这里的讨论仍

然集中于外资企业和内资私营企业。问卷调查提供了企业是否成立工会的信息，我们以此构建工会哑变量作为对企业工会的度量，将成立工会的企业定义为1，否则为0。而且，通过构建外资企业与工会哑变量的交互项，我们试图发现，与内资私营企业和未成立工会的外资企业相比较，已成立工会的外资企业中是否有着更高的工人议价地位。使用 probit 模型估计的结果报告在表 7.5 中。

表 7.5　包含外资企业哑变量和工会交互量的 probit 估计结果

解释变量	被解释变量	(1) 是否签订集体合同 (contract)	(2) 是否允许议价 (bargaining)
工　会	union	**0.401*****	**0.198***
		(0.121)	**(0.110)**
外资哑变量	foreign	**−0.412**	**−0.367***
		(0.274)	**(0.219)**
交互项	foreignunion	**0.081 8**	**0.016 1**
		(0.305)	**(0.252)**
非外资和私营企业	nonfdiprivate	0.015 5	−0.051 8
		(0.112)	(0.106)
工人受教育水平	primaryra	0.013 4	0.004 88
		(0.051 0)	(0.046 9)
培训水平	train	0.494***	0.314**
		(0.150)	(0.128)
工资水平	lnwageper	0.198	0.038 3
		(0.136)	(0.128)
资本密集度	lnfixper	−0.031 7	0.000 808
		(0.041 3)	(0.038 2)
利润水平	profitper	0.001 01	−0.000 352
		(0.001 04)	(0.001 00)
地区哑变量	location	控制	控制
常数项	Constant	−1.378***	−0.323
		(0.309)	(0.280)
观测值个数	Observations	830	830

注：系数值下括号中的数值为标准误差，*、** 和 *** 分别表示在 10%、5% 和 1% 的水平上显著。

如表 7.5 所示,引入工会及其与外资企业哑变量的交互项后,工会哑变量的系数在被解释变量为"是否签订集体协议"和"是否允许集体谈判"的两个方程中均为正,且分别在 1% 和 10% 的水平上显著,这表明,作为集体议价的微观制度基础,工会确实能够促进企业签订集体协议和进行集体议价。同时,外资企业哑变量的系数在两个方程中均依然为负,并在被解释变量为"是否允许集体谈判"时在 1% 的水平上显著。然而,我们在这里重点关注的对象工会与外资企业哑变量的交互项虽然都为正,但无一显著,这说明成立工会的外资企业中的工人集体议价地位并不明显好于内资私营企业和无工会的外资企业。

我们认为,这与中国的议价制度环境以及集体合同与工会本身对于企业的约束力存在差异有关。集体合同和集体谈判的重点内容是工资等福利待遇,如果谈判成功,将直接增加企业生产成本,因而容易遭到企业的反对。地方政府出于留住资本的目的,对外资企业的监管较松,这使得外资企业比内资企业更有可能抵制集体议价。工会仅为实施集体议价的组织基础,并非议价的充分条件,因此即便成立了工会,企业仍然可以不签订集体协议或拒绝组织工资议价。

三、地方劳动行政部门的监管提高了工人议价地位吗?

按照上面的思路,我们的问题可以继续追问下去:为什么工会没有在推进外资企业的集体议价中起到显著作用? 回答这一问题需要着眼于工人集体议价的"三方谈判"格局,引入地方劳动监管的因素。考虑到中国工会制度的组织架构和集体议价的推进工作存在"自上而下"的特征,地方劳动监管当局在工人集体议价当中起到的作用不可忽视。如引言中所述,长期以来,中央政府和地方政府出台了大量政策法规以规范包括外资企业在内的非国有部门劳动管理,其中对于地方劳动行政部门的监管职能也有着较为明确的规定。

　　根据上述法规,企业中的集体议价行为、工会组织运行状况以及其他与工人权益相关的事项长期以来都受到来自地方劳动行政部门的监督和管理。如果企业在日常运营中有违反相关劳动标准的行为,地方劳动行政部门有责任在其实施监管过程中予以发现和纠正。本次问卷调查提供了政府于调查年份在该企业实施劳动管理的检查次数,我们使用这一指标作为地方劳动监管当局影响工人议价地位的度量。诚然,劳动管理的检查次数并不能显示每次检查的效能,问卷中也没有提供检查结果和对结果的处理情况,但是作为一个频度指标,劳动管理的检查次数可以反映劳动行政部门的监管工作量。此外,为了考察与内资私营企业相比较,针对外资企业实施的劳动监管是否赋予工人更高的议价地位,我们还建立了劳动管理检查次数与外资企业哑变量的交互项。估计结果报告在表 7.6 中。

表 7.6　劳动监管部门影响外资企业工人议价地位的作用检验

解释变量	被解释变量	(1) 是否签订集体协议 (contract)	(2) 是否允许议价 (bargaining)
外资企业哑变量	foreign	−0.332*	−0.480***
		(0.187)	(0.166)
劳动监管	gov	−0.000 1	−0.007 1
		(0.017 6)	(0.017 0)
交互项	foreigngov	−0.009 87	0.067 9
		(0.072 2)	(0.060 9)
工会哑变量	union	0.413***	0.208**
		(0.112)	(0.100)
非外资和私营企业	nonprivate	0.012 8	−0.054 8
		(0.112)	(0.106)
工人受教育水平	education	0.012 5	0.003 4
		(0.051 0)	(0.046 9)
培训水平	train	0.495***	0.307**
		(0.150)	(0.128)
工资水平	wage	0.199	0.047 3
		(0.137)	(0.128)

解释变量	被解释变量	(1) 是否签订集体协议 (contract)	(2) 是否允许议价 (bargaining)
资本密集度	capitalper	−0.031 7	−0.001 0
		(0.041 4)	(0.038 3)
利润水平	profitper	0.001 0	−0.000 3
		(0.001 0)	(0.001 0)
地区	location	控制	控制
常数项	Constant	−1.386***	−0.309
		(0.314)	(0.285)
观测值个数	Observations	830	830

注:系数值下括号中的数值为标准误差,*、**和***分别表示在10%、5%和1%的水平上显著。

如表 7.6 所示,当被解释变量为是否签有集体协议时,地方劳动行政部门检查次数的系数为−0.000 123,当被解释变量为是否允许集体议价时,这一系数为−0.007 1。两者系数均为负数,且都不显著,表明地方劳动行政部门的检查并没有让工人拥有更高的集体议价地位。如前所述,我们对外资企业哑变量与劳动检查次数的交互项更为关注。对于两个不同的被解释变量,交互项系数分别为−0.009 87 和 0.067 9,同样均不显著。因此,我们认为相较于内资私营企业,针对外资企业的地方劳动监管并没能赋予工人更高的集体议价地位,这可能是除上述工会层面的因素外导致外资企业在维护中国工人集体议价地位出现"竞次"的另一个重要原因。造成这一结果的原因可能是地方政府在劳动监管方面的力度不够。有研究表明,为了留住投资者在本地投资以保证经济发展,地方政府在维护工人利益时常常表现出消极态度(Chan,2002)。此外,对地方政府的劳动监管行为形成约束的《劳动保障监察条例》于 2004 年 12 月 1 日才正式实行,这也使得劳动监管在本章考察期间内难以形成有效的约束。

第六节 本 章 小 结

本章使用微观数据,对外资企业中的中国工人议价地位进行了考察。我们用"是否签订集体协议"和"是否允许集体谈判"度量企业层面的工人集体议价,发现外资企业的工人集体议价地位显著低于整体内资企业,也显著低于内资私营企业。之后,结合中国集体议价制度的"三方谈判"框架,本章考察了作为议价微观基础的工会和地方劳动行政部门监管在影响外资企业工人议价地位时发挥的作用,发现在有工会的外资企业中,工人集体议价地位并没有显著好于内资私营企业和无工会的外资企业。此外,在考虑了中国工人议价制度"自上而下"的推进特征后,我们引进地方政府的劳动检查次数来度量劳动监管强度,发现地方政府的劳动监管也没有赋予工人更高的集体议价地位。

本章有着丰富的现实意义和政策含义。首先,中国经济正在经历转型升级,必然会有一部分外资企业面临收缩的情况,有的外资企业则可能向内地或其他低成本国家迁移,这种结构性的调整会进一步引发劳资纠纷。根据上海工会管理职业学院针对上海综合保税区外资企业的一项调查结果,2012 年 1 月至 2013 年 6 月,被调查的外资企业中发生的劳动集体争议事件里有 52.8% 是由企业经营困难和搬迁等经济转型相关因素所致(上海工会管理职业学院课题组,2014)。此外,由于外资企业脱离了本国监管环境,与中国的企业存在企业文化差异,同时缺乏对中国劳动保障制度的了解,企业中缺乏顺畅的沟通机制,一旦发生劳资纠纷便无法通过自实施机制来解决(黄楚卿,2007)。这表明,尽管当前中国劳动力市场和外资企业经营环境发生了巨大变化,但是由转型引发的劳动争议使得本章的研究结论仍有积极的现实意义。

其次,根据实证结论,本章的政策含义可以围绕"政府-企业-工人"三个层面展开。第一,在政府层面,由于中国的集体议价制度以"自上而下"为特征推进,因此政府起的作用至关重要。尽管从 2007 年起,外资(境外)企业逐渐失去了税收、土地等方面的"超国民待遇",但是地方政府仍然可以从外资或境外资本中获得新增资本、技术溢出和增加就业等好处(乔宝云等,2005),因此一些承接产业转移的内陆省份依旧有可能在政策上对外资加以倾斜①,这就要求地方政府在执行有关议价政策法规时力求严格,切实维护企业和工人双方利益。第二,在企业层面,我们发现作为议价微观组织基础的工会没有在提高外资企业工人集体议价地位方面起到有效作用。事实上,在近年一些备受关注的外资企业劳动纠纷案例,如南海本田罢工、富士康跳楼案等案例中,涉事企业工会并未起到积极协调的作用。因此,需要进一步优化工会结构,增强工会独立性,使其能够与企业形成均势谈判地位。第三,在工人层面,我们发现,工人的工作经验和培训能够给予工人更高的议价地位,这表明工人自身维权意识的培养和专门性人力资本的积累有利于提升议价能力,并最终将促成其与企业间的有效谈判。

其他国家,如新加坡、韩国等的发展实践表明,发展中国家在融入全球化的过程中,工人的地位会受到冲击。进入经济发展的成熟阶段后,这些出口导向型国家改变了最初的劳动关系政策,转而更加重视教育和培训政策,提高生产组织的效率。此时,劳动关系有望得到改善(Deyo,1981)。当前,中国经济正处在向成熟经济体转化的阶段,也是形成改善劳动关系的关键阶段。2015 年 3 月,中共中央、国务院出台《关于构建和谐劳动关系的意

---

① 2010 年至今,中西部省份的县市,诸如河南省内乡县、内黄县、四川省德阳市、宜宾市、贵州省铜仁市等地方政府均出台过文件,由当地政府出面下达指标为富士康招募工人,并组织工人培训。详可参见《法治周末》报道《被地方政府宠坏的富士康》,http://news.ifeng.com/shendu/fzzm/detail_ 2012 _ 04/11/13812898 _ 0. shtml;河南省内乡县政府文件,http://www.neixiangxian.gov.cn/zfxxgk/gfxwj/xzfbwj/2010/2010-07-19/586.html;贵州省铜仁市沿河县政府文件,http://www.yanhe.gov.cn/zwgk/ShowArticle.asp?ArticleID=11477。

见》,强调了转型期构建和谐劳动关系的重要性。作为整体劳动关系的重要组成部分,外资企业中的和谐劳动关系构建也应获得相应的重视,这既需要外资企业在议价环境、企业文化和政策背景等方面逐步加以适应(Bamber, 2001),同时也要注意如何使议价制度的推行与企业绩效的提高并行不悖(Macdonald,1997),这些都为我们以后的研究提供了广阔的空间。

第八章
产业升级与技术创新背景下的
劳动议价演进趋势

　　自 2008 年遭遇金融危机冲击后,中国经济增速放缓,由之前的高速增长期进入了全面转型期,各种在之前的高速增长时期被掩盖的问题,诸如劳资纠纷、环境问题、结构失衡等,开始集中显现。以此为背景,中央决策层调整了经济发展战略,由最初的保增长转变为以促进产业升级为主要内容的经济结构调整,这无疑将对中国各层次的劳动力市场及劳动关系带来深刻影响。

　　改革开放初期,第一产业与第二产业占比较高,第三产业占比较低。1978 年,我国 GDP 总量为 3 678.7 亿元,其中第一产业占比 27.69%,第二产业占比 47.71%,第三产业占比 24.60%。第一产业占比虽低于第二产业,但高于第三产业。随着经济改革的开展与工业化进程的深入,中国产业结构不断优化,表现为第一产业占比大幅下降,第二产业占比基本保持稳定,第三产业占比显著上升。截至 2019 年,我国 GDP 总量为 99.09 万亿,其中第一产业占比为 7.1%,第二产业占比为 39%,第三产业占比为 53.9%,第三产业占比为第一产业的 7 倍多。与产业结构调整同时发生的是三大产业中的就业人数的变化。伴随着三大产业占 GDP 比重的调整,就业结构同样出现了巨大变化。就业人员大量从第一产业转移至第二、第三产业,这表现为第一产业的就业占比大幅下降,第二产业就业占比经历了一个先上升后下降的过程,第三产业就业占比则有了较大幅度的提升,这表明我国产业结构在优化的同时也带来了就业结构的优化。劳动力要素在第二产业和第三产业之间的转换势必会深刻影响我国未来的劳动力市场。与第二产业相比较,第三产业企业的就业和资产规模、技术水平、劳动时间等特征存在很大差异,因而会对企业劳动关系带来新的挑战。

从技术创新的角度来看,中国经济转型升级的重要内容之一是实现产业的升级,这既包括如上所述的产业结构调整,也包括产业自身的高级化和智能化。2015 年 5 月 8 日,国务院发布《中国制造 2025》,对中国制造业未来的发展路径和目标进行了全面规划,"第一步,到 2025 年,迈入制造强国行列;第二步,到 2035 年,我国制造业整体达到世界制造强国阵营中等水平;第三步,到新中国成立一百年时,我制造业大国地位更加巩固,综合实力进入世界制造强国前列"。在这一过程中,以提高生产效率、节省人力成本、降低能源消耗等为目标的高端智能制造业是其重要内容。根据艾媒咨询数据显示,2019 年中国工业机器人产量达 147 876 套,较上一年增长 81.0%。根据预计,中国的机器人应用规模将在未来 3—4 年内高居全球第一,且工业机器人提供的行业生产力最快将在 2030 年全面超过工人。

不仅在中国劳动力市场,以人工智能为主要内容的智能制造引发的对劳动市场的影响是世界性的。2016 年 7 月 7 日,美国白宫和纽约大学信息法律协会举办了一次关于人工智能的研讨会,会议内容之后以"AI Now Report"为题发布。该报告包含了以下四个方面:社会不平等、劳工问题、健康护理和伦理责任。其中在涉及劳工问题时,报告首先关注了 AI 技术对人类劳动力的替代现象。总体而言,该报告认为由于 AI 技术的应用对人类工作机会的影响并不像最初想象的那么严重,并将该观点称为"劳动合成"谬论。研究者认为,某行业因采取自动化等技术进步导致的劳动生产率提升,会引发新的工作岗位的出现,从而引致对劳动力在其他方面的新需求。奥特和多恩认为,根据人类工业化进程的经验,即便出现大规模的技术进步,并没有证据表明失业率在长期内出现上升，相反，就业人口比率反而大幅提高。一个最明显的例子是，1900 年农业就业人口在美国劳动力中的占比为41％，经历了 100 年的工业化后，2000 年，该占比仅为 2％。随着工业化和技术进步，大量农业人口从农业转移到了劳动生产率更高的其他部门，第二产业和第三产业催生了大量工作岗位，以接收从农业转移出的就业人口。

此外，"AI Now Report"还专门对 AI 技术的大规模应用将如何影响劳动关系进行了讨论。在这方面，研究者更多地表达出了担忧。报告指出，研究者通过对 AI 的大数据挖掘研究，发现类似于优步（Uber）、大型零售商的自动调度软件和劳动场所监督等新型管理方式会对现有劳动关系产生影响，它们既有可能通过减少偷懒怠工行为而提高劳动生产率，也可能导致员工长期处于精神压力和安全感丧失的状态。劳动管理从原本由雇主实施转移到由人工智能实施的另一个结果是，员工难以就这种管理导致的不良结果与雇主进行沟通，从而加大了员工的被剥削程度。以优步公司为例，优步将自身定位为技术公司，仅仅为车辆服务的双方提供平台，而不认为自己是司机的管理方。这样一来，优步便无需像传统企业那样对员工负责。在这种模式下，员工需要自己承担包括税负转嫁、医疗健康等劳动保障开支和潜在的失业风险，这就在无形之中弱化了企业责任，加大了员工方承担的风险。

除了大规模运用新技术之外，中国在经济转型期还面临新旧产业体系转换的问题，这也增加了企业经营风险，直接影响到企业收益，进而影响企业的收入分配和就业状况。企业职工工资水平通常与企业的利润率、税收负担、市场需求等因素密切相关。在转型期，由于要化解过剩产能，面临收缩或经营状况严重下滑的企业可能会面临资金链断裂、利润下降、丧失市场竞争力、迁址甚至倒闭等问题，此类问题在传统行业，尤其是劳动密集型制造业企业当中较为普遍。

近年来，受到国际经贸格局变动和跨国公司战略调整的影响，全国各地已发生多起由于企业经营不善或调整经营战略而关停并转及迁址等所致的大规模劳动纠纷案件,导致原先相对稳定的劳动关系显得更加分散化和碎片化,这与日本、韩国等国在经济转型期的经历颇为类似。如果这种劳动关系的恶化不能得到有效调整,势必会不利于劳动者的生产积极性和企业的内部生产管理,从而进一步恶化企业的经营状况,劳动者自身福利也会受到负面影响。产业结构的调整不仅会影响劳动者福利,还会对现有的劳动关系制度产生冲击。制造业就业人数比例的下降带来的并非只是传统制造业就业的萎缩,同时也会引起工会会员人数的减少,导致工会组织规模和议价能力的下降,这与 20 世纪末 21 世纪初国有企业改革带来的影响相类似。

传统制造业的生产以固定地点和生产流水线为基本场所,产业工人的劳动集中于这些场所,生产周期和技能要求相对稳定。这使得目前处于转型过程中的传统制造业与 20 世纪 70 年代的日本颇为相似。20 世纪 70 年代中后期,受到世界能源价格上涨和经济增速放缓的影响,日本制造业雇佣指数下降达 10%,制造业不同产业中的就业人数下降达 20% 以上,最高者达 70%。因此,日本工会会员人数大幅下降,工会入会率也受此影响下跌。

新兴产业的技术水平和就业雇佣特征与传统产业之间有很大差异,一方面会对劳动力形成冲击,另一方面也对这些产业的劳动关系提出了新的挑战。我国当前的产业升级目标是具备高技术水平和先进生产力的高端制造或现代服务业,如机器人、高端装备、物联网、区块链等。这些产业在吸收就业时的共同特征是替代低端劳动力和吸收个性化的高技能劳动者,从而一方面会对之前的集中生产的低端劳动力生产模式造成破坏,另一方面在新的产业业态当中却难以形成聚集性的劳动关系,使得劳动力与企业之间的集体协商变得更加困难。就企业方而言,新兴产业中的企业面临更多的市场不确定性和经营风险,因而缺乏构建长期稳定的劳动关系和集体协商机制的动力。

当前,我国的第三产业仍以低端服务业为主,如能够吸收较多从事简单劳务的工人的产业餐饮业等。劳动者可能只是与雇佣者存在短期劳务合作关系,流动性大,缺乏正规性,也较少签订正式的劳动合同。由于从事此类劳动并不需要过多的专业技能,因此这部分劳动者的文化水平或技术水平普遍较低,自身劳动保护和维权意识也较为缺乏,甚至为了规避缴纳劳动保险而主动放弃与雇佣者签订劳动合同,致使一旦出现劳动纠纷后很难得到相应法律法规的保护。在劳动监管方面,不少第三产业的企业存在数量大、规模小、经营状况变化大等特点,一旦出现劳动纠纷还存在适用法律较难明确等问题,从而常常成为劳动监管的盲区或难点,导致对这部分企业缺乏日常监管,总体监管严重不足。因此,在第三产业成为未来经济增长的主要推动力时,劳动力所处的市场环境将有别于之前制造业占据主导地位时的情形,这时就有必要重新看待这一新时期的劳动关系,并相应地调整现有用于协调劳动关系的方式方法。

在劳动力市场方面,自 2011 年起,中国的劳动力绝对数量已经开始下降。经济发达的沿海地区已经连年出现"招工难"的劳动供给不足问题。这使得企业使用机器对所需技能低、重复性强、工作环境差的工作进行替代。劳动力供给的不足催涨了劳动力成本。近年来,中国企业工资呈加速上涨趋势。据 2017 年 6 月"中国企业—劳动力匹配调查"(CEES)发布的调查结果,广东制造业员工的实际工资在 2013 年至 2014 年间增长了 5.8%,而在 2014 年至 2015 年间增长了 8.3%。目前,中国的劳动力成本虽然还低于美国等发达国家,但已高于越南、柬埔寨、印度和非洲国家。因此在劳动力成本上涨的背景下,企业或迁至成本较低的地区,或通过装备机器人生产线以替代人工,这必将对现有劳动关系形成巨大冲击。

事实上,这一冲击已经发生。2017 年 8 月,上海市劳动人事争议仲裁院审理了一场由智能制造替代人工而引发的劳动争议仲裁案件。由于引进人工智能,员工原本从事的数据分析工作被彻底替代,企业要求与这些员工解除劳动合同,为此上海市某百货公司的部分员工将企业提请劳动仲裁。

根据一名月薪近 3 万元、在该企业工作了 13 年并于 2014 年签订了无固定期限劳动合同的资深白领员工的讲述,2017 年春节前后,企业引进了一款 ERP 管理系统,该系统上线后,她所从事的数据收集的这部分工作完全可以实现智能化,原本需要 8 小时人工完成的工作现在只需要 10 分钟即可完成,因而这一岗位已经没有必要存在。为了节约成本,企业取消了该岗位,劳动纠纷由此产生。据称,这是上海市首次由智能取代人工所引发的劳动争议案件仲裁庭审活动。据统计,2016 年上海市劳动人事争议案件达 12.32 万件,且其中不少是由产业结构调整等原因引发的。

根据东亚国家或地区,如日本、新加坡、韩国等的经验,经济转型时期往往也是劳动关系紧张、劳动纠纷多发的时期。这是由于经济转型与产业升级的本质是要素配置的重新调整,以提高生产效率为目标的转型升级必定会冲击原有要素配置结构,淘汰包括劳动力在内的与新技术不相匹配的生产要素。十九大报告指出,要"提高就业质量""实现更高质量和更充分就业",同时也需要"完善政府、工会、企业共同参与的劳动关系协调机制,构建中国特色和谐劳动关系"。以此为指导思想,我们认为需要从以下方面对处于转型升级过程中的企业中发生的劳动关系加以协调。

第一,对于未来可能出现的由大规模机器人运用及其他技术创新带来的对现行劳动关系的冲击,需要在顶层设计层面作出预防和应对方案。根据 2015 年的数据,工业机器人在中国的应用水平不仅低于发达国家,甚至还低于世界平均水平。工业机器人在未来 3—5 年可能会迎来高速发展,预计到 2022 年,中国企业中的工业机器人数量将是现在的两倍,其进一步普及必将对现有劳动密集型产业中的劳动力将形成较大冲击。此外,随着劳动力成本、用地成本和环保治理成本等上涨,产业迁徙正在向同城不同区域、国内其他省份乃至其他成本较低的国家进行,这也将带来较大规模的劳动力要素的调整。如果再考虑到互联网经济下的各类灵活用工,如共享员工等,这类新型用工的劳动关系认定和劳动争议处理等都将为现行劳动保护制度和劳动争议处理办法产生较大冲击。

第二,需要按照新型生产方式和技术条件修订现行劳动法律法规,对劳动合同法中阐述不够明确的条款亟需加以补充说明。一方面,现行的《劳动合同法》在处理此类劳动争议时大多采用第四十条第三款"劳动合同订立时所依据的客观情况发生重大变化,致使劳动合同无法履行,经用人单位与劳动者协商,未能就变更劳动合同内容达成协议的",没有直接针对企业因迁徙关停而对员工进行补偿的条款。员工遭遇企业转型关停而失业的情况是否能够认定为"客观情况发生重大变化",《劳动合同法》对此缺乏具体阐述,员工利益可能因此遭受损失。另一方面,1995年劳动部颁布实施了《关于劳动法若干条文的说明》,其第二十六条第三款将客观情况定义为"发生不可抗力或出现致使劳动合同全部或部分条款无法履行的其他情况,如企业迁移、被兼并、企业资产转移等",其中涉及企业搬迁,但又没有提及这是因为技术和设备升级造成的。而且,即便仅就企业搬迁而言,在处理企业转型升级相关问题时也并非所有的企业搬迁都涉及劳动关系的调整。因为,企业就近搬迁对员工的正常生活工作造成的影响甚微;如果企业在同一行政区域内搬迁,并向员工提供了班车、增加车贴等解决方案,则此类搬迁并未造成劳动合同无法履行的事实。相反,企业外省搬迁造成员工实际生活受到较大影响的,应作为发生重大变化的客观情况被列入劳动合同法第四十条第三款的适用范围。

第三,作为转型升级的主导者和执行者,企业应当为可能发生的劳动争议做好充分准备并制定相关应对措施。劳动合同法第四条清晰地规定了企业在处理重大事项中的平等协商程序,如讨论、听取意见、协商确定、公示或告知劳动者。企业应积极引导员工通过正常的沟通渠道阐述意见,及时组成沟通小组,动员行政、人事、法务、工会等人员参加,做到事先向当地劳动行政部门、地区工会通报,取得政策支持,接受指导;事中排摸员工个体情况,掌握员工实际困难,有针对性地解决员工的实际问题;搬迁后为员工提供交通、住宿等便利措施,满足员工的合理诉求。积极拓展职业推荐渠道,运用关联企业的消化、内部招聘、职业介绍等再就业措施解决员工的后顾之忧,体现人本关怀。不回避历史遗留问题,清理老工伤、加班工资、年休假、社保缴费等问题。涉及派遣员工的,与劳务派遣单位及时沟通,由劳务派遣单位做好派遣员工的协商解除工作,或另行安排工作,无工作期间劳务派遣单位的应支付员工最低工资。

第四,充分尊重和发挥工会在企业转型升级过程中的劳动关系协调作用。工会是维护企业和谐的重要力量和避免群体纠纷的有效载体,企业通过工会和集体协商机制与员工进行及时、准确的沟通。工会组织要利用自身优势对企业的转型升级行为进行宣传,促成员工观念转变,让员工充分了解企业经营现状和国内外经济形势变化给企业经营带来的影响,同时了解企业的应对措施和实施程序,争取员工对企业转型升级行为的认同。

第五,企业员工一方面应当积极了解企业的发展前景规划,另一方面也应运用合理合法的手段切实维护自身利益。员工对企业转型升级行为的了解有利于营造同心同德、和谐发展的工作氛围,树立企业和员工分享成果、共赢提高的良好机制,这是员工积极参与企业民主管理的合理要求。员工还应认识到,打破正常的生产经营秩序,给企业造成严重的经济损失,也将直接损害员工的自身利益。员工完全可以通过合法的途径,由工会传递自己的诉求,通过职代会、集体协商机制,了解企业的政策、参与企业民主管理,就员工安置方案提出意见,维护自身合法的、合理的、合情的权利。在政策法规方面,员工可以咨询上级工会和当地劳动行政部门,对企业存在的违法行为,可以通过劳动仲裁、劳动监察、举报等获得司法或社会救济。

参考文献

中 文 文 献

白重恩、刘俏、陆洲、宋敏、张俊喜：《中国上市公司治理结构的实证研究》，载《经济研究》2005年第2期，第81—91页。

蔡昉、王德文、都阳：《劳动力市场扭曲对区域差距的影响》，载《中国社会科学》2001年第2期，第4—14页。

蔡守秋：《论实施ISO14000环境管理系列标准所引起的法律问题》，载《法学评论》1999年第4期，第43—53页。

常凯：《WTO，劳工标准和劳工权益保障》，载《中国社会科学》2002年第1期，第126—134页。

常凯：《经济全球化与企业社会责任运动》，载《工会理论与实践》2003年第4期，第1—5页。

常凯：《劳动关系的集体化转型与政府劳工政策的完善》，载《中国社会科学》2013年第6期，第91—108页。

陈德球、胡晴、梁媛：《劳动保护、经营弹性与银行借款契约》，载《管理世界》2014年第9期，第62—72页。

陈笑雪：《管理层股权激励对公司绩效影响的实证研究》，载《经济管理》2009年第2期，第63—69页。

杜鹏程、徐舒、吴明琴：《劳动保护与农民工福利改善——基于新〈劳动合同法〉的视角》，载《经济研究》2018年第3期，第64—78页。

冯同庆：《经济全球化与中国工会法的修改和实施》，载《工会理论与实践》2002年第2期，第4—9页。

顾桂芳、胡恩华：《工会职能履行对非国有企业绩效的影响研究——工作满意度的中介作用》,载《中国劳动》2016 年第 4 期,第 41—49 页。

韩超、肖兴志、李姝:《产业政策如何影响企业绩效:不同政策与作用路径是否存在影响差异?》,载《财经研究》2017 年第 1 期,第 122—133 页。

黄楚卿:《关于武汉市外商及港澳台投资企业劳动关系现状及建议的调研报告》,http://www.huaxia.com/whtb/2007/00737559.html,2007 年。

黄平:《解雇成本、就业与产业转型升级——基于〈劳动合同法〉和来自中国上市公司的证据》,载《南开经济研究》2012 年第 3 期,第 79—94 页。

蒋水全、孙芳城、王雷:《劳动保护、终极控制权与公司现金持有——基于劳动保护制度变迁的实证考察》,载《财会月刊》2018 年第 17 期,第 3—14 页。

江锦凡:《外国直接投资在中国经济增长中的作用机制》,载《世界经济》2004 年第 1 期,第 3—10 页。

鞠晓生、卢荻、虞义华:《融资约束、营运资本管理与企业创新可持续性》,载《经济研究》2013 年第 1 期,第 4—16 页。

寇蔻:《产业政策能否提高企业绩效?——基于德国高科技战略的实证分析》,载《欧洲研究》2019 年第 4 期,第 111—129 页。

李向民、邱立成:《外商直接投资与中国劳资关系相互影响的实证分析》,载《中国人口科学》2009 年第 4 期,第 42—51 页。

李亚雄:《论代工厂的劳资关系——基于富士康的分析》,载《社会主义研究》2012 年第 1 期,第 110—113 页。

刘林平、雍昕、舒玢玢:《劳动权益的地区差异——基于对珠三角和长三角地区外来工的问卷调查》,载《中国社会科学》2011 年第 2 期,第 107—123 页。

刘伟、李丹:《青岛市高新技术企业研发投入与产出绩效研究》,载《科技进步与对策》2010 年第 3 期,第 26—29 页。

李准、李强、曾勇:《加强劳动保护对企业财务杠杆的影响——来自中国〈劳动合同法〉的证据》,载《技术经济》2018 年第 9 期,第 114—123 页。

李祥云、祁毓:《中小学学校规模变动的决定性因素:人口变化还是政策驱动?——基于省级面板数据的实证分析》,载《北京师范大学学报》2012 年第 4 期,第 126—135 页。

廖冠民、陈燕:《劳动保护、劳动密集度与经营弹性:基于 2008 年〈劳动合同法〉的实证检验》,载《经济科学》2014 年第 2 期,第 91—103 页。

林燕玲:《体面劳动——世界与中国》,北京:中国工人出版社 2012 年版。

刘彩凤:《〈劳动合同法〉对我国企业解雇成本与雇用行为的影响——来自企业

态度的问卷调查》,载《经济管理》2008 年第 Z2 期,第 143—150 页。

刘庆玉:《〈劳动合同法〉对就业的影响分析——基于加班时间的视角》,载《山西财经大学学报》2015 年第 10 期,第 1—13 页。

刘瑞明、赵仁杰:《国家高新区推动了地区经济发展吗?——基于双重差分方法的验证》,载《管理世界》2015 年第 8 期,第 30—38 页。

刘媛媛、刘斌:《劳动保护、成本粘性与企业应对》,载《经济研究》2014 年第 5 期,第 63—76 页。

楼继伟:《中国滑入中等收入陷阱可能超过 50%》,载中国人民大学国际货币研究所:《2015 年国际货币金融每日综述选编》,2015 年。

卢闯、唐斯圆、廖冠民:《劳动保护、劳动密集度与企业投资效率》,载《会计研究》2015 年第 6 期,第 42—47 页。

茅寅慧、刘毓慧、段镠星:《上海及周边地区部分非公有制企业劳资关系现状调查》,载《上海金融学院学报》2007 年第 6 期,第 72—75 页。

倪骁然、朱玉杰:《劳动保护、劳动密集度与企业创新——来自 2008 年〈劳动合同法〉实施的证据》,载《管理世界》2016 年第 7 期,第 154—167 页。

乔宝云、范剑勇、冯兴元:《中国的财政分权与小学义务教育》,载《中国社会科学》2005 年第 6 期,第 37—46 页。

上海工会管理职业学院课题组:《外资企业工会与劳动争议预防的调查报告》,http://www.shzmqgh.org/index.php?m=content&c=index&a=show&catid=66&id=76,2014 年。

沈坤荣、耿强:《外国直接投资、技术外溢与内生经济增长——中国数据的计量检验与实证分析》,载《中国社会科学》2001 年第 5 期,第 82—93 页。

孙睿君:《我国的动态劳动需求及劳动保护制度的影响:基于动态面板数据的研究》,载《南开经济研究》2010 年第 1 期,第 66—78 页。

唐东波:《全球化与劳动收入占比:基于劳资议价能力的分析》,载《管理世界》2011 年第 8 期,第 23—33 页。

唐跃军、赵武阳:《二元劳工市场、解雇保护与劳动合同法》,载《南开经济研究》2009 年第 1 期,第 122—132 页。

唐跃军、赵武阳:《解雇成本、市场分割与〈劳动合同法〉——基于理论模型对〈劳动合同法〉争议的新解释》,载《经济理论与经济管理》2009 年第 7 期,第 13—19 页。

唐代盛、李敏:《四川劳动保护制度严格性测量及比较分析》,载《中国劳动》2016 年第 10 期,第 16—21 页。

佟新:《"三资"企业劳资关系研究》,载《学海》2005 年第 4 期,第 32—42 页。

佟新:《论外资企业的工会建设——兼论工会建设的合法性问题》,载《学习与实践》2006 年第 10 期,第 83—90 页。

翁杰:《国际贸易、租金分享和工资水平——基于浙江制造业的实证研究》,载《国际贸易问题》2008 年第 11 期,第 58—67 页。

夏小林:《私营部门:劳资关系及协调机制》,载《管理世界》2004 年第 6 期,第 33—52 页。

万向东、刘林平、张永宏:《工资福利、权益保障与外部环境——珠三角与长三角外来工的比较研究》,载《管理世界》2006 年第 6 期,第 37—45 页。

王钰、祝继高:《劳动保护能促进企业高学历员工的创新吗》,载《管理世界》2018 年第 3 期,第 139—166 页。

王雷、刘斌:《劳动力市场比较优势与跨区域资本配置》,载《财经研究》2016 年第 12 期,第 61—71 页。

王小鲁、樊纲、余静文:《中国分省份市场化指数报告》,北京:社会科学文献出版社 2016 年版。

王彦超:《融资约束、现金持有与过度投资》,载《金融研究》2009 年第 7 期,第 121—133 页。

魏刚:《高级管理层激励与上市公司经营绩效》,载《经济研究》2003 年第 3 期,第 32—39 页。

姚先国、赖普清:《中国劳资关系的城乡户籍差异》,载《经济研究》2004 年第 7 期,第 82—90 页。

姚先国、焦晓钰、张海峰、乐君杰:《工资集体协商制度的工资效应与员工异质性》,载《中国人口科学》2013 年第 2 期,第 49—59 页。

姚洋、钟宁桦:《工会是否提高了工人的福利?——来自 12 个城市的证据》,载《世界经济文汇》2008 年第 5 期,第 5—29 页。

于传荣、王若琪、方军雄:《新〈劳动合同法〉改善了上市公司的创新活动吗》,载《经济理论与经济管理》2017 年第 9 期,第 87—100 页。

张杰、芦哲、郑文平、陈志远:《融资约束、融资渠道与企业 R&D 投入》,载《世界经济》2012 年第 1 期,第 66—90 页。

张杰、洪功翔:《房地产上市公司治理结构对绩效的影响》,载《安庆师范大学学报(社会科学版)》2019 年第 5 期,第 87—93 页。

张军、吴桂英、张吉鹏:《中国省际物质资本存量估算:1952—2000》,载《经济研究》2004 年第 10 期,第 35—44 页。

张茂军:《虚拟现实系统》,北京:科学出版社 2001 年版,第 114—169 页。

张绍平:《劳动争议影响因素的经济学分析》,载《中国劳动关系学院学报》2012 年第 3 期,第 37—41 页。

赵明亮、臧旭恒:《垂直专业化分工与中国劳动力工资收入差距》,载《东岳论丛》2011 年第 9 期,第 128—132 页。

周长城:《关于中外合资企业中劳资关系的调查》,载《社会科学研究》2000 年第 2 期,第 101—107 页。

周黎安、陈烨:《中国农村税费改革的政策效果:基于双重差分模型的估计》,载《经济研究》2005 年第 8 期,第 44—53 页。

周伟贤:《投资过度还是投资不足——基于 A 股上市公司的经验证据》,载《中国工业经济》2010 年第 9 期,第 151—160 页。

英 文 文 献

A.B.Jaffe, 1989, "Real effects of academic research," *American Economic Review*, 79(5), December: 957—970.

Acharya, V.V., Baghai, R.P., and Subramanian, K.V., 2014, "Wrongful Discharge Laws and Innovation," *Review of Financial Studies*, 27.

Acs, Zoltan J. and Audretsch, David B., 1988, "Innovation in Large and Small Firms: An Empirical Analysis," *American Economic Review*, September, 78(4): 678—690.

Addison, J.T., C. Schnabel and J. Wagner, 1997, "On the Determinants of Mandatory Works Councils in Germany," *Industrial Relations: A Journal of Economy and Society*, 36(4):419—445.

Aggarwal, M., 1995, "International Trade, Labor Standards, and Labor Market Conditions: An Evaluation of the Linkages," US International Trade Commission Working Paper 95-06-C.

Aghion, P., Griffith, R. and Howitt, P., 2006, "U-shaped relationship between vertical integration and competition: Theory and evidence," *International Journal of Economic Theory*, Sept-Dec, 2(3—4), 351(13).

Aghion, 2012, "Industrial policy and competition," NBER, 2012, (2).

Aghion, Philippe, Philippe Askenazyy, Nicolas Berman, Gilbert Cettex and Laurent Eymard, 2012, *Journal of the European Economic Association*, 10(5): 1001—1024.

Aguirre Jr. Adalberto and Ellen Reese, 2004, "Introduction: The Challenges of Globalization for Workers: Transnational and Transborder Issues," *Social Justice*, 31(3).

Ali, M.A., 2005, "Globalization and Industrial Relations of China, India and South Korea: An Argument For Divergence," http://www.uri.edu/research/lrc/research/papers/Ali_Globalization.pdf.

Almeida, R., and Carneiro, P., 2009, "Enforcement of labor regulation and firm size," *Journal of Comparative Economics*, 37(1):0—46.

Almeida, and Carneiro P., 2005, "Enforcement of Labor Regulation, Informal Labor, and Firm Performance," World Bank Policy Research Working Paper, 3756.

Arrow, K., 1962, "The economic implications of learning by doing," *Review of Economic Studies*, 29:155—173.

Atanassov J, Kim E., 2009, "Labor and Corporate Governance: International Evidence from Restructuring Decisions," *Journal of Finance*, 64(1):341—374.

Autor, David H., Kerr, William R. and Kugler, Adriana D., 2007, "Does Employment Protection Reduce Productivity? Evidence from US States," *Economic Journal*, 117(521):189—217.

Banerji, Sanjay, Rajesh S.N. Raj and Kunal Sen, 2012, "Monitoring Costs, Credit Constraints and Entrepreneurship," IZA working paper No.6594.

Bassanini A., Nunziata L., and Venn D., 2009, "Job Protection Legislation and Productivity Growth in OECD Countries," *Economic Policy*, 24(58):349—402.

Beaumont, P.B., A.W.J.Thomson and M.B.Gregory, 1980, "Bargaining Structure," *Management Decision*, 18(3):102—170.

Belot M., Boone J., and Ours J.V., 2007, "Welfare-Improving Employment Protection," *Economica*, 74(295):381—396.

Besley, Timothy and Robin Burgess, 2004, "Can Labor Regulation Hinder Economic Performance? Evidence from India," *Quarterly Journal of Economics*, 119:91—134.

Blanchard, O. and Portugal, P., 2001, "What Hides Behind an Unemployment Rate: Comparing Portuguese and U.S. Labor Markets," *American Economic Review*, 91(1):187—207.

Blanchflower, D.G., Oswald, A.J. and Sanfey, P., 1996, "Wages, Profits, and Rent-Sharing," *The Quarterly Journal of Economics*, February, 111(1): 227—251.

Blank, Rebecca and Richard Freeman, 1994, "Social Protection versus Economic Flexibility: Is There a Trade-Off?" Chicago, IL: University of Chicago Press for NBER.

Blanton, Shannon Lindsey, and Robert G. Blanton, 2006, "Human Rights and Foreign Direct Investment: A Two-Stage Analysis," *Business and Society*, 45(4): 464—485.

Booth, A., 1989, "The Bargaining Structure of British Establishments," *British Journal of Industrial Relations*, 27:225—234.

Broadberry, S. and Gupta, B., 2006, "The early modern great divergence: wages, prices and economic development in Europe and Asia, 1500—1800," *Economic History Review*, February, 59(1):2—31.

Bronzini, R. and P. Piselli, 2014. "The Impact of R&D Subsidies on Firm Innovation," Temi di discussione(Economic working papers) 960, Bank of Italy.

Brown, D.K., A.V.Deardorff and R.M.Stern, 2004, "The Effects of Multinational Production on Wages and Working Conditions in Developing Countries, in Challenges to Globalization: Analyzing the Economics," edited by R.E.Baldwin and L.A.W., University of Chicago Press.

Bosworth, D., Dawkins, P., and T.Stromback, 1996, "The Economics of the Labour Market," Harlow, U.K: Addison-Wesley Longman.

Botero, Juan C., Simeon Djankov, Rafael La Porta, Florencio Lopez-de-Silanes and Andrei Shleifer, 2004, "The Regulation of Labor," *Quarterly Journal of Economics*, 119:1339—1382.

Busom, I., 2000, "An Empirical Evaluation of the Effects of R&D Subsidies," *Economics of Innovation and New Technology*, 9(2):111—148.

Busse, M., 2003, "Do Transnational Corporations Care about Labor Standards?" *Journal of Developing Areas*, 36:39—57.

Caballero R.J., Cowan K.N., and Engel A. et al., 2013, "Effective Labor Regulation and Microeconomic Flexibility," *Journal of Development Economics*, 101: 92—104.

Cai Fang and Meiyan Wang, 2012, "Labour Market Changes, Labour Disputes and Social Cohesion in China," No.307, *OECD Publishing*.

Canepa, A. and Stoneman, P., 2002, "Financial constraints on innovations: a European cross-country study," Kiel Institute of World Economics, Working Paper No.02—11.

Caraway, 2009, "Labor Rights in East Asia: Progress or Regress?" *Journal of East Asian Studies*, 9:153—186.

Caulfield, N., 2004, "Labor Relations in Mexico: Historical Legacies and Some Recent Trends," *Labor History*, 45(4):445—467.

Chan, A. T., 2002, "Labor in Waiting: The International Trade Union Movement and China," *New Labor Forum*:54—59.

Christmann, P. and G.Taylor, 2001, "Globalization and the Environment: Determinants of firm-Self Regulation in China," *Journal of International Business Studies*, 32(3):439—458.

Chen H.J., Kacperczyk M., and Ortiz-Molina H., 2011, "Labor Unions,Operating Flexibility, and the Cost of Equity," *Journal of Financial and Quantitative Analysis*, 46(1):25—58.

Cincera, M. and Ravet, J., 2010, "Financing constraints and R&D investments of large corporations in Europe and the US," *Science and Public Policy*, 37(6): 455—466.

Cohen, W.M. and S.Klepper, 1996, "A Reprise of Size and R & D," *Economic Journal*, 106(437):925—995.

Czarnitzki, D., 2006, "Research and Development in Small and Medium-sized German Enterprises: The Role of Financial Constraints and Public Funding," *Scottish Journal of Political Economy*, 53(3):335—357.

Czarnitzki, D. and C.L.Bento. 2012, "Evaluation of Public R&D Policies: A Cross-country Comparison," *World Review of Science, Technology and Sustainable Development*, 9(2):254—282.

Dai Yuanchen, 1988, "Wages erode profits: potential dangers in China's economic restructuring," *Economic Research Journal*, (6):3—11.

David P.A., 1975, *Technical Chioce Innovation and Economic Growth: Essays on American and British Experience in the Nineteenth Century*, Cambridge University Press.

Deakin, Simon, Priya Lele, and Mathias Siems, 2007, "The Evolution of Labour Law: Calibrating and Comparing Regulatory Regimes," *International Labour Review*, 146:13—62.

Deaton, D.R. and Beaumont, R.B., 1980, "The Determinants of Bargaining Structure: Some Large Scale Survey Evidence for Britain," *British Journal of Industrial Relations*, 18:202—216.

Deyo, Frederic, 1981, *Dependent Development and Industrial Order: An Asian Case Study*, Praeger Publishers.

Disney, R., A.Gosling and S. Machin, 1995, "British Unions in Decline:Determinants of the 1980s Fall in Union Recognition," *Industrial and Labor Relations Review*, 48(3):403—419.

Downing P.B. and White I.J., 1986, "Innovation in pollution control," *Journal of Environmental and Management*, 13(3):18—29.

Drezner D., 2001, "Globalization and policy convergence," *International Studies Review*, 3:53—78.

Evans, P., 1979, *Dependent Development: The Alliance of multinational, State and Local Capital in Brazil*, Princeton: Princeton University Press.

Fase M.M.G. and Tieman A.F., 2000, "Wage Moderation, Innovation and Labor Productivity: Myths and Facts Revisited," WO Research Memoranda(discontinued) 635, Netherlands Central Bank, Research Department.

Finlay, K., Magnusson, L.M. and Schaffer, M.E., 2013, "Weakiv: Weak-instrument-robust Tests and Confidence Intervals for Instrumental-variable(IV) Estimation of Linear, Probit and Tobit Models," http://ideas.repec.org/c/boc/bocode/s457684.html.

Flanagan, Robert J., 2006, *Globalization and Labor Conditions, Working Conditions and Worker Rights in a Global Economy*, New York: Oxford University Press.

Freeman, R. and J.Medoff, 1979, "The Two Faces of Unionism," *Public In-*

terest, 57(Fall):69—93.

Freeman, R. and J. Medoff, 1982, *What do unions do?*, New York: *Basic Books*.

Freeman, R.B. and J.L.Medoff, 1982, "Substitution Between Production Labor and Other Inputs in Unionized and Nonunionized Manufacturing," *Review of Economics and Statistics*, 64(2):220—233.

Gallagher, M., 2005, *Contagious Capitalism: Globalization and the Politics of Labor in China*, Princeton: Princeton University Press.

Gao, Q., S. Yang, and S. Li, 2012, "Labor Contracts and Social Insurance among Migrant Workers in China," *China Economic Review*, 23:1195—1205.

Garrett, G., 2000, "The causes of globalization," *Comparative Political Studies*, 33:941—991.

Gertler, Mark, and A. Trigari, 2019, "Unemployment Fluctuations with Staggered Nash Wage Bargaining," *Computing in Economics & Finance*, 117.1:38—86.

Gertler, M., and Gilchrist, S., 1994, "Monetary Policy, Business Cycles and the Behaviour of Small Manufacturing Firms," *The Quarterly Journal of Economic*, 3:309—334.

González, X., and C.Pazó, 2008, "Do Public Subsidies Stimulate Private R&D Spending?" *Research Policy*, 37(3):371—389.

Greenhill B., Mosley L., and Prakash A., 2009, "Trade and labor rights: A panel study," *American Political Science Review*: 669—690.

Guertzgen, N., 2009, "Rent-Sharing and Collective Bargaining Coverage: Evidence from Linked Employer-Employee Data," *Scandinavian Journal of Economics*, 111(2):323—349.

Hafner-Burton, E., 2005, "Right or robust? The sensitive nature of repression to globalization," *Journal of Peace Research*, 42:679—698.

Hall, B., 1992, "Investment and Research and Development at the Firm Level: Does the Source of Financing Matter?" NBER Working Paper #4096. Cambridge, MA: National Bureau of Economic Research.

Hall, B.H. and P.M.Castello, Sandro Montresor and Antonio Vezzani, 2015, "Financing Constraints, R&D Investments and Innovative Performances: New Empirical Evidenceat the Firm Level for Europe".

Hamermesh, D., 1993, *Labor Demand*, Princeton University Press.

Heckman, J. and Pages-Serra, C., 2004, *Introduction: Law and Employment, Lessons from Latin America and the Caribbean*, Chicago: University of Chicago Press.

Hendricks, W. E. and L. M. Kahn, 1982, "The Determinants of Bargaining Structure in U. S. Manufacturing Industries," *Industrial and Labor Relations Review*, 35(2):181—195.

Hicks J.R., 1963, *The Theory of Wages*, London: Macmillam.

Himmelberg, C.P. and Petersen, B.C., 1994, "Research-and-Development and Internal Finace—A Pannel Study of Small Firms in High-Tech Industries," *Review of Economics And Statistics*, Feb, 76(1):38—51.

Hirschman, A.O., 1970, *Exit, Voice, and Loyalty: Responses to Decline in Firms*, Cambridge, MA: Harvard University Press.

Hoshi, T., Kashyap, A., and Scharfstein, D., 1991, "Corporate Structure, Liquidity and Investment: Evidence from Japanese Industrial Groups," *The Quarterly Journal of Economics*, 56:33—60.

Jaffe, A.B. and Le, T., 2015, "The Impact of R&D Subsidy on Innovation: A Study of New Zealand Firms(No.w21479)", National Bureau of Economic Research.

James J.A., and Skinner J.S., 1985, "The resolution of the labor-scarcity paradox," *Journal of Economic History*, 45(3):513—540.

Janiak, A., and Wasmer, E., 2014, "Employment Protection and Capital-labor Ratios," Iza Discussion Papers.

J.A.Abowd and T.Lemieux, 1993, "The Effects of Product Market Competition on Collective Bargaining Agreements: The Case of Foreign Competition in Canada," *The Quarterly Journal of Economics*, (108).

Javorcik, S.B., and M.Spatareanu, 2004, "Do Foreign Investors Care About Labour Market Regulations?" Policy Research Working Paper, World Bank.

Jennifer Hunt, 2000, "Firing Costs, Employment Fluctuations and Average Employment: An Examination of Germany," *Economica*, 67(266):177—202.

Juhn, C., Murphy, K.M. and Pierce, B., 1993, "Wage Inequality and the Rise in Returns to Skill," *Journal of Political Economy*, 101(3):410—442.

Kim, Hyunseob, 2012, "Does Human Capital Specificity Affect Employer Capital Structure? Evidence from a Natural Experiment," Working Paper.

Kleinknecht, A., Ott, R., van Beers, C., and R.Verburg, 2008, *Determinants of Innovative Behaviour: A Firm's Internal Practices and its External Environments*, Palgrave Publishers, London.

Kleinknecht A. H., 1994, "Heeft Nederland Een Loongolf Nodig?: Een Neoschumpeteriaans verhaal Over Bedrijfswinsten, Werkgelegenheid En Export," VU Boekhandel Uitgeverij.

Kleinknecht A.H., 1998, "Is Labor Market Flexbility Harmful to Innovation?" *Cambridge Journal of Economics*, 22(3):87—396.

Kleinknecht, Alfred, 2015, "How 'Structural Reforms' of Labour Markets Harm Innovation," Wirtschafts und Sozialwissenschaftliches Institute, working paper.

Koeniger, W., 2005, "Dismissal Costs and Innovation," *Economics Letters*, 88:79—85.

Knight, J. and LI, S., 2005, "Wages, firm profitability and labor market segmentation in urban China," *China Economic Review*, 16(3):205—228.

Krishna, Pravin, and M.Z.Senses, "Trade, Labor Market Frictions, and Residual Wage Inequality across Worker Groups," *American Economic Review*, 102.3(2012):417—423(7).

Kucera, D., 2002, "Core labour standards and foreign direct investment," *International Labour Review*, 141:31—69.

Kuruvilla S. and Erickson C.L., 2002, "Change and Transformation in Asian Industrial Relations," *Industrial Relations*, 41:171—227.

Layna Mosley and Saika Uno, 2007, "Racing to the Bottom or Climbing to the Top? Economic Globalization and Collective Labor Rights", *Comparative Political Studies*, 40(8):923—944.

Lazear, Edward P., 1990, "Job Security Provisions and Employment," *Quarterly Journal of Economics*, 105(3):699—726.

Leland, H.E., and D.H.Pyle, 1977, "Informational Asymmetries, Financial Structure, and Financial Intermediation," *Journal of Finance*, 32(2):371—387.

Lerner, Josh, 2009. *Boulevard of Broken Dreams*, Princeton University Press.

Lewis, H.G., 1986, *Union Relative Wage Effects: A Survey*, Chicago: University of Chicago Press.

Li, Dongmei, 2007, "When Less is More: Financial Constraints and Innovative Efficiency," UC San Diego working paper.

Lin, C., Lin, P., Song, F. and Li, C., 2009, "Managerial Incentives, CEO Characteristic and Corporate innovation in China's Private Sector," *Journal of Comparative Economics Forthcoming*.

Link, A. N., 1981, "Basic Research and Productivity Increase in Manufacturing: Some Additional Evidence," *American Economic Review*, 71:1111—1112.

Long, C., 2002, "Patent Signals", *University of Chicago Law Review*, 69(2):625—679.

Lucas, R.E., 1988, "On the mechanics of economic development," *Journal of Monetary Economics*, 22:3—42.

Mac Donald I.M. and R.M.Solow, 1981, "Wage Bargaining and Employment," *The American Economic Review*, 71:896—908.

Macdonald, D., 1997, "Industrial Relations and Globalization: Challenges for Employers and Their Organizations," http://www.ilo.org/public/english/dialogue/actemp/downloads/publications/dmirglob.pdf.

Machin, S., 2001, "The Changing Nature of Labour Demand in the New Economy and Skill-biased Technical Change," *Oxford Bulletin of Economics and Statistics*, 63:753—776(Special Issue: The Labour Market Consequences of Technical and Structural Change).

Machin, S.and J.Van Reenen, 1998, "Technology and Changes in Skill Structure: Evidence from Seven OECD Countries," *Quarterly Journal of Economics*, 113(1):215—244.

Machin, S., and S. Wood, 2005, "Human Resource Management as a Substitute for Trade Unions in British Workplaces," *Industrial and Labor Relations Review*, 58(2):201—218.

Madami, D., 1999, "A review of the role and impact of export processing zones," World Bank Policy Working Paper.

Maki, D.R. and L.N.Meredith, 1987, "A Note on Unionization and the Elasticity of Substitution," *Canadian Journal of Economics*, 20(4):792—801.

Mancusi, Maria Luisa and Andrea Vezzulli, 2014, "R&D and Credit Rationing in SMEs", *Economic Inquiry*, 52(3):1153—1172.

Mansfield, E., 1980, "Basic Research and Productivity Increase in Manufacturing," *American Economic Review*, 70:863—873.

Marciukaityte, Dalia, 2018, "Labor Laws and Firm Performance," *The Journal of Financial Research*, 41(1):5—32.

Maskus, K.E., 1997, "Should Core Labour Standards Be Imposed Through International Trade Policy?", World Bank Policy Research Working Paper, 1817.

Matsa D.A., 2010, "Capital Structure as a Strategic Variable: Evidence from Collective Bargaining," *Journal of Finance*, (3):1197—1232.

Menezes Filho, N., D.Ulph and J.Van Reenen, 1998, "R&D and Unionism: comparative evidence from British companies and establishments," *Industrial and Labor Relations Review*, 52(1):45—63.

Moran, T.H., 2002, *Beyond Sweatshops: Foreign Direct Investment and Globalization in Developing Countries*, Washington: Brookings Institution Press.

Mosley, L. and S. Uno, 2007, "Racing to the Bottom or Climbing to the Top? Economic Globalization and Collective Labor Rights," *Comparative Political Studies*, 40(8):923—948.

Napathorn, C. and Chanprateep, S., 2011, "What Types of Factors Can Influence the Strength of Labor Unions in Companies and State Enterprises in Thailand," *International Journal of Business and Management*, 6(2):112—124.

Neumayer, Eric and De Soysa, Indra, 2011, "Globalization and the Empowerment of Women: An Analysis of Spatial Dependence via Trade and Foreign Direct Investment," *World Development*, Elsevier, 39(7):1065—1075, July.

Neumayer, E. & I. de Soysa, 2006, "Globalization and the Right to Free Association and Collective Bargaining: An Empirical Analysis," *World Development*, 34:31—49.

Nickell S.J. and M.Andrews, 1983, "Unions, Real Wage and Employment in Britain, 1951—79". *Oxford Economic Papers*, 35(supplement):183—206.

Nickell, S., 1997, "Unemployment and Labor Market Rigidities: Europe versus North America," *Journal of Economic Perspectives*, 11(3):55—74.

Nickell, S. and B.Bell. 1995, "The Collapse in Demand for the Unskilled and Unemployment across the OECD," *Oxford Review of Economic Policy*, 11(1):

40—62.

Nickell, S. and Wadhwani, S., 1990, "Insider Forces and Wage Determination," *The Economic Journal*, 100(401):496—509.

Nienhueser W. and Heiko Hossfeld, 2007, "Determinants of the Perceived Bargaining Power of the Works Council-Results of an Empirical Investigation in 1000 German Firms," University of Duisburg-Essen, Department of Economics, Working Paper.

OECD, 1996, *Trade, Employment and Labour Standards: A Study of Core Workers' Rights and International Trade*, OECD Publishing.

OECD, 2002, *Foreign Direct Investment for Development: Maximizing Benefits, Minimizing Costs*, Paris: OECD.

OECD, 2004, *OECD Employment Outlook*, Paris: OECD.

OECD, 2007, "EPL Has a Negative Effect on Productivity Growth," *Employment Outlook*, Paris: OECD, 71—72.

Oi, W.Y., 1962, "Labor as a Quasi-Fixed Factor," *Journal of Political Economy*, 538—555.

Okudaira Hiroko, Takizawa Mihoand Tsuru Kotaro, 2011, "Employment Protection and Productivity: Evidence from firm-level panel data in Japan," RIETI Discussion Paper Series 11-E-078.

Ostry, S., 1997, "Globalization Implications for Industrial Relations," www. utoronto.ca/cis/bonn.pdf.

Oswald, A.J., 1995, "Efficient Contracts are on the Labour Demand Curve: Theory and facts," *Labour Economics*, 2(1):102—102.

Petersen, M.A. and Rajan, R.G., 1994, "The Benefits of Lending Relationships: Evidence from Small Business Data," *Journal of Finance*, 1:3—37.

Piga Claudio A. and Gianfranco Atzeni, 2007, "R&D Investment, Credit Rationing and Sample Selection," *Bulletin of Economic Research*, 59(2):149—178.

Prakash, A. and M.Potoski, 2006, "Racing to the Bottom? Trade, Environmental Governance, and ISO 14001," *American Journal of Political Science*, 50(2):350—364.

Pratt, R.A., "Structural Model of Human Capital and Leverage," Working Paper, Duke University, 2011.

Richards, David L., Ronald D.Gelleny and David H. Sacko, 2001, "Money with a Mean Streak? Foreign Economic Penetration and Government Respect for Human Rights in Developing Countries," *International Studies Quarterly*, 45 (2): 219—239.

Rodrik, D., 1996, "Labor Standards in International Trade: Do They Matter and What Do We Do about Them?" in R.Z.Lawrence, D.Rodrik, & J.Whalley eds., Emerging Agenda for Global Trade: High Stakes for Developing Countries, Washington: Johns Hopkins University Press.

Rodrik, D., 1997, "Has Globalization Gone Too Far?" Washington, DC: Institute for International Economics.

Romer, P. M., 1990, "Endogenous Technological Change," *Journal of Political Economy*, 98(5):71—102.

Romer, P. M., 1987, "Crazy Explanations for the Productivity Slowdown," *NBER Macroeconomics Annual 1987*, Volume 2, The MIT Press:163—210.

Ross, Robert and Anita Chan, 2002, "From North-South to South-South," *Foreign Affairs*, 81(5).

Saha, Bibhas, K.Sen, and D.Maiti, 2010, "Trade Openness, Labour Institutions and Flexibilisation: Theory and Evidence from India," Brooks World Poverty Institute Working Paper, 24.6:180—195.

Saint-Paul, Gilles, 2002, "Employment Protection, International Specialization, and Innovation," *European Economic Review*, 46:375—395.

Savignac, F., 2006, "The Impact of Financial Constraints on Innovation: Evidence from French Manufacturing Firms," Cahiers de la Maison des Sciences Économiques v06042 Université Panthéon-Sorbonne(Paris I).

Savignac, F., 2008, "Impact of Financial Constraints on Innovation: What Can be Learned from A Direct Measure?" *Economics of Innovation and New Technology*, 17(6):553—569.

Schnabel, C., S.Zagelmeyer and S.Kohaut, 2005, "Collective Bargaining Structure and Its Determinants: An Empirical Analysis with British and German Establishment Data," IAB Discussion Paper No.16.

Schneider, F. and F.Bruno, 1985, "Economic and Political Determinants of Foreign Direct Investment," *World Development*, 13(2):161—175.

Schumpeter, J., 1942, *Capitalism, Socialism and Democracy*, Third ed., New York, NY: Harper & Bros.

Schumpeter, J., 1934, *The Theory of Economic Development*, Oxford, U.K: Oxford University Press.

Serfling, M. A., 2013, "Labor Adjustment Costs and Capital Structure Decisions," Working Paper.

Simintzi E., Vig V., and Volpin P., 2010, "Labor and Capital: Is Debt a Bargaining Tool?" WFA 2010 Victoria Metings Paper.

Simintzi E., V. Vig, and P. Volpin, 2015, "Labor Protection and Leverage," *Review of Financial Studies*, 28(2):561—591.

Soete, Luc L.G., 1979, "Firm size and inventive activity: The evidence reconsidered," *European Economic Review*, 12(4):319—340.

Terleckyj, N.E., 1980, "What Do R&D Numbers Tell Us About Technological Change?" *American Economic Review*, 70:55—61.

Tiwari, A.K., Mohnen, P., Palm, F.C., and S. Schim Van Der Loeff, 2008, "Financial Constraints and R&D Investment: Evidence from CIS," MERIT Working Papers 2007—011, United Nations University.

Van Reenen, J., 1996, "The Creation and Capture of Rents: Wages and Innovation in a Panel of UK Companies," *Quarterly Journal of Economics*, 111(1): 195—226.

Van Reenen, J., 1997, "Employment and Technological Innovation: Evidence from UK Manufacturing Firms," *Journal of Labor Economics*, 15(2):255—284.

Vergeer, Robert and Alfred Kleinknecht, 2014, "Do Labour Market Reforms Reduce Labour Productivity Growth? A Panel Data Analysis of 20 OECD Countries (1960—2004)," *International Labour Review*, 153(3):365—393.

Wang Jinying and Gu Y., 2011, "Analysis on the Supply and Demand and Relation Trend of the Chinese Labor Market in the Future," *Population Journal*, 3: 3—13.

Wheeler, D. and M. Ashoka, 1992, "International Investment Location Decisions: The Case of U.S. Firms," *Journal of International Economics*, 33:57—76.

Wu Yanbing, 2014, "Innovative Capacities of Different Ownership Enterprises," *Industrial Economics Research*, 2:53—64.

Wang Zhong, 2006, "Skilled-Based Technical Change and Widening of Wage Structure," *China Labor Economics*, 4:64—85.

Worley, J.S., 1961, "Industrial Research and the New Competition," *Journal of Political Economy*, 01 April 1961, 69(2):183—186.

Young, D.R.W. and Miss. J.K.Findlater, 1972, "Training and Industrial Relations: A Broader Perspective," *Industrial Relations Journal*, 3(1):3—22.

Zhou Wei, 2014, "Research on Rent Sharing Degree of Industrial Enterprises," *Review of Economic Research*, 21:76—91.

图书在版编目(CIP)数据

工资议价、工会与企业创新/詹宇波著.—上海:
上海人民出版社,2022
(上海社会科学院重要学术成果丛书. 专著)
ISBN 978 - 7 - 208 - 17516 - 7

Ⅰ. ①工… Ⅱ. ①詹… Ⅲ. ①工资制度-关系-企业
创新-研究-中国 Ⅳ. ①F249.24 ②F279.23

中国版本图书馆 CIP 数据核字(2021)第 264317 号

责任编辑 史桢菁
封面设计 路 静

上海社会科学院重要学术成果丛书·专著
工资议价、工会与企业创新
詹宇波 著

出	版	上海人民出版社
		(201101 上海市闵行区号景路 159 弄 C 座)
发	行	上海人民出版社发行中心
印	刷	上海商务联西印刷有限公司
开	本	720×1000 1/16
印	张	16.5
插	页	2
字	数	211,000
版	次	2022 年 1 月第 1 版
印	次	2022 年 1 月第 1 次印刷

ISBN 978 - 7 - 208 - 17516 - 7/C·644
定	价	68.00 元